民间纠纷警情处置中的疑难问题及案例分析

刘　文　著

中国人民公安大学出版社
·北　京·

图书在版编目（CIP）数据

民间纠纷警情处置中的疑难问题及案例分析/刘文著．—北京：中国人民公安大学出版社，2021.11

ISBN 978-7-5653-4367-4

Ⅰ.①民… Ⅱ.①刘… Ⅲ.①公安机关-行政执法-案例-中国 Ⅳ.①D922.145

中国版本图书馆 CIP 数据核字（2021）第 259635 号

民间纠纷警情处置中的疑难问题及案例分析

刘 文 著

出版发行：中国人民公安大学出版社
地　　址：北京市西城区木樨地南里
邮政编码：100038
经　　销：新华书店
印　　刷：涿州市新华印刷有限公司

版　　次：2021 年 11 月第 1 版
印　　次：2024 年 10 月第 4 次
印　　张：15.25
开　　本：787 毫米×1092 毫米　1/16
字　　数：268 千字

书　　号：ISBN 978-7-5653-4367-4
定　　价：56.00 元

网　　址：www.cppsup.com.cn　www.porclub.com.cn
电子邮箱：zbs@cppsup.com　zbs@cppsu.edu.cn

营销中心电话：010-83903991
读者服务部电话（门市）：010-83903257
警官读者俱乐部电话（网购、邮购）：010-83901775
公安业务分社电话：010-83906108

前　言

《中华人民共和国民法典》（以下简称《民法典》）于2020年5月28日颁布，自2021年1月1日起施行。在今后的治安调解工作中，公安民警运用《民法典》中的相关规定调解民间纠纷尤为重要。笔者在2020年8月9日接受《人民公安报》的采访中，也特别呼吁和建议公安机关要重视《民法典》在公安工作中的贯彻和应用。《民法典》规定国家的经济制度和民事主体的权利，对于推进国家法治建设和治理体系的现代化，具有非常重大的意义。《民法典》所规定的民商事基本法律制度，与其他相关的民商事法律法规，一同规范社会的经济生活，尤其规范市场经济和市民生活，为现代市场经济活动提供行为规范。《民法典》是民事主体权利的宣言，我国《宪法》规定的公民的人身权和财产权，主要由《民法典》和其他民事法律法规来具体贯彻落实。

2020年8月26日，中国人民警察授旗仪式在人民大会堂举行，中共中央总书记、国家主席、中央军委主席习近平向中国人民警察队伍授旗并在致训词中指出："我国人民警察是国家重要的治安行政和刑事司法力量，主要任务是维护国家安全，维护社会治安秩序，保护公民人身安全、人身自由、合法财产，保护公共财产，预防、制止、惩治违法犯罪。"公安机关属于国家的行政机关，具有执法职能，是执法机关。执法要求执行整体法律，不仅要执行刑法和行政法，预防、制止、惩治违法犯罪，也要执行民法，保护公民人身安全、人身自由、合法财产，保护公共财产。公安机关不仅在治安案件调解工作中需要贯彻执行民法，依法调解民间纠纷，保护公民人身安全、人身自由、合法财产，保护公共财产；在治安行政执法和刑事执法工作中，也要贯彻民法的尊重和保护民事主体权利的法治理念。

民间纠纷是公民之间有关人身、财产权益和其他日常生活中发生的纠纷，基本上属于民法规范调整，可以归类于民事纠纷。对民间纠纷进行处置，是众多基层公安民警工作的主要事项。一些侵犯公民人身权利或者财产权利的民事侵权行为发生，或者在交通、消费等领域发生纠纷，大多数当事人会拨打报警电话或者直接到派出所请求解决。笔者在中国人民公安大学法学院民商法学教研室任教三十多年，授过课的本科学生，毕业后绝大多数就职于公安基层；所指导的民商法学研究生和法律硕士生中，也有一部分在基层公安机关就职。这些从事基层公安工作的学生普遍反映：派出所工作中，主要事项是民间纠纷警情处置；处理的治安案件中的绝大多数，是因民间纠纷而形成的，调解民间纠纷的工作量远远大于处理刑事案件的工作量，有的派出所甚至要投入60%-70%的警力处理民间纠纷类警情。公安交巡警在巡逻和处理交通事故纠纷中，遇到的多数情况是民间纠纷。对于民间纠纷，接处警的民警大多采取治安调解的处置措施。

在治安调解中，若要正确解决民间纠纷，首先要确定纠纷的性质和应当适用的法律，然后才能正确认定当事人双方应负的法律责任。接处警中较常见的故意伤害、侮辱、诽谤、欺诈、损毁财物、干扰他人正常生活、侵犯隐私等行为，除了其中情节严重、构成犯罪的，绝大多数属于民法规范的民事侵权行为。因而，民间纠纷中的绝大多数可以适用民法来解决。公安民警如果没有掌握民法知识，就难以正确处置因民间纠纷而形成的治安案件。例如，2015年的青岛“天价虾”事件、2019年的瓜农追偷瓜人反被民警要求倒赔300元事件。基层公安机关接警处置民间纠纷，如果能够根据民间纠纷所涉及的民法问题，从法律角度进行分析，为当事人讲解和分析纠纷所应适用的具体民事法律规定，明确当事人双方的权利义务关系和各自应负的法律责任，提出具体的纠纷解决方法，正确认定具体的损害赔偿范围和赔偿数额，将会极大地提高治安案件调解的正确率和成功率。因为公安民警依据民法的具体规定来调解民间纠纷，可以使纠纷双方知晓，其到法院起诉将得到何种法律后果。比起依赖于民警个人的工作能力、讲情说理式的调解，公安机关依法调解民间纠纷，不仅可以贯彻法治精神，还可以规范执法，提高公安机关调解工作的正确性和权威性。

普通高校的法学教育中，民法学教学中的实训课程基本上以人民法院审理的典型民事案例为教学素材。以为公安机关培养高素质专业人才为己任的公安高等院校，在民法学教学中需要有自己的特色，实训课程应当注重联系公安机关的执法实践。基层公安机关调解民间纠纷工作涉及侵权损害、家庭、邻里、买卖、借贷、劳务等多个民事法律规范的领域，也需要法学理论界贯彻和运用民法中的相关规定来分析基层公安机关所调处的民间纠纷。为培养符合公安实践需要的高素质专业人才、建设有公安特色的民法学实训课程，以提高公安大学民法学实训课程的教学质量，笔者获得学校项目资助，选取几个地区的基层公安机关进行调研，特别是在就职于基层公安机关的部分学生中开展调查，对基层公安机关调解处理的民间纠纷的类型进行归纳与分类，发现和分析基层公安机关在各个类型的民间纠纷调解工作中的疑难问题和典型案例。本书以民法学理论联系基层公安机关接警处置民间纠纷的执法实践，为民间纠纷警情处置，尤其是其中的疑难问题的解决，从法律角度进行分析，对典型案例进行评议，指出应适用的具体法律规定，提出具体的解决方法。本书不仅可以为基层公安民警的民间纠纷警情处置工作提供建议和帮助，也能够满足民法学实训课程的教学需要，作为公安高等院校民法学教学联系公安执法实践的教学参考书。

刘　文

2021 年 7 月

目　录

第一章　民间纠纷及其警情处置

民间纠纷，如果向公安机关报警，申请公安机关处理，即可归类为民间纠纷类警情，由接警的基层公安机关依法处置。实践中，基层公安机关处置民间纠纷警情的主要方式是调解。极少数的民间纠纷，需要对当事人给予治安处罚；个别构成犯罪的，转刑事立案。公安机关处置民间纠纷，即使是采用调解的方式，也应当依据现行的民事法律和行政、刑事法律的相关规定，解决当事人之间的纠纷。

第一节　民间纠纷与民事纠纷

一、民间纠纷与民事纠纷的概念

纠纷是一个汉语词语，既指争执不下的事情，也指不易解决的问题。

民间纠纷，顾名思义，是指发生在公民之间的争执。民间纠纷的定义，出现在一些法律文件中。例如，司法部于 1990 年 4 月 19 日发布并施行的《民间纠纷处理办法》第三条规定，民间纠纷即公民之间有关人身、财产权益和其他日常生活中发生的纠纷。2007 年，公安部制定的《公安机关治安调解工作规范》第三条第二款规定，“民间纠纷是指公民之间、公民和单位之间，在生活、工作、生产经营等活动中产生的纠纷”。法学界对于民间纠纷也有一些解释。有观点认为，民间纠纷是指具有某种特定关系的自然人之间发生的民事权益争议和在日常生活中发生的其他纠纷。[①] 也有人提出，从立法精神和实践情况来看，民间纠纷是指

① 孟昭阳：《治安调解的界定及适用范围与条件》，载《中国人民公安大学学报》2008 年第 6 期。

经常往来的公民之间，由于民事权益受到侵害或者发生争执，未纳入民事案件，或没有激化为刑事犯罪，但引起了违反警察管理行为的争执。[①] 笔者认为，第一种观点将民间纠纷的主体限定在“具有某种特定关系的自然人之间”，第二种观点将民间纠纷的主体限定在“经常往来的公民之间”，既排除了没有特定关系的、不经常往来的自然人之间的纠纷，又排除了自然人和法人、非法人组织之间的纠纷，范围过窄。实际生活中，陌生人之间随机触发的矛盾纠纷很多，如道路通行时的碰撞引发的纠纷、在公共场所制造噪声引发的纠纷等；另外，发生在自然人与法人或者非法人组织之间的纠纷也很多，如消费者与工商企业之间的纠纷、患者与医疗机构之间的纠纷等。相比之下，《公安机关治安调解工作规范》对民间纠纷的解释，在主体和范围上都比较全面而准确，包含公民之间、公民和单位之间的纠纷。

民事纠纷是民法学中的概念，是指在民事主体（包括自然人、法人、非法人组织）之间发生的、涉及人身权益和财产权益内容的、应由民事法律规范调整的纠纷。民事纠纷是法律纠纷的一种，因违反民事法律而发生，以民事权利义务为争执的内容。民事纠纷，既可以由当事人自行协商解决，也可以经第三方调解协商解决。如果经过自行协商和调解均不能解决纠纷，当事人还可以向人民法院提起诉讼，由法院裁决。

二、民间纠纷与民事纠纷的关系

民间纠纷与民法中的民事纠纷，在概念上既有密切关联，也有所区别。两者的密切关联表现为，绝大多数的民间纠纷同时也属于民事纠纷。两者的区别主要在范围上。民法学中的民事纠纷，比公安机关调解处理的民间纠纷的范围大。有些民事纠纷不属于公安机关调解处理的民间纠纷，如企业法人之间的合同纠纷，一般不需要公安机关处理，如果当事人双方不能协商解决，可以采取仲裁或者到人民法院提起诉讼的方式解决。民法学中的民事纠纷，虽然比公安机关调解处理的民间纠纷的范围大，但是不能完全涵盖民间纠纷。也有极少数民间纠纷不是民事纠纷，不由民事法律调整。不由民事法律调整的民间纠纷，除因矛盾激化构成犯罪由刑法调整或者构成治安案件需要行政处罚以外，大多由道德规范调整。需要注意的是，一些由道德规范调整的民间纠纷，有时也会产生严重的损害后果，

① 高文英：《警察调解制度研究》，载《中国人民公安大学学报》2008年第4期。

需要公安机关介入。例如，甲因为乙拒绝与其结婚，而准备投河自尽。如果公安机关接到这样的报警，必须出警救助，并给甲做思想工作，防止出现严重后果。

绝大多数的民间纠纷同时也是民事纠纷的一部分，因而民间纠纷中的大多数可以适用民事法律来解决，少部分适用行政法或者社会道德规范。殴打他人、故意伤害、侮辱、诽谤、诬告陷害、故意损毁财物、干扰他人正常生活、侵犯隐私等违反治安管理的行为，同时也属于民事侵权行为，由此引起的民事纠纷，由行政法和民法共同规范。对于这些因民间纠纷而形成的治安案件，情节较轻的，经双方当事人同意，公安机关可以采用治安调解的方式处置。在治安调解中，公安机关应当依据民法的有关规定对民间纠纷进行调解，依法处理纠纷。

鉴于民事纠纷和民间纠纷这两个概念在大多数领域是交叉重合的，大多数的民间纠纷同时也是民事纠纷的一部分，在本书中，对这两个概念会混用，应当由公安机关出警处置的民间纠纷，有时也会写为民事纠纷。本书的着重点在于，对公安机关调解处理民间纠纷中的疑难问题进行分析研究，不在文字、概念等细节上作过多分析。

三、可由公安机关调解处理的民间纠纷

公安机关调解处理的民间纠纷，是公安行政法规规定的、可由公安机关调解的、情节较轻的、违反治安管理行为导致的。这些违反治安管理行为的民间纠纷，包括发生在自然人（公民）之间的，也包括发生在公民与单位之间的，因造成人身权益或者财产权益损害而产生的纠纷。《公安机关治安调解工作规范》第三条第一款规定：“对于因民间纠纷引起的殴打他人、故意伤害、侮辱、诽谤、诬告陷害、故意损毁财物、干扰他人正常生活、侵犯隐私等违反治安管理行为，情节较轻的，经双方当事人同意，公安机关可以治安调解。”《公安机关治安调解工作规范》第四条还规定了不适用治安调解的情形：“违反治安管理行为有下列情形之一的，不适用治安调解：（一）雇凶伤害他人的；（二）结伙斗殴的；（三）寻衅滋事的；（四）多次实施违反治安管理行为的；（五）当事人在治安调解过程中又挑起事端的；（六）其他不宜治安调解的。”

根据上述公安行政法规的规定，可以确定，由公安机关调解处理的民间纠纷，大多数也是民事纠纷。因此，公安机关调解民间纠纷，应依据相关的民事和行政法律规定解决当事人之间的争执。经调解未达成协议或者达成协议后不履行的，公安机关应当告知当事人，可以就民事争议依法向人民法院提起民事诉讼。

四、经民警调解的民事纠纷当事人所达成的协议性质

对于经民警调解的民事纠纷当事人所达成的协议性质，法学界目前还较少有人研究。已有的研究成果中，对协议的性质也看法不一。大多数人认为，即使由民警主持和调解，当事人所达成的和解协议，仍然属于民事合同，无强制力。但也有人认为，公安机关的调解属于行政司法行为，应当有裁量权，协议应当具有强制力。还有人进一步提出，警察调解的效力应当分两种情况：因损害或者人身伤害赔偿纠纷经警察调解所达成的协议，若一方不履行，可以到人民法院诉讼；对民间纠纷中的轻微违法行为的调解，应当具有行政法上的效力，当事人必须履行。因为公安机关对此种违法行为可以给予行政处罚，如果调解不成或者调解达成协议后不履行，公安机关保有治安行政处罚的权力。[①] 笔者认为，行政处罚与调解协议性质不同。行政处罚是公安机关依法对违反治安行政法律的行为人给予的处罚。当事人之间的民间纠纷，经公安机关调解达成协议，调解协议是确定当事人之间的民事权利义务及责任承担的合同。从相关法律法规的规定看，民间纠纷当事人经警察调解所达成的协议，不具有行政法上的效力，不可强制执行。例如，按照现行《道路交通安全法》第七十四条的规定，对交通事故造成的侵权损害，当事人可以请求公安机关交通管理部门对损害赔偿争议进行调解。公安机关交通管理部门应当在收到当事人的调解申请书之日起，5 个工作日内进行审查并作出是否受理并调解的决定。符合条件的，予以受理；不符合条件的，不予受理，并书面告知申请人。《道路交通安全法实施条例》第九十五条还规定：“公安机关交通管理部门调解交通事故损害赔偿争议的期限为 10 日。调解达成协议的，公安机关交通管理部门应当制作调解书送交各方当事人，调解书经各方当事人共同签字后生效；调解未达成协议的，公安机关交通管理部门应当制作调解终结书送交各方当事人。”据此，笔者认为，调解协议应当属于民事合同，双方当事人均应当遵守，做调解工作的民警，相当于协议的中证人。调解不能达成协议或者协议达成后不履行的，当事人可以向法院起诉。

为使经民警调解的民事纠纷当事人所达成的协议具有法律效力，有人提出，应当建立对非诉讼调解协议的司法审查制度，仿效台湾地区的做法，将治安调解后达成的协议，在七日内送到基层人民法院在当地的巡回法庭或者派出法庭，经

---

① 高文英：《我国警察调解运行机制的现状与展望》，中国法学会行政法学研究会 2008 年年会论文。

人民法院司法审查确认的，即具有法律效力，当事人不得就该纠纷再行起诉。[①]笔者认为，实践中若采用这种做法，将会面临很大的困难。因为公安机关和法院的隶属关系不同，公安机关若要将治安调解后达成的协议送到基层人民法院在当地的巡回法庭或者派出法庭进行司法审查，既没有法律依据，同时这种司法审查也超出了法院的管辖范围。而且，按照党的十八届三中、四中全会提出的完善司法人员分类管理的要求，我国的法院系统自 2015 年开始实行法官员额制，对法官在编制限额内实行员额管理，按司法规律配置司法人力资源，实现法官正规化、专业化、职业化。为此，法院系统通过推行法官员额制改革，经过严格法官遴选，缩减法官数量，使少数具备丰富法律专业知识和审判经验的法官行使审判权，特别是建立了办案质量终身负责制和错案责任倒查问责制，以提高审判活动的严肃性和权威性。这项改革，精简了法官人数，促进了法官的正规化、专业化、职业化，法官的工作量也随之增加，办案责任加大，法官更不可能越权去审查公安机关作出的治安调解协议。

第二节　公安机关调解民间纠纷的法律依据和必要性

一、公安机关调解民间纠纷的法律依据

在公安实际工作中，有些基层民警对公安机关调解民间纠纷是否有法律依据认识不清，有的民警甚至对群众报警要求公安民警处置纠纷的请求采取推诿的做法。例如，2015 年的青岛“天价虾”事件中，消费者第一次报警后，出警的民警因纠纷缘于一盘虾的价格（38 元一只虾，还是 38 元一盘虾），而将纠纷的解决推给物价局，让消费者和店主去找物价局。

公民之间因民间纠纷导致权利被侵犯，相关行政、司法机关应及时予以解决，保护公民权利。保护公民的基本权利，是现代国家政府的职责，也是衡量法治国家的一个重要标准。当代著名法学家德沃金指出，“如果政府不认真地对待

---

① 于军：《从公安机关调解的视角，谈大调解机制的建立》，转自《纠纷解决——多元调解的方法与策略》，中国法制出版社 2008 年版，第 69 页。

权利，那么它也就不能认真地对待法律”①。

我国法律对公安机关保护公民权利和调解民间纠纷是有明确规定的。2020年颁布的《民法典》第三条明确规定，民事主体的人身权利、财产权利以及其他合法权益受法律保护，任何组织或者个人不得侵犯。我国《人民警察法》第二条规定，保护公民的人身安全、人身自由和合法财产，是人民警察的任务之一。《人民警察法》第二十一条还规定，对公民提出解决纠纷的要求，应当给予帮助。这项规定进一步明确公安机关及其工作人员处置民间纠纷（民事纠纷）是其应负的法定义务，也是对我国公安机关的一项法律职能的定位。因为此条法律规定使用的是“应当”这样的措辞，说明公安机关及公安民警帮助公民解决纠纷是其一项法定义务。帮助解决公民之间的纠纷，最恰当的方式就是调解。公安机关调解民间纠纷，依法对双方当事人进行居中调停，促成当事人达成一致意见，解决争执，签订调解协议。

《治安管理处罚法》第九条规定：“对于因民间纠纷引起的打架斗殴或者损毁他人财物等违反治安管理行为，情节较轻的，公安机关可以调解处理。经公安机关调解，当事人达成协议的，不予处罚。经调解未达成协议或者达成协议后不履行的，公安机关应当依照本法的规定对违反治安管理行为人给予处罚，并告知当事人可以就民事争议依法向人民法院提起民事诉讼。”此法条中规定的“因民间纠纷引起的打架斗殴或者损毁他人财物等违反治安管理行为”，其本质是一种民事侵权行为，即侵害他人身体权、健康权或财产权的行为，之所以在此处被称为“违反治安管理行为”，是因为这些民事侵权行为在违背民法作为私法所保护的法益的同时，也违背了行政法作为公法所保护的法益。殴打他人，即使损害后果未严重到构成犯罪、不需要追究刑事责任，也是对受害人身体权、健康权的侵犯，同时也损害了社会公共秩序，违反了治安管理方面的法律，需要追究加害人的行政责任。对于这些违反治安管理的民事侵权行为，虽然受害人可以直接请求人民法院裁决侵权人赔偿医疗费、误工费等损失，但更为迅速和便利的是请求公安机关作为行政执法机构运用行政权力介入，并依据《治安管理处罚法》处理此类因民事侵权行为引起的纠纷，及时对侵权人予以行政处罚，并调解确定向受害人赔偿医疗费、误工费等损失。这不是行政权力介入民事法律管辖的领域，而是引发民间纠纷的侵权行为同时触犯了民事法律和行政法律。

① ［美］罗纳德·德沃金：《认真对待权利》，信春鹰、吴玉章译，中国大百科全书出版社1998年版，第270页。

一些行政法规对治安调解还有详细规定。《公安机关治安调解工作规范》第三条规定，对于因民间纠纷引起的殴打他人、故意伤害、侮辱、诽谤、诬告陷害、故意损毁财物、干扰他人正常生活、侵犯隐私等违反治安管理行为，情节较轻的，经双方当事人同意，公安机关可以治安调解。对不构成违反治安管理行为的民间纠纷，应当告知当事人向人民法院或者人民调解组织申请处理。该工作规范的第二条还对治安调解作了解释。治安调解，是指对于因民间纠纷引起的打架斗殴或者损毁他人财物等违反治安管理、情节较轻的治安案件，在公安机关的主持下，以国家法律、法规和规章为依据，在查清事实、分清责任的基础上，劝说、教育并促使双方交换意见，达成协议，对治安案件作出处理的活动。

公安部于2018年颁布经第二次修订《公安机关办理行政案件程序规定》，该规定于2019年1月1日施行（以下称2019年《公安机关办理行政案件程序规定》），2006年的《公安机关办理行政案件程序规定》被同时废止。2019年《公安机关办理行政案件程序规定》第十章“治安调解”，关于公安机关调解民间纠纷的范围，与2006年的规定基本相同，将治安调解范围规定得更加明确。例如，在列举的可调解处理的违反治安管理行为中，增加了非法侵入住宅。该规定第一百七十八条规定：“对于因民间纠纷引起的殴打他人、故意伤害、侮辱、诽谤、诬告陷害、故意损毁财物、干扰他人正常生活、侵犯隐私、非法侵入住宅等违反治安管理行为，情节较轻，且具有下列情形之一的，可以调解处理：（一）亲友、邻里、同事、在校学生之间因琐事发生纠纷引起的；（二）行为人的侵害行为系由被侵害人事前的过错行为引起的；（三）其他适用调解处理更易化解矛盾的。对不构成违反治安管理行为的民间纠纷，应当告知当事人向人民法院或者人民调解组织申请处理。对情节轻微、事实清楚、因果关系明确，不涉及医疗费用、物品损失或者双方当事人对医疗费用和物品损失的赔付无争议，符合治安调解条件，双方当事人同意当场调解并当场履行的治安案件，可以当场调解，并制作调解协议书。当事人基本情况、主要违法事实和协议内容在现场录音录像中明确记录的，不再制作调解协议书。”该规定第一百八十条还规定，治安调解应遵循合法、公正、自愿、及时的原则。公安民警在调解民间纠纷过程中要注重教育和疏导，化解矛盾。该规定第一百七十九条规定了不适宜进行治安调解的情形，即有下列情形之一的，不适用调解处理：（1）雇凶伤害他人的；（2）结伙斗殴或者其他寻衅滋事的；（3）多次实施违反治安管理行为的；（4）当事人明确表示不愿意调解处理的；（5）当事人在治安调解过程中又针对对方实施违反治安管理行为的；（6）调解过程中，违法嫌疑人逃跑的；（7）其他不宜调解处理的。

上述法律法规，是我国公安机关调解民间纠纷的法律依据。

基层民警调解和处理民事纠纷，应当针对不同类型的纠纷，分别按照其各自应适用的民事法律规范和规则进行调解。依法调解，远比讲情说理式的调解，比利用公安机关的权力、民警个人的工作能力的调解，更具有正确性和权威性。依法调解，使得纠纷当事人获得类似通过法院诉讼可能得到的结果，方便迅捷，无须交纳诉讼费，节约了纠纷当事人的经济成本和时间成本。为基层公安机关更好地进行民间纠纷的依法调解工作，本书第二、三、四章选取三大类基层公安机关调解处理的民事纠纷中数量较多的典型案例，在总结基层公安机关治安调解实践中的主要问题的基础上，具体分析其中的疑难问题和典型案例，指出调解应当适用的法律规则和纠纷解决办法。

二、公安机关调解民间纠纷的必要性

调解是由产生纠纷的双方或几方当事人共同选择或认可的第三方进行居中调停，促成当事人就纠纷达成一致意见，以解决纠纷的方式。调解在我国适用广泛，其具体形式包括民间调解、人民调解、司法调解和行政调解四种。公安调解，也可称为治安调解，属于行政调解。比较这四种调解，民间调解是由纠纷当事人的亲友、宗族、乡邻进行调解，也被称为“和息”“息事”，是建立在血缘关系、地域关系基础上的调解。民间调解，在以前传统的农业社会，具有基于礼教且得到官方认可的权威性。例如，明朝洪武三十一年颁布的“教民榜文”规定：户婚、田土、钱债、均分水利、私宰耕牛、擅食田园瓜果等民事案件，系民间小事，禁止径行诉官，必须先由本里老人、里甲断决。清朝康熙九年颁布的“圣谕十六条”中，“和乡党以息争讼”，就是对民间调解的专门要求。[①] 在我国工业化、城市化迅猛发展的当代社会，人口向能够提供更多就业的中心城市流动和聚集，乡土社会的解体，打破了传统的熟人社会结构和规则，主要依靠家族长辈和乡邻中德高望重的长者主持的民间调解，已基本丧失了所依托的社会基础和权威。人民调解，由基层政府的街道办事处或者地方群众自治组织的人民调解员主持调解，虽然比民间调解的权威性略高，但无直接的强制执行力。司法调解，

① 刘广安、李村捧：《民间调解与权利保护》，转自夏勇主编：《走向权利的时代——中国公民权利发展研究》（修订版），中国政法大学出版社 2001 年版，第 252 页。

由人民法院主持，促成民事纠纷的当事人达成合议，具有最高的权威性和强制执行的法律效力，但程序复杂、时间长，有诉讼费用。行政调解，特别是其中的公安调解，则避免了前面三种调解方式的缺点，既有一定的权威性，又方便迅捷，且无须交纳调解费用，成为人民群众非常愿意选择的调解方式。在公安机关的主持下，以国家法律、法规和规章为依据，在查清事实、分清责任的基础上，劝说、教育并促使纠纷双方交换意见，达成协议，解决纠纷。

与其他调解方式相比较，公安机关对民间纠纷的调解具有诸多优势。首先，我国公安机关在人民群众中权威性、可信赖度较高，“有困难，找警察”“为人民服务”等口号已经深入人心。公安机关，尤其是基层公安机关的派出所，深入群众、服务群众的社会定位和法律职能，使得其社区警务工作在调解民间纠纷方面具有独特的优势。为调解处理好这些民间纠纷，基层民警在工作中经常走访社区，了解社区的基本情况；有时还要处理许多非公安业务的救助事项。其次，我国公安机关的人员素质不断提升，尤其是公安高等院校培养的法律专业和公安专业的本科生及硕士研究生陆续加入人民警察队伍中，大大提高了公安民警的法律素养和综合调处能力，为公平公正地依法调解民事纠纷，提供了重要保障。再次，由于我国公安机关调解民间纠纷属于行政调解的范畴，与人民法院对诉讼纠纷的调解相比，公安机关在调解民事纠纷方面的调解方式灵活多样、及时迅捷，调解的民事纠纷范围较大，调解的工作效率较高，而且调解工作不收取任何费用，在法定职责范围内公正、及时、有效地维护民事纠纷当事人的合法权益。

调解民间纠纷是基层公安机关社区警务工作的主要内容。基层公安机关流行着这样的说法：“公安工作三大块，户口、办案加调解。”在110接警工作中也有约三分之一的内容是民间纠纷的调解。有人总结，“治安调解是我国公安机关基础工作的重要内容之一，也是一项传统的群众工作，具有典型的中国警务工作特色”①。笔者选取几个地区的基层公安机关进行调研（调研地点因研究经费所限，难以概括全国的普遍情况），对基层公安机关调解处理的民间纠纷的类型进行归纳与分类。在日常教学工作之余，也陆续调查和收集一些治安调解工作的信息和资料。以笔者的调研来看，调解民事纠纷确实是基层公安机关社区警务工作的主要内容。例如，北京市公安局丰台分局位于城乡结合部的G派出所，2011-2013年总体治安案件数和其中民间纠纷类调解结案的案件数与治安处罚结案的数据情

① 张继明：《基层公安机关适用治安调解应注意的几个问题》，载《辽宁警专学报》2008年第1期，第43页。

况为：2011 年总体治安案件为 1253 件，其中治安调解 752 件，治安处罚 501 件；2012 年总体治安案件为 1285 件，其中调解 802 件，治安处罚 484 件；2013 年总体治安案件为 1531 件，其中调解 925 件，治安处罚 606 件。该所 2011-2013 年三年的调解结案的民间纠纷类治安案件，在全部治安案件中所占的比例分别为 60%、62%、60%。[①] 北京市公安局 H 分局位于城区的 S 派出所，仅 2016 年上半年，该派出所调解民事纠纷就多达 1127 件，是该所参与办理的刑事案件的 4 倍，是该所处理的治安案件的 2 倍。河南省 Z 市公安局的治安警情基本上是由民事纠纷形成的，这些治安案件绝大多数由基层公安机关调解解决。位于 Z 市城乡结合部的 L 派出所，2016 年 1-3 月，共接警 2800 余次，其中由民事纠纷形成的治安案件占案件总数的三分之二。2020 年 10 月，辽宁省大连市公安局位于城郊的 S 派出所，平均每天接警 8-11 次，绝大多数是装修噪音扰民、楼上漏水、住宅小区内的道路上有车辆挡道堵路、停放在路边的车辆被划、打架被打伤、小超市内买菜的顾客与店主吵架等民事纠纷。当月，该派出所接到的其他报警，分别为被冒充网站客服诈骗、在聊天软件上结识的网友推荐下载投资软件而被诈骗、假冒的银行客服发送短信要求验证信息而输入信息后被转账的电信诈骗的刑事警情，以及有醉酒者倒在路边、钥匙被锁在屋内、发现狂吠的流浪狗等求助类警情。总体上看，民间纠纷形成的治安案件，有 70%-80% 由公安派出所调解解决。以上均为笔者在已就职于公安基层的学生中调研所取得的资料。

公安机关调解民间纠纷，及时化解人民内部矛盾，也是维护社会治安秩序的需要，可以防止民间纠纷激化、演变为危害社会治安秩序甚至犯罪的行为。民间纠纷如果能够在公安基层部门由社区民警妥善解决，不仅减轻了法院的诉讼压力，更重要的是将群众之间的矛盾化解，减轻了被处罚人因受到治安处罚而对社会的仇视感和报复心理，达到比适用处罚更好的效果，避免其转化为刑事案件，也极大地减轻了公安刑侦部门的工作压力，促进了辖区内的安定团结。从大的层面来说，由基层公安机关妥善解决民间纠纷，可避免群众之间的民事矛盾激化和发生质变，可树立公安执法的权威，赢得群众对政府的拥戴，使基层政权更加稳固，社会更加安定和谐。

基层公安机关接警处置民间纠纷，如果能够根据民间纠纷所涉及的民法问题，从民事法律角度进行分析，为当事人讲解和分析纠纷所应适用的《民法典》

① 刘文：《派出所调解的民事纠纷类型分析——以北京地区为例》，载《派出所工作》2013 年第 1 期（创刊号）。

中的具体法律规定，明确当事人双方的权利义务关系和各自应负的法律责任，提出具体的调解解决方法，正确认定当事人双方应负的法律责任，确定具体的损害赔偿范围和赔偿数额，将会极大地提高调解的正确率和成功率。因为公安民警依据具体民法典规定来调解民间纠纷，可以使纠纷双方知晓，其到法院起诉将得到何种法律后果。这样的调解，比起依赖民警个人的工作能力、讲情说理式的调解，更有说服力。

著名的“枫桥经验”即综合运用了民间调解、人民调解和公安调解。浙江省绍兴市诸暨县枫桥镇在各居委会、村，甚至在一些重点企业都建立了相应的调解组织，妥善处理社会治安综合治理问题。“枫桥经验”的主要内容是：“发动和依靠群众，坚持矛盾不上交，就地解决；实现捕人少，治安好”。1963 年，毛泽东主席在了解到“枫桥经验”之后，非常重视，亲笔作出了批示，要各地仿效，经过试点，推广去做。五十多年来，“枫桥经验”为枫桥镇、浙江省乃至全国的基层社会治理工作提供了宝贵的经验和参考。中共中央总书记、国家主席、中央军委主席习近平就坚持和发展“枫桥经验”也作出重要指示，各级党委和政府要充分认识“枫桥经验”的重大意义，发扬优良作风，适应时代要求，创新群众工作方法，善于运用法治思维和法治方式解决涉及群众切身利益的矛盾和问题，把“枫桥经验”坚持好、发展好，把党的群众路线坚持好、贯彻好。坚持自治、法治、德治“三治融合”是新时代“枫桥经验”的主要路径。人防、物防、技防、心防“四防并举”是新时代“枫桥经验”的重要手段。共建共享是新时代“枫桥经验”的工作格局。2019 年 1 月召开的全国公安厅局长会议提出，“深入开展‘枫桥式优秀公安派出所’创建活动，进一步加强和改进新时代公安基层基础工作”①。现在，多地基层公安机关争相创建“枫桥式优秀公安派出所”。

从法治文化建设的角度看，公安机关的治安调解和“枫桥经验”继承了中国优秀传统“和合文化”，是中国优秀传统文化的传承和发展，它不仅是及时、高效处理违反治安管理行为的重要方法，也是化解矛盾纠纷、减少犯罪诱因、构建和谐社会、密切警民关系的重要手段，其存在具有现实基础和文化传统。治安调解是当事人行使其公法请求权和私法自治权的表现，也是公安机关尊重当事人权利自治的体现，具有民主和人权保障基础。同时，治安调解是法律经过利益衡

① 参阅：“枫桥经验”，转自百度百科“枫桥经验”，https：//baike.baidu.com/item/%E6%9E%AB%E6%A1%A5%E7%BB%8F%E9%AA%8C，2020 年 3 月 9 日访问。

量、认为能够最大限度地体现现代行政的目的、为良法之治而确立的，所以，治安调解具有法治基础。

第三节　民间纠纷治安调解实践中的问题归纳与分析

针对民间纠纷类的警情，基层公安机关通常采用的处置方式是治安调解。本节针对基层公安机关在治安调解工作中主要存在的问题进行归纳和分析。

一、对民间纠纷调解工作的意义的认识问题

在民间纠纷调解工作中，有些民警对治安调解的重要意义认识不足，不能将调解工作与构建和谐社会的大局结合起来，不仅没有认识到民间纠纷调解是处理治安案件的重要方式，更没有认识到做好调解工作对于维护社会稳定、促进社会和谐发展等方面的重要意义。这些民警往往认为治安调解的民间纠纷都是由日常琐事引起的，情节及后果不严重，内心对此项工作不重视，对调解准备不积极、不充分，操作过程不规范，甚至“和稀泥”式调解，希望尽快走完调解程序，若经调解仍然达不成协议，就让当事人去法院解决纠纷。

公安机关应当针对民间纠纷警情处置工作中存在的问题进行整改，提高基层民警对调解工作的意义的认识，增强治安调解工作的成效。今后还应在公安机关中继续加强全面的法制教育，强调公安机关以全心全意为人民服务为宗旨，贯彻依法治国、“以人为本”的法治理念，将宪法和民法中的尊重和保障人权的规定转化为实践。治安调解不仅是及时、高效处理违反治安管理行为的重要方法，也是化解矛盾纠纷、减少犯罪诱因、构建和谐社会、密切警民关系的重要手段。处置好民间纠纷，能够保护公民的权利，尤其是民事权利，使法律的秩序价值和人性价值在现实中得到统一，建立良好的社会秩序，促进和建设社会主义和谐社会。

二、治安调解的适用范围问题

有些基层民警对治安调解的适用范围把握不准，导致缩小范围或者超范围调解，以各种理由拒绝受理符合调解处理的治安纠纷案件，或者超越职权受理非治安调解范畴的案件。对于一些民间纠纷是否可适用治安调解解决、如何确定纠纷双方的责任，有些民警难以正确抉择。如果无法对民间纠纷类警情正确定性，不

仅会影响公安机关的办案效率，而且会为治安案件的处理埋下诸多隐患。

根据法律的规定，治安调解仅限于《治安管理处罚法》和《公安机关办理行政案件程序规定》《公安机关治安调解工作规范》等规定范围的治安案件，是公安机关依法处理特定治安案件的一种方式。从适用范围来看，公安机关进行治安调解，仅限于因民间纠纷引起的、情节较轻的、违反治安管理的行为。

违反治安管理的行为由“民间纠纷”引起，且“情节较轻”，是适用治安调解的首要前提条件。但由于适用治安调解的法律规定较原则化，导致部分民警对民间纠纷治安调解的基本内涵与法定适用范围缺乏精确把握，对某些民间纠纷是否属于治安案件把握不准。例如，2015 年 10 月 4 日的青岛“天价虾”消费纠纷，消费者打 110 报警后，出警的民警以双方对一盘菜的价格发生争议为由，把纠纷的处理推给物价局，让消费者打 114 查询物价局电话，把情况跟物价局反映。[①] 其实，在这个事件中，由于纠纷发生地是青岛的旅游热点地区，店铺和来往游客众多，消费者与饭店经营者对菜价的争执，引起群众围观，已经影响到公共秩序，应属于治安纠纷；而且消费者已经报警请求警察来处理，出警的民警就应当立即对此纠纷进行调解。更何况事发于晚上，物价局当天的工作已经结束，物价局与公安局不同，并无夜间出勤执法的工作人员。公安机关将此纠纷的解决推给物价局的做法，在群众中造成很不好的影响。更由于此事在网络上广泛传播，甚至影响青岛乃至山东的整体旅游市场形象。

还有些民警对民间纠纷中情节的轻缓程度判定不清，对可以适用调解的治安案件应具体包括哪些行为类型也不明确。笔者的一个学生曾说过这样一件事，某派出所民警接到报警称：双方当事人是两家企业，因生产经营上的财产纠纷，对方纠集了一伙人要来打架，请求警察立即来阻止。但接警的派出所民警认为，纠纷发生在企业之间，又是由于生产经营引起的财产纠纷，就在电话中告诉报警人去法院诉讼，拒绝出警。结果，由于公安机关对纠纷未能及时制止，双方当事人发生群殴，在打架过程中，来者一方人数众多，给另一方造成了部分人员轻伤、轻微伤的损害结果。对于此案，该派出所事后总结，接警民警一时无法判断是否可以适用治安调解处理，因为纠纷是由生产经营引起的，不同于因家庭、邻里等关系引起争执的典型的民间纠纷，所以办案民警把握不准此案是否属于民间纠纷类治安案件。在这个事件中，双方当事人虽然是两家企业，是因生产经营而发生

---

① 《青岛大虾事件》，百度百科，https：//baike. baidu. com/item/%E9%9D%92%E5%B2%9B%E5%A4%A7%E8%99%BE%E4%BA%8B%E4%BB%B6/18709678？fr=aladdin，2019 年 12 月 2 日访问。

的财产纠纷，但一方纠集了一伙人要来打架，就已不再是单纯的民事合同纠纷，而且情况紧急、事态严重，威胁到当事人双方的生命健康权，且已经影响社会公共秩序，公安机关应当立即出警进行制止和开展治安调解，以阻止事态恶化。

在实践中，有的公安民警将治安调解的范围自行缩小，仅限于《治安管理处罚法》规定的因民间纠纷引起的打架斗殴和损毁他人财物这两类违反治安管理的行为，对于其他案件则均不予治安调解处理。有些办案民警在受理治安调解案件中，缩小了案件的范围，对于虽有民事纷争因素，但明显属于治安违法行为的人身损害纠纷，如家庭暴力，认为此类家庭纠纷应由法院处理，拒绝予以治安调解。公安民警如果对已经报警的民事纠纷不予处置，会给群众增加困难，甚至会导致纠纷扩大、矛盾激化，使法律的权威和公安机关的尊严受到严重的影响。还有的公安民警则扩大治安调解的范围，违反法律超范围调解，只看违反治安管理的行为是否因民间纠纷引起，不论行为的性质和情节轻重，只要是因民间纠纷引起的行为都进行治安调解。有的过分强调化解矛盾、促进和谐，将不属于违反治安管理的行为也进行治安调解处理，甚至将给他人造成轻伤以上的或造成财产损失达到刑事立案条件、明显属于刑事案件的违法犯罪行为，也降格进行治安调解处理。个别基层民警随意扩大调解的范围，以调解代替行政处罚甚至代替刑事处罚，导致对违法犯罪人员打击不力。有的刑事案件被办案民警降格处理，对寻衅滋事、雇凶伤害他人、为泄私愤公然损坏财物等严重违反治安管理的行为和构成犯罪的行为，也进行治安调解。这样的做法，超出了《治安管理处罚法》规定的可以调解的范围，导致群众对法律的曲解，甚至认为只要赔了钱，就可以不受法律的追究。

对于家庭暴力等家庭纠纷，一些民警也存在错误认识。现在的公安机关，虽然在接到家庭暴力的报警后，能够做到出警干预；但即使在2015年《反家庭暴力法》颁布后，对于家庭暴力的处理，在基层民警中仍然没有完全统一认识。调查中发现，有些民警把家庭暴力当作“家务事儿”、不知应依据法律处理的现象仍然存在；甚至有些民警将家庭暴力与钥匙锁在屋内、猫上树下不来等一同归类为求助类报警、非警务纠纷，对家庭暴力的性质缺乏正确认识，没有认识到家庭暴力是侵犯公民人身权利的违法行为。从性质上来说，家庭暴力中的大多数行为属于民事侵权，少数严重的，则构成刑事犯罪。但一些基层民警仍然认为，家庭暴力这样的民事纠纷往往不构成刑事案件，并不危及社会公共秩序，属于非警务纠纷，本应当由街道办事处、居委会、村委会及基层调解组织处理。群众由于形成了“有困难找警察”的思维模式和习惯做法，有了纠纷不去找基层调解组织，而是直接打110报警，希望公安机关介入解决。有些民警更是认为，家庭纠纷、服务纠纷、劳资纠纷、债务纠纷等，很多并不属于公安机关职责范围内的事项，这些非警务纠纷，使得公安机关要耗费大量的警力去调解，一定程度上影响了公安机关打击刑事犯罪和治安管理的效能。

对于民间纠纷警情，应当明确，只要涉及公民的人身权益和财产利益损害，接到报警均应出警。在纠纷处理上，涉及犯罪的，转刑事立案侦查；涉及扰乱公共秩序、违反治安管理的行为，予以行政处罚；属于民事纠纷的，在查明事实、分清是非的基础上，对纠纷进行调解；调解不成的，告知当事人向法院提起诉讼。

三、调解协议的基础问题

调解协议的基础，是查明事实、明确纠纷的性质、分清是非。在实践中，有些办案民警片面追求通过调解解决民事纠纷，希望尽快促成当事人达成调解协议，过分重视调解协议的达成，而不重视查明事实、分清是非。还以2015年青岛“天价虾”事件为例，在第二次接到报警后，民警将两位消费者肖先生和朱先生及烧烤店店主带到派出所。但对于大虾的价格是38元一份还是38元一只、此事件中的餐饮消费行为在法律上的性质是什么，办案民警在纠纷调解中不予明确，仅在店主要求肖先生付1338元、朱先生付2175元的价钱基础上调解。最终，为能脱身离开，肖先生和朱先生分别付给了烧烤店店主800元和2000元的餐费。但二人对此调解结果非常不满，将事情发布到网络上，引发全国网民的关注。这样的治安调解，为达成协议而仅调解如何确定餐费，不明确纠纷的性质，不辨是非，当然不能让当事人信服。在这一纠纷中，当事人对于大虾的价格的争议，是由于店主实施了民事欺诈而使消费者产生重大误解，无论是按照当时《民法通则》《合同法》的相关规定，还是按照现行《民法典》，此行为均属于民法规范的可撤销的法律行为。办案民警在纠纷调解中，应当明确消费者和烧烤店之间有餐饮消费合同关系，纠纷因双方对合同的价格争议而产生。基于店主的欺诈而使消费者对价格产生误解，而且38元一只虾，价格也远超出市场的正常售价。解决此餐饮消费合同纠纷，必须合理确定合同价格，这才是正确解决纠纷的关键所在。又如，瓜农追偷瓜人反倒赔300元的事件。河南淇县瓜农庞某家中承包了200亩地种西瓜和玉米，但经常有附近的人在西瓜成熟后来偷瓜。根据淇县公安局官方微博发布的通报，2019 年 7 月 29 日 6 时 44 分，淇县北阳镇枣生村村民宋某（女）与其女儿耿某骑电动车路过庞某的西瓜地时，宋某下地摘了八九个西瓜，价值二十余元（办案民警对西瓜价值所作的认定令人质疑——笔者注）。当宋某与女儿耿某骑电动自行车准备离开时，瓜农庞某追赶中拉拽电动车把，致使三人同时摔倒。耿某双膝盖擦伤，电动车车把摔坏。宋某与女儿耿某报警。民警出警后进行了询问，因西瓜价值小，情节显著轻微，对宋某及其女儿的行为进行了批评教育。同时考虑到宋某及其女儿受伤，即进行了现场调解，庞某赔偿宋某 300 元。庞某虽然接受了调解，但内心不服。事后他向媒体反映："我觉得这事儿太委屈了。她来偷我的西瓜，我还得倒赔她 300 块钱，这事儿我觉得太不合理。"此事经媒体报道公开后，引发网民一片质疑。许多人认为，偷瓜人逃跑时跌伤，瓜农追偷瓜人反倒赔 300 元，警察的调解颠倒是非。而且，八九个西瓜被民警认定价值二十余元，价格认定不合理。对此，淇县公安局官方微博"@平安淇县"在 8 月 2 日深夜发布通报回应：事件经媒体报道后，淇县公安局高度重视，立即组织人员进行核查，在民警耐心教育训诫下，宋某及其女儿认识到自己有错在先，主动退还了瓜农庞某之前赔偿的 300 元，双方达成谅解。同时，派出所民警也帮助庞某采取了安全防范措施，设醒目标语提醒劝诫随意摘瓜行为。[①]在这个事件中，出警的民警处理纠纷，首先应当确定宋某和耿某偷拿庞某的西瓜是侵犯公民财产权的违法行为，由于财产价格较低，此偷窃行为不构成盗窃罪，应当属于民事侵权行为，行为人要赔偿瓜农庞某的财产损失。耿某是在其意图拿走他人的财物被发现逃跑时跌伤的，是其自己的行为和过错造成的损害，应当自己承担损害后果。出警的民警在调解中反而要瓜农赔偿偷窃人，这样的调解明显是错误的。当地有些人认为，只是到瓜农的地里偷拿几个西瓜，当地的风俗都认为这样的行为不算什么事，警察不要小题大做去要求偷瓜人赔偿瓜农的损失。但笔者认为，如果任由偷拿承包经营者的劳动果实的行为形成风气，众人都这样做，承包土地的经营者的利益得不到法律的保护，会损害农民的承包经营权和劳动积极性，甚至可能发展到聚众哄抢承包经营者的劳动果实的程度，危及农村土地承包经营制，也损害法律的权威。

① 《瓜农追偷瓜者反赔 300 块 法律专家：警察处罚不恰当》，网易新闻，https：//news.163.com/19/0804/02/ELN0QCR00001899O.html，2019 年 8 月 4 日访问。

四、自愿调解问题

自愿是民间纠纷治安调解的基本原则和适用条件，只有双方当事人自愿选择公安机关进行调解，才可以调解的方式解决纠纷，否则公安机关不能强行进行调解处理。《民法典》第五条规定："民事主体从事民事活动，应当遵循自愿原则，按照自己的意思设立、变更、终止民事法律关系。"《公安机关办理行政案件程序规定》第一百七十九条规定的不适宜进行治安调解的情形中，即有当事人明确表示不愿意调解处理的情形。

但在我国治安调解实践中，有些公安民警出于快速结案等种种因素考虑，利用自身的优势地位，违反自愿原则强行调解。甚至有的办案民警告诉当事人，如果不接受调解，则对双方均进行拘留的治安处罚；或者告诉受害人若不接受调解协议，则连财产的赔偿都得不到，等等。公安机关违反自愿原则进行调解，强行对案件调解处理或者强迫当事人达成调解协议、履行调解协议，非但不能化解当事人之间的矛盾，反而可能会激化矛盾，使矛盾升级，甚至造成当事人事后上访、申诉。因此，公安机关对民间纠纷进行治安调解，必须以双方当事人均自愿申请公安机关调解为前提。

五、治安调解的程序问题

在民间纠纷治安调解的实际工作中，有些办案民警不严格执行法律程序调解的现象较为突出。治安调解的程序不规范主要表现为：（1）立案不遵守工作程序。在立案上，有的民警办案不立案，不按规定填写《立案登记表》，或者《立案登记表》不及时交主管领导审批。不立案、不登记现象，尤其是对现场可以调解处理的案件，不立案或不登记更具有普遍性，这不仅使治安案件受案不实，造成大量治安案件流失，也使通过治安调解处理的案件不能受到监督。（2）不按照规范的程序及时调查取证。有的办案民警为了避免麻烦，省略最基本的调查和取证工作。在调查取证上不及时、不认真，甚至不制作各种必要的法律文书等。实际工作中，很多证据会因为时过境迁而灭失。例如，造成人身损害的治安案件，若办案民警取证不及时，随着受害人伤口的愈合，能证明损害事实及程度的证据就会灭失。有的民警甚至不为当事人制作询问笔录，只是口头上询问案件过程，在事实未查清、过错和是非责任未分清的情况下，即仓促调解，导致公安机关无法查清事实和认定责任，难以做出处罚或者影响治安处罚的合法性。（3）

结案不按照规范操作。在调解结案上，有的办案民警不制作或不认真制作《调解协议书》，甚至不及时将《调解协议书》交领导审批。

程序意识不强或缺失，是基层公安机关治安调解普遍存在的问题。基层公安机关在治安调解中还存在告知义务不落实的问题。在办理治安调解案件时，公安机关需要在不同阶段依法履行告知义务，如告知当事人案件可以调解处理，并询问当事人双方是否同意调解等。但在实践中，由于部分民警依程序规范执法的意识不强，而且治安调解的案件通常比较琐碎，加之民警平日工作任务繁重，在调解的过程中往往会忽视公安机关告知义务的履行，或者告知不全面、不规范。基层公安机关治安调解工作，需要在程序上注意执法规范。

六、治安调解案卷材料管理问题

公安机关调解处理的治安案件，有些办案民警只追求快速完成调解工作，认为只要双方达成了协议就是调解成功，对于法律规定在治安调解中应制作的书面材料不够重视。有的治安调解，整个案件的书面材料只有接处警登记和最终达成的治安调解协议书，对调查、调解的过程，一般只通过口头简单进行，很少制作反映案件事实的询问笔录等书面证据材料，而且缺乏《受案登记表》《调解笔录》等可以体现程序演进、履行法律程序的书面材料。有的即使具备了较完整、规范的书面材料，也因治安调解案件多、习惯性不重视等原因，很少将材料立卷、归档。笔者的学生在某派出所实习时，曾亲眼见到该所所有的治安调解材料混乱地堆在办公室的角落里，处理完毕的案件和尚未结案的案件材料混在一起，甚至一个案件的材料和另一案件的材料掺杂不分，有的案件材料被当作废纸，案件材料遗失的情况多次出现。基层公安机关治安调解工作中的档案管理，也应当予以规范。

七、治安调解的效率问题

效率是行政权行使所追求的重要价值取向，高效便民是依法行政的具体要求与体现，治安调解作为公安机关行使治安管理权的方式之一，也理应如此。如果治安调解的效率低，不仅浪费了公安执法资源，而且严重影响了治安调解作用的正常发挥。

案件久拖不决，这是治安调解实践中最为突出的问题，其形成原因主要有：有的民警热衷于治安调解结案，忽视案件的调查取证，在事实未查清、纠纷的性质没有正确认定、过错和是非责任未分清的情况下，即仓促调解，使当事人之间达成调解协议的难度增大，导致久调难解。有些纠纷，即使勉强达成治安调解，其调解协议对纠纷的性质和是非没有正确认定，当事人不能慎重对待自己在调解中的意思表示和主张，稍有不满意就有可能撕毁调解协议或反悔不履行，使得案件的调解出现反复，拖延了调解的时间。有的民警对经多次调解不成的，该及时进行治安处罚的不及时裁决，担心处罚可能更加激化当事人之间的矛盾，不利于纠纷的解决。还有些办案民警的调解工作不全面，仅调解部分纠纷，对纠纷中涉及的损害赔偿部分则告知当事人向法院起诉。有的当事人因法院诉讼时间长和需要承担高昂的诉讼费，不愿去法院起诉，又重新回到公安机关要求继续调解。而此时公安机关由于之前忽视对纠纷全部情况的调查取证，难以查清事实，调解很难成功，导致案件可能积压在公安机关，转为疑难信访案件，甚至可能导致当事人之间的矛盾激化，酿成刑事案件。

公安机关对于可以进行治安调解处理的民间纠纷，启动调解处理程序后，便存在调解成功或不成功两种情形。经调解达成协议且按照协议履行完毕的，则调解成功。若调解未能达成协议或者当事人在达成协议后却不履行，公安机关则应及时终止调解，告知当事人可就双方民事争议向人民法院提起诉讼；需要给予治安处罚的，按照法律相关规定，对违反治安管理的行为人进行治安处罚。治安调解的制度设计，在客观上就使调解处理比直接进行治安处罚的时间长，加之一些民警的调解水平与能力欠缺，对调解的时机、方法、方式把握不准，使调解过程不断反复，久调不结的现象比较严重。为此，有些法律法规对于某些类型的治安调解规定了期限。例如，《道路交通安全法实施条例》第九十五条规定：“公安机关交通管理部门调解交通事故损害赔偿争议的期限为10日。调解达成协议的，公安机关交通管理部门应当制作调解书送交各方当事人，调解书经各方当事人共同签字后生效；调解未达成协议的，公安机关交通管理部门应当制作调解终结书送交各方当事人。”

治安调解一般为一次，在必要时可以增加一次；调解不成，应当及时终止调解并告知当事人通过法院诉讼解决。但在治安调解实践中，很多案件的调解次数超过两次，有的案情不复杂的纠纷，也调解达五六次之多。笔者的学生曾提到一起治安案件：两个当事人因情感纠纷，其中一方将另一方的黄金耳环损毁，并给其人身造成了轻微的损害。派出所在接到报案后，经调解使双方达成协议。但是受害人事后又因未达到其满意的赔偿结果而不停地上访，上访至该市公安局，直至省公安厅。市局、省厅接访部门每次接访后都要求派出所妥善处理案件、平息矛盾。该派出所则每次在接到上级的指示后，只能重新对案件进行再次调解。经过反复多次调解，最终才促使双方达成调解协议并履行完毕。实践中，类似的情形大量存在，公安机关为了化解矛盾纠纷、避免产生上访案件，通常要对某些民间纠纷进行多次调解，只为双方当事人能达成治安调解协议，彻底解决纠纷。

在今后的民间纠纷调解工作中，公安机关应当严格遵守法律法规的相关规定，在法律规定的期限内完成调解工作，治安调解一般为一次，在必要时可以增加一次，以提高调解工作的效率。调解工作最多进行两次，调解不成功的，及时告知当事人通过法院诉讼解决。对于某些类型的治安调解，相关法律法规明确规定了调解期限的，则应当在规定期限内完成调解工作；调解不成的，及时终止调解，告知当事人通过法院诉讼解决。这样可以避免基层民警因调解民间纠纷占用过多的工作时间，而影响其他工作的完成。

第二章　侵权损害赔偿纠纷警情处置中的疑难问题及案例分析

第一节　侵权损害赔偿纠纷及其类型

一、侵权损害赔偿纠纷的性质和法律适用

（一）侵权损害赔偿纠纷的性质

侵权损害赔偿纠纷，往往会成为基层公安机关经常处置的治安案件。侵权损害赔偿纠纷，在性质上属于民事纠纷（民间纠纷），是由于民事侵权行为造成人身损害或者财产损失，而在侵权人和受害人之间产生损害赔偿纠纷。如果侵权损害的行为和后果严重，构成犯罪的，则在刑事伤害罪或者侵害财产罪的刑事诉讼中，受害人可以提出附带民事赔偿的诉讼。

民事侵权行为所损害的，是法律保护的自然人和法人的民事权益，包括人身权益和财产权益。在公安执法实践中，需要特别注意的是，对自然人（公民）的人身权益的保护，未出生的胎儿的人格利益作为特例，也受法律保护。例如，因交通事故造成孕妇和胎儿的人身伤害；又如，殴打孕妇，造成胎儿在母体中受到身体损害或者健康损害，都会产生孕妇和胎儿的损害赔偿请求权。胎儿的损害赔偿请求权，在其出生后可以由其监护人代其提出。但胎儿出生后是死体的，仅受害人即怀孕的母亲，可以向加害人提出人身损害赔偿。因为胎儿出生时为死体的，在法律上其民事权利能力视为自始不存在。另外，法人和非法人组织的民事权益，尤其是财产权益，也需要予以保护。假如有人哄抢某企业法人或者个体商户的财产，公安机关必须立即出警予以制止，根据违法行为的性质，对违法行为人分别予以刑事立案或者治安处罚，并对受害人提出的财产损害赔偿的要求予以支持，可以调解侵害人赔偿受害人的财产损失。

（二）侵权损害赔偿民事纠纷的法律适用

侵权损害赔偿民事纠纷以前主要适用的法律有《民法通则》《民法总则》《侵权责任法》《物权法》《婚姻法》等法律法规，以及《最高人民法院关于审理人身损害赔偿案件适用法律若干问题的解释》等相关司法解释。2021 年以后，侵权损害赔偿民事纠纷主要适用《民法典》。《民法典》第四编“人格权”中规定，民事主体享有生命权、身体权、健康权、姓名权、名称权、肖像权、名誉权、荣誉权、隐私权等人格权。除人格权外，自然人还享有基于人身自由、人格尊严产生的其他人格权益。民事主体的人格权受法律保护，任何组织或者个人不得侵害。公民之间在人身权利领域发生纠纷，某项具体人格权被他人侵犯，可以要求法律保护。《民法典》第五编“婚姻家庭”规定了自然人基于婚姻家庭关系而产生的身份权益。《民法典》第二编“物权”、第三编“合同”、第六编“继承”，规定了民事主体的物权、债权、继承权、知识产权、股权和其他投资性权利等各类财产权益，受法律保护。《民法典》第七编“侵权责任”，调整因侵害民事权益产生的民事关系，对民事权利被侵害的民事主体，给予法律保护，对侵害他人民事权益造成损害的行为人，追究其应当承担的侵权责任。民事主体的民事权益法律保护途径，不仅包括向法院起诉，要求侵害他人民事权益造成损害的行为人承担侵权责任，也可以向住所地或者行为发生地的基层公安机关请求调解解决侵权损害纠纷。

二、侵权损害赔偿责任的构成要件

民事侵权行为造成人身损害或者财产损失，而在侵权人和受害人之间产生纠纷，应当由加害人（侵权人）对受害人承担侵权损害赔偿的民事法律责任，这种责任也被简称为侵权责任。

承担侵权责任有以下构成要件：

（一）违法行为

行为人违反法律而实施的行为或者不作为，是其承担侵权责任的客观要件。违法行为，违反了法律的禁止性规定和公序良俗，行为人必须对其违法行为所导致的损坏后果承担法律责任，赔偿受害人的损失。如果实施违法行为的人是企业法人、国家机关法人等法人组织的工作人员，且其是在职务范围内所为，则行为的法律后果由法人组织承担。

违法作为造成人身权益或者财产权益损害的纠纷，包括作为和不作为两种方式。在公安执法的民间纠纷调解实践中，既有以作为的方式形成的侵权损害纠纷，如殴打他人、装修噪音扰民等；也有以不作为的违法行为所形成的纠纷，如水管漏水不及时修理而殃及楼下住户、停放车辆堵住住户的家门或者道路等。公安机关工作人员的违法不作为，也会导致侵权责任的承担，最为典型的违法不作为事例，就是吸毒妇女被拘留而导致其3岁的女儿在家中饿死的事件。2003年6月4日，四川省金堂县公安局城郊派出所值班民警黄小兵、王华麟将实施盗窃行为的妇女李桂芳抓获。审查期间，李桂芳向城郊派出所副所长王新、副所长卢晓辉等办案人员反映其3岁的女儿独自在家，无人照顾，请王、卢等人帮助联系其姐去照顾。王、卢数次打电话给李桂芳姐姐，均未联系上，就安排在青白江区公安分局团结村派出所实习的市警校学生穆羽帮助联系。穆羽数次打电话也没有联系到李桂芳的姐姐，但却未将此情况向其他值班民警和所领导汇报。直到6月21日，团结村派出所社区民警接到群众反映，发现李桂芳的女儿已饿死在家中多日。此事件经多家媒体报道转载，恶评如潮，给公安机关造成恶劣的影响。事件发生后，四川省、成都市委领导高度重视，立即作出批示，要求迅速调查，严肃处理。成都市公安局对事件进行调查，积极做好善后工作。经调查，王新、卢晓辉、穆羽等人工作极端不负责任，冷漠执法，严重失职、渎职。市公安局决定对金堂县公安局城郊派出所副所长王新、副所长卢晓辉，以涉嫌渎职罪移送检察机关，执行刑事拘留；对金堂县公安局城郊派出所所长刘继国，副所长王际勇，民警黄小兵、王华麟依照《人民警察法》，停止其执行职务；免去青白江公安分局团结村派出所所长王国富所长职务，给予行政记大过处分，对教导员邱小琳，依照《人民警察法》，停止其执行职务；对团结村派出所市警校实习学生穆羽作开除学籍处理；金堂县公安局政委吴仕见引咎辞职。① 在这个事件中，公安机关的办案人员得知被抓捕的吸毒妇女李桂芳有个3岁的女儿独自在家，在未联系到其亲属去照顾的情况下，应当及时派人去将孩子接出，安排由福利院等机构临时照料孩子。由于办案人员的不作为，导致3岁的孩子活活饿死在家中。对如此严重的后果，公安机关因其工作人员的不作为，要对死去的孩子的亲属承担侵权损害赔偿的民事法律责任。

（二）损害事实

损害事实，是指自然人、法人等民事主体的人身权利、财产权利及利益受到

---

① 《母亲被抓3岁幼女饿死家中成都严处渎职民警》，新浪新闻，http：//www. sina. com. cn，2003年6月25日访问。

侵害，造成人身损害、财产利益减少或灭失的客观事实。

人身损害，包括人格利益损害和身份利益损害。人格利益损害，在公安机关处置的民间纠纷中比较多见的是，由于打架斗殴造成的健康权的人身损害，严重的，还会造成生命的丧失，侵害生命权。身份利益损害，由侵害身份权造成，主要发生在配偶之间、父母子女之间的身份利益、亲属关系的损害。

财产损害，主要为侵占财产和损坏财产。侵占财产是行为人将他人的财产非法占有，使原所有人或者合法占有人丧失对财产的控制。损坏财产是破坏他人财产，使财产价值丧失或减少，给财产所有人造成财产损失。财产损失包括直接损失和间接损失。直接损失是指现有财产利益的减少；间接损失是指可得利益的减少或丧失。对他人可产生孳息的财产的损坏，不仅会产生直接损失，也会产生间接损失。例如，将他人用于出租的房屋的门窗和装修损坏，不仅造成房屋本身价值的减少，给房屋所有人造成直接的财产损失，还影响了房屋所有人的房屋出租，租金的收入的损失，就是间接的财产损失。

（三）因果关系

学理上对于因果关系有条件说、原因说、相当因果关系说等多家学说，我国民法参考因果关系理论，立足实践，确立因果关系规则。判断违法行为与损害事实之间是否存在因果关系，首先应当依据一般的社会知识和经验，判断该行为是否能够引起该种损害结果。如果在实际中，判断该行为已经造成了该损害结果发生，且与科学原理无矛盾，则可以认定违法行为与损害事实之间存在因果关系。

（四）过错

一般情况下，行为人实施造成他人人身利益或财产利益损害的行为时，主观上有过错的，要对受害人承担侵权损害赔偿责任。过错是承担侵权责任的构成要件。在法律有特别规定的情况下，如核工业、高速运输等对周围环境有高度危险的行业，过错不是承担侵权责任的构成要件，行为人即使无过错，也要对自己在生产经营中所发生的损害承担侵权赔偿责任。

关于过错，下节还有详细阐述。

三、侵权损害赔偿纠纷的类型

为查明事实、分清是非，更好地处理人身损害赔偿纠纷，有必要将人身损害赔偿纠纷区分为不同的类型。

（一）按照被侵害的权利的类型分类

从被侵害的权利所属的类别来区分，侵权损害赔偿可以分为人身侵权损害赔偿和财产损害赔偿。因侵权损害赔偿纠纷发生的领域和当事人之间的身份关系，其中发生在家庭成员间的侵权损害纠纷，如家庭暴力，往往会从侵权损害纠纷中列出，转入家庭纠纷中。不仅公安机关将发生在家庭成员间的侵权损害纠纷列为家庭纠纷，人民法院的立案案由也将其单独列出，甚至在某些地方，会由专门设立的家事法院或者家事法庭审理。在公安机关的治安调解实践中，家庭纠纷的调解数量较大，其中的疑难问题也较多。发生在家庭成员之间的侵权损害赔偿纠纷，尤其是家庭暴力，将在第三章家庭纠纷中进行分析。

1. 人身侵权损害赔偿

对人身侵权损害纠纷，首先要确定其属于刑事犯罪还是民事侵权。人身损害包括轻微伤、轻伤、重伤。第一种情况，在性质上属于民事侵权，侵害者要对受害人承担侵权损害赔偿的民事法律责任；后两种伤害，性质上已经构成刑事犯罪，要追究侵害者的刑事责任。殴打他人或者互殴，这类人身损害纠纷是公安机关接警最为常见的，有时人身损害纠纷是由非常小的矛盾引发的。例如，南方都市报报道，2021 年 6 月 29 日 23 时 45 分，月川派出所接到群众报警，称在吉阳区迎宾路某小区附近的阿道小串店内有人打架。接报后，民警立即赶往现场处置。经民警调查，纠纷的起因是：两拨人当晚在吃夜宵期间，孙某亮与吴某林因眼神对视产生言语冲突，孙某亮说："你瞅啥。"吴某林回应道："你说什么?"随后两桌人对骂，进而升级为互殴，直至民警到达现场制止。[①] 殴打他人或者互殴，势必会造成人身伤害，经医学鉴定，如果伤害的程度构成轻伤及轻伤以上的后果，加害人的行为就构成犯罪，公安机关应按照刑事诉讼法规定的程序立案侦查；如果未构成轻伤及轻伤以上的后果，其在性质上就属于民事侵权行为，可作为治安案件调解处理，由加害人承担人身损害赔偿。对于人身侵权损害，根据受害人的伤情确定案件的性质，是公安机关接警处置非常重要的且是首要的事项。在实际生活中，属于民事侵权的人身损害远比构成伤害罪的刑事案件多。

殴打他人，属于侵犯他人身体权、健康权甚至生命权的侵权行为。打人者是侵权人，也是赔偿义务人，对受害人要承担侵权损害赔偿的民事法律责任。因侵

① 《三亚 9 人吃夜宵时对视，一句"你瞅啥"引发互殴！8 人被刑拘》，网易新闻，https：//www. 163. com/dy/article/GE8NRHRU05129QAF. html？clickfrom=w_yw，2021 年 7 月 7 日访问。

权行为或者其他致害原因直接遭受人身损害的受害人是赔偿权利人，有权要求侵权人赔偿损失。依法由受害人承担扶养义务的被扶养人以及死亡受害人的近亲属，也是赔偿权利人，也有权要求侵权人赔偿损失。伤害的程度构成轻伤及轻伤以上的后果的，加害人除承担相应的伤害罪的刑事责任，还要对受害人承担民事赔偿责任。受害人可以在追究加害人的刑事责任的诉讼过程中，提出附带民事侵权损害赔偿的诉讼请求。

人身损害赔偿纠纷在不构成刑事案件的伤害罪的情况下，可由派出所民警作为治安案件调解解决。经民警调解，当事人对人身损害赔偿，尤其是医疗费的承担，能达成一致意见，则调解结案。经调解但当事人不能达成合意的，民警应当告知受害人向人民法院起诉，由法院裁决。

2. 财产损害赔偿

广义的财产损害，包括对财产和财产权益的损害。财产权益不仅包括有形财产的物权、债权、股权、继承权等，还包括知识产权等无形财产权，以及由财产权产生的利益。多数的财产损害纠纷，尤其是财产利益和无形财产权的侵害，当事人一般会去法院通过民事诉讼解决。也有一些财产损害纠纷，当事人寻求公安机关调解解决。损坏他人财物或者侵占他人财物引发纠纷，是公安机关接警处理较多的涉及财产的民间纠纷。

损坏他人财产，会导致财产的价值和使用价值受到破坏，例如对他人停放在户外的车辆的损坏。损坏他人财物，严重到损毁程度的，会导致财物的使用价值完全丧失，例如将他人搭建的棚屋拆毁。对财物的损坏，可以要求侵害人修理、恢复原状，也可以要求赔偿损失。对财物的毁损，不能恢复原状或者修理后的财产价值贬损较大的，例如将他人的瓷瓶摔碎，应当采取赔偿损失的责任方式。

侵占他人的财产，是对他人财产的非法占有。典型的侵占财产有盗窃、抢夺、非法扣押、转移占有等。前两种行为，构成犯罪的，侵占人要承担刑事责任。后几种侵占行为，一般属于民事侵权行为，可以要求侵占人返还财产，造成损失的，还可以要求赔偿损失。

对财产损害的侵权责任，主要是赔偿损失。赔偿的数额，一般以财产、财产利益损失的价值为客观标准，损失多少，赔偿多少，损益相抵以补偿被侵害人的损失。以前的《侵权责任法》第十九条规定，“财产损失按照损失发生时的市场价格或者其他方式计算”。《民法典》实施后，对于财产损失的赔偿，按照《民法典》第一千一百八十四条的规定，“侵害他人财产的，财产损失按照损失发生时的市场价格或者其他合理方式计算。”但在实践中，如果有特殊情况，市场价格难以确定，导致不能准确计算损失数额的，也可以确定合理的、适当的赔偿数额。例如，沈阳故宫门前的上马石被损坏的事例。某人倒车时撞断沈阳故宫门前的上马石，这样的文物被损坏，价值难以确定，有文物专家认为损失达数千万元，但此事件中的侵害者根本无力赔偿此笔巨款，最后只能要求其适当赔偿。对于赔偿费用的支付方式，《民法典》第一千一百八十七条规定，损害发生后，当事人可以协商赔偿费用的支付方式。协商不一致的，赔偿费用应当一次性支付；一次性支付确有困难的，可以分期支付，但是被侵权人有权请求提供相应的担保。

（二）按照当事人的过错分类

按照侵害行为的各方当事人的过错，侵权损害赔偿纠纷分为以下类型：

1. 一般侵权损害行为

一般侵权损害行为是相对于法律有特别规定的特殊侵权损害行为而言的，凡法律没有具体的特别规定的侵权损害行为，均属于一般侵权损害行为。根据行为人的行为及其主观过错，一般侵权行为又可以过错情况再详细区分，其处理的法律依据和后果也有所不同，下节将针对过错的不同类型进行详细阐述。

一般侵权损害行为的责任，适用过错责任原则，即行为人有过错才承担法律责任。我国《民法典》及之前适用的《侵权责任法》均把过错责任原则作为最基本的归责原则。《民法典》第一千一百六十五条规定：“行为人因过错侵害他人民事权益造成损害的，应当承担侵权责任。依照法律规定推定行为人有过错，其不能证明自己没有过错的，应当承担侵权责任。”行为人对由于自己的故意或者过失造成的损害，承担损害赔偿责任；如果损害的发生并非行为人的过错导致，且行为人已经尽到注意义务，则其不承担法律责任。过错责任原则适用于一般侵权行为，只有在法律有特别规定的情况下，即特殊侵权行为，才不适用过错责任原则。有学者指出，过错责任原则不仅是正义的要求，也可以调和“个人自由”与“社会安全”两个基本价值，在尽到注意义务的前提下，个人的自由和聪明才智得以发挥，体现对个人尊严的尊重。[①]

对一般侵权损害行为的责任追究，其构成要件有四个：一是有违法行为，即

---

① 王泽鉴：《侵权行为法》（第1册），三民书局1999年版，第13页。转自杨立新：《侵权责任法》（第二版），法律出版社2012年版，第69页。

行为人的行为违反法律规定或者违反公序良俗；二是有损害事实，即有人身权利或者财产权利的损害发生；三是违法行为与损害事实之间有因果关系；四是行为人有过错，即行为人主观上有故意或者过失，对损害的发生未尽到注意义务。

2. 特殊侵权损害行为

民事立法上，在一般侵权损害行为之外，还列出特殊侵权损害行为。之所以称为“特殊侵权损害行为”，是因为实施了法律专门列举的这类特殊侵权行为，并规定了特殊的归责原则，即使行为人主观上没有过错，但按照法律规定也要承担侵权责任。我国《民法典》第一千一百八十八条至一千二百五十八条列举和规定了特殊侵权损害行为及其相应的特殊侵权责任。《民法典》列举的特殊侵权责任有：产品责任、机动车交通事故责任、医疗损害责任、环境污染和生态破坏责任、高度危险责任、饲养动物损害责任、建筑物和物件损害责任。对于特殊侵权损害行为，《民法典》第一千一百六十六条规定：“行为人造成他人民事权益损害，不论行为人有无过错，法律规定应当承担侵权责任的，依照其规定。”法律专门列出特殊侵权损害行为，主要有以下原因：第一，一般侵权损害行为的责任追究适用过错责任原则，即行为人主观上有过错（包括故意和过失）才承担赔偿的法律责任。而特殊侵权损害责任适用无过错责任原则或者过错推定原则。特殊侵权损害行为中，行为人有些是无过错的，但法律明确规定其要承担赔偿责任；有些被法律推定为有过错，适用举证责任倒置规则。第二，一般侵权损害行为的行为人自己承担赔偿的法律责任，而特殊侵权损害行为常常由法律规定的行为人之外的人承担替代责任或者补充责任。第三，一般侵权损害行为的受害人要求赔偿的，应当负责举证，而特殊侵权损害行为实行举证责任倒置。

一些在公安执法实践中较常出现的特殊侵权损害行为，将在本章专节阐述。

第二节　侵权损害中的过错和无过失责任

过错是侵权责任法中的核心概念，也是侵权责任法理论中经久不衰的概念。[①] 在人身侵权损害纠纷中，当事人有无过错、单方有过错还是双方均有过错，对判断民事法律责任的承担有着重要意义。

---

① ［美］戴维·G. 欧文主编：《侵权法的哲学基础》，张金海、谢九华、刘金瑞、张铁薇译，北京大学出版社 2016 年版，第 202 页。

还应注意的是，与刑事责任的承担不同，在民事侵权损害责任的承担中，故意与过失的区分，在赔偿责任上通常没有差异。加害人无论是故意造成损害，还是过失造成损害，均对受害人承担实际损害的赔偿责任。仅在受害人对损害的发生也有过错的情况下，加害人才可以减轻赔偿责任。另外，在法律规定的可以适用惩罚性赔偿的情形下，才会考虑加害人的故意和主观恶意程度的因素。

一、故意和过失

实际生活中，绝大多数侵权行为都是由于加害人的过错造成的。过错，包括故意和过失。故意，是指行为人预见自己行为的结果，希望这样的结果发生或者听任其发生的主观心理状态。希望行为的损害结果发生，是直接故意。听任行为的损害结果发生，是间接故意。过失，包括行为人的疏忽或者懈怠两种心理状态。对自己行为的损害结果，应当预见或者能够预见而没有预见，是疏忽。对自己行为的损害结果虽然预见到了，却轻信可以避免，是懈怠。

在刑法上，区分故意还是过失、直接故意还是间接故意、过失的轻重，对定罪量刑具有重要意义。在民法上，由于侵权人承担的民事责任主要是损害赔偿，大多数情况下，故意还是过失造成的损害，都是根据损害事实和受害人的实际财产损失来确定赔偿，区分故意和过失意义不大。但在共同过错、第三人的过错、受害人也有过错及法律有特别规定的情况下，区分过错的类型和轻重程度，对损害赔偿责任的承担，还是有决定性作用的。

二、过错的类型

（一）单方过错

单方过错，也称单方侵权行为，是指一方故意或者过失侵害他人生命权、健康权、名誉权等人身权利，导致损害发生。单方侵权行为发生在仅侵害方有过错、被侵害方无过错的情况下，如一方寻衅滋事殴打他人。因此，单方过错（单方侵权行为），应当由侵权方对受害方承担全部的侵权损害赔偿责任。在治安案件中，单方过错致人伤害的情形是较多见的，往往不仅给对方造成人身或财产损害，还损害社会公共秩序，有些还需要根据具体情况适用行政处罚。

侵害方如果人数在二人以上，又被称为共同致人损害或者共同侵权行为。共同致人损害，是指两个以上的行为人均有过错地共同造成损害事实发生。其特点在于，几个行为人在主观上有共同致害的意思，在客观上有共同违法行为并造成损害后果。在这种情况下，共同致害人应共同承担民事责任，并且其相互间负连带责任。二人以上共同实施侵权行为，造成他人损害的，构成共同侵权，应当依照《民法典》第一千一百六十八条的规定，承担连带责任。二人以上分别实施侵权行为造成同一损害，每个人的侵权行为都足以造成全部损害的，行为人承担连带责任。二人以上分别实施侵权行为造成同一损害，能够确定责任大小的，各自承担相应的责任；难以确定责任大小的，平均承担赔偿责任。法律规定承担连带责任的，被侵权人有权请求部分或者全部连带责任人承担责任。连带责任人根据各自责任大小确定相应的赔偿数额；难以确定责任大小的，平均承担赔偿责任。支付超出自己赔偿数额的连带责任人，有权向其他连带责任人追偿。

二人以上没有共同故意或者共同过失，但对同一受害人分别实施数个侵害行为，这几个侵害行为间接结合发生同一损害后果的，应当根据侵害人各自过失的大小或者原因，按比例各自承担相应的赔偿责任。在学理上，此种情况被称为侵权人之间负不真正连带责任。我国《民法典》第一千一百七十一条规定："二人以上分别实施侵权行为造成同一损害，每个人的侵权行为都足以造成全部损害的，行为人承担连带责任。"第一千一百七十二条规定："二人以上分别实施侵权行为造成同一损害，能够确定责任大小的，各自承担相应的责任；难以确定责任大小的，平均承担责任。"

（二）混合过错

混合过错，是指双方互为侵权行为，当事人双方都有过错。也就是说，由于双方均有违法行为和主观过错，并相互给对方造成损害。在这种情况下，双方互为加害人，都要对对方的损害承担民事侵权赔偿责任，并根据双方的过错，确定其各自应对对方承担的相应的责任。

典型的混合过错（双方侵权行为）是双方互殴。双方互殴，则互为加害人、侵权人，各自就自己的侵权行为对对方承担损害赔偿的民事法律责任，赔偿责任可部分相互抵销。

（三）受害人有过错

如果不仅违法行为人有过错，受害人对损害事实的发生也有过错，行为人虽然仍要承担民事责任，但应根据实际情况，适当减轻其责任。比如，甲上街遛狗，路人乙见甲的狗长得可爱，用手去拍狗的头，甲既未禁止也未用狗链将狗拉住，导致狗将乙的手咬伤。乙的受伤，主要因其自己的过错造成，对损害的发生要承担部分责任；甲也有一定的过错，要承担部分赔偿责任。我国《民法典》

第一千一百七十三条规定："被侵权人对同一损害的发生或者扩大有过错的，可以减轻侵权人的责任。"

如果损害完全是因受害人故意造成的，行为人不承担责任。比如，有人破坏围栏设施、进入封闭的火车轨道，被行驶的火车撞死，铁路公司不承担责任。我国《民法典》第一千一百七十四条规定："损害是因受害人故意造成的，行为人不承担责任。"

在纠纷调解中应当注意的是，与第二种类型混合过错不同的是，受害人也有过错的类型中，仅受害人一方在侵权行为中受到损害，混合过错则双方在侵权行为中均受到损害。

（四）受害人自担风险

如果受害人因自愿参加具有一定风险的文体活动而受到损害，比如参加搏击竞技、拳击、武术比赛，被其他参加者击伤，受害人自担责任。我国《民法典》第一千一百七十六条规定："自愿参加具有一定风险的文体活动，因其他参加者的行为受到损害的，受害人不得请求其他参加者承担侵权责任；但是，其他参加者对损害的发生有故意或者重大过失的除外。"

如果具有一定风险的文体活动的管理者或者组织者未尽到安全保障义务，造成活动的参与者损害的，比如组织远足登山活动，有参加者掉队走失，活动的管理者或者组织者未安排人员进行搜寻和营救，按照《民法典》第一千一百九十八条至第一千二百零一条的规定，活动的管理者或者组织者应当承担侵权责任。

三、无过失责任

近代以来，为保障公民的自由和权利，各国的法律普遍确立过错（过失）责任原则，即行为人只有在故意或者过失侵害他人的权利或者利益、造成人身或者财产损失的情形，才承担损害赔偿责任。

随着近现代工业的发展，高速运输行业、化工行业、核工业等纷纷涌现，对周围的人群和环境均构成危险，这些危险行业的从业者，即使尽到注意义务，但受限于对自然的认识和自身掌握的科学技术，仍然难以避免在生产经营中出现安全事故。并且，不仅这些危险行业发生的事故会造成人身和财产的损害，一些产品的生产会造成环境污染，动物的饲养、从事高度危险活动等，也会造成人的生命健康损害和财产损失。现代世界各国的法律，为更好地保护民众的生命和财产安全，督促从事危险行业的人、商品生产者和销售者、动物的饲养人和管理人等，要对自己的工作高度负责，谨慎勤勉地经营，不断改进技术安全措施，尽力保障周围的人员和环境的安全，确立了无过错（无过失）责任原则。法律确立无过错（无过失）责任原则，在法律明确规定的适用情形中，主观过错不是承担民事损害赔偿责任的唯一必备构成要件，只要有损害事实发生，行为人无论有无过错，都要对受害人承担侵权损害赔偿责任。

需要注意的是，无过错（无过失）责任原则仅适用于法律有明确规定的特殊侵权损害责任情形，法律对侵权责任的追究没有规定适用无过错（无过失）责任原则的，则不能适用。我国《民法典》第七编侵权责任中的第四章至第十章对特殊侵权损害责任有详细规定。适用无过错（无过失）责任原则的特殊侵权损害责任，包括产品责任、机动车交通事故责任、环境污染和生态破坏责任、高度危险责任、饲养动物损害责任等。

第三节　特殊侵权损害纠纷警情处置中的疑难问题及案例分析

特殊侵权损害责任，适用无过错（无过失）责任原则或者过错推定原则，具体包括产品责任、高度危险行业责任、监护人责任、用人单位责任等多种类型。本节仅分析公安机关较常处理的涉及特殊侵权损害赔偿纠纷及其责任追究。

一、饲养的动物造成损害的责任承担

我国《民法典》第一千二百五十一条规定：“饲养动物应当遵守法律法规，尊重社会公德，不得妨碍他人生活。”

基层公安机关接警的人身损害赔偿纠纷中，有一些是由饲养的动物造成他人损害而发生的。按照《民法典》第一千二百四十五条、第一千二百四十六条和第一千二百五十条的规定，饲养的动物造成他人损害的，动物饲养人或者管理人应当承担侵权责任；但是，能够证明损害是因被侵权人故意或者重大过失造成的，可以不承担或者减轻责任。违反管理规定，未对动物采取安全措施造成他人损害的，动物饲养人或者管理人应当承担侵权责任；但是，能够证明损害是因被侵权人故意造成的，可以减轻责任。因第三人的过错致使动物造成他人损害的，被侵权人可以向动物饲养人或者管理人请求赔偿，也可以向第三人请求赔偿。动

物饲养人或者管理人赔偿后，有权向第三人追偿。

我国民法对动物致人损害适用过错推定原则。如果动物饲养人或者管理人不能举证证明自己没有过错，就要对动物致人损害承担赔偿责任。例如，按照《民法典》第一千二百四十八条的规定，动物园的动物造成他人损害的，动物园应当承担侵权责任；但是，能够证明尽到管理职责的，不承担侵权责任。

法律禁止饲养的烈性犬、虎豹、猛禽、蛇蝎等危险动物造成他人损害的，动物饲养人或者管理人应当承担侵权责任。我国《民法典》第一千二百四十七条对禁止饲养的危险动物没有一一列举，仅以烈性犬为例。应当认为，烈性犬是指藏獒及其他性情暴烈的犬，除专业机构和牧区的农牧民以外，其他人不得饲养。其他危险动物，包括虎、豹、狮、狼、野猪等猛兽，鹰、雕等猛禽，蛇、蝎等毒虫，不得饲养于动物园、动物研究机构等专业机构以外的单位。

遗弃、逃逸的动物在遗弃、逃逸期间造成他人损害的，由原动物饲养人或者管理人承担侵权责任。我国《民法典》第一千二百四十九条规定："遗弃、逃逸的动物在遗弃、逃逸期间造成他人损害的，由动物原饲养人或者管理人承担侵权责任。"现实中的难题是，遗弃、逃逸的动物在遗弃、逃逸期间造成他人损害，又查找不到原动物饲养人或者管理人，无人承担侵权责任，受害人只能自己出资接受治疗。例如，近些年，西藏、宁夏等地区有大量流浪犬出现，其中不乏藏獒及其他性情暴烈的犬，对社会安全和公共卫生造成很大威胁。在拉萨街道、社区、郊区，随处可见成群的流浪犬，进藏游客一直是流浪犬伤人的受害主体。拉萨市疾控中心提供的数据显示，2018 年 1 月初至 5 月底，共有 326 名群众被流浪犬咬伤，并接种狂犬病疫苗。[①] 当地养犬家庭多，养犬方式大多以放养为主，很少拴养或圈养。加之条件限制，几乎不会给犬做绝育手术，导致出生的犬崽基本成了流浪犬。而且，一些群众对待公安机关治理流浪犬并不予以配合，加之受宗教观念影响，捕杀流浪犬较难被当地群众接受。当前，只能依靠地方政府建立流浪动物收养和救助中心，并借助民间捐助，来维持流浪动物收养和救助中心的运营。公安民警将发现和捕捉到的流浪犬，送到流浪犬收养中心饲养。

因第三人的过错致使动物造成他人损害的，按照《民法典》第一千二百五十条的规定，被侵权人可以向动物饲养人或者管理人请求赔偿，也可以向第三人请求赔偿。动物饲养人或者管理人赔偿后，有权向第三人追偿。比如，甲的狗拴

---

① 《流浪犬问题待解：多地加强收容管理避免再度遗弃》，人民网，http：//www. Chinanews. com/sh/2018/06-15/8538407. shtml，2018 年 6 月 15 日访问。

在自家院内，乙到甲家串门，未经甲的同意，解开拴狗的绳索，致使狗跑到街上，将路人丙咬伤。丙要求甲赔偿医药费等损失后，甲可以向乙追偿。

二、未成年人和精神病人造成他人损害或者受损害的责任承担

基层公安机关接警的侵权损害赔偿纠纷中，有一些是未成年人和需要被监护的成年人（主要是不能辨认或不能完全辨认自己行为后果的精神病人）造成他人人身损害的；还有一些情况，即未成年人和精神病人是受害人或者由其自身的行为造成自己人身受损害。未成年人和精神病人属于民法上规定的无民事行为能力人或者限制民事行为能力人。按照我国《民法典》第一千一百八十八条和第一千一百八十九条的规定，无民事行为能力人、限制民事行为能力人造成他人损害的，由监护人承担侵权责任。应注意的是，监护人承担的是补充责任。监护人尽到监护责任的，可以减轻其侵权责任。有财产的无民事行为能力人、限制民事行为能力人造成他人损害的，从本人财产中支付赔偿费用。不足部分，由监护人赔偿。监护人将监护职责委托给他人的，监护人对无民事行为能力人、限制民事行为能力人造成他人损害，应当承担侵权责任；受托人有过错的，承担相应的责任。按照法律的规定，教唆、帮助无民事行为能力人、限制民事行为能力人实施侵权行为的，教唆者或帮助者也应当承担侵权责任。

无民事行为能力人或者限制民事行为能力人在幼儿园、学校或者其他教育机构学习、生活期间，受到幼儿园、学校或者其他教育机构以外的人员人身损害的，按照《民法典》第一千二百零一条的规定，由第三人承担侵权责任；幼儿园、学校或者其他教育机构未尽到管理职责的，承担相应的补充责任。幼儿园、学校或者其他教育机构承担补充责任后，可以向第三人追偿。

无民事行为能力人在幼儿园、学校或者其他教育机构学习、生活期间受到人身损害的，按照《民法典》第一千一百九十九条的规定，幼儿园、学校或者其他教育机构应当承担侵权责任；但是，能够证明尽到教育、管理职责的，不承担侵权责任。

限制民事行为能力人在学校或者其他教育机构学习、生活期间受到人身损害，按照《民法典》第一千二百条的规定，学校或者其他教育机构未尽到教育、管理职责的，应当承担侵权责任。在实际生活中，未成年人在学校发生人身伤害事故并不少见。例如，一高中学生从学校寝室的上铺跌落摔伤引起的诉讼。2017年，小芳进入蔡甸一所职教中学读高一。一天夜里，睡在上铺的她想上厕所，下

床时不慎跌落，背部朝下重重地摔在地上。在室友的帮助下，她在下铺同学床铺上继续休息。第二天一大早，小芳向老师请假，去附近的医院检查受伤情况。中午从医院回来后，小芳仍然感觉全身不舒服，班主任给小芳的妈妈打电话，告知孩子受伤情况。当天下午，在妈妈的陪同下，小芳赶往一家公立医院就诊。此时距离事故发生已经有 15 个小时。小芳被医院诊断为腰椎骨折、马尾神经压迫、全身多处软组织损伤。医生建议她休息 3 个月。据记者了解，小芳就寝的双层床上铺床板是由两块木板拼接而成，且双层床没有安装扶手。同时，小芳所在的宿舍对应的楼道没有安装照明灯，寝室窗户也没有安装窗帘，为了遮光，该寝室的学生自行贴了窗纸。“当时学校已经熄灯了，屋里没有一丝光亮，楼道也没有灯。”小芳称，夜里上厕所太着急，一脚踏空，以为过几天就好了，没想到竟然受伤这么严重。小芳住院近一个月。第二年夏天，小芳因腰椎不适再次住院，一住又是十几天。小芳的妈妈说，前后两次住院花了十来万块钱，还被鉴定为伤残五级。事后，学校曾组织师生为小芳募捐善款共计一万多元，但对于小芳和家人提出的赔偿要求，学校均予以拒绝。2017 年，小芳将学校告上法庭，要求赔偿医疗费、营养费、伤残补助金等共计 60 余万元。法庭上，双方各执一词，辩论异常激烈。小芳及家人认为，学校寝室设备设施存在缺陷，事后也没有及时采取相应的救助措施，且日常没有进行必要的安全和自护自救教育，存在明显过错，理应承担责任。校方则认为，小芳已经 15 岁，有一定判断力，自身存在明显的疏忽大意。事后，没有准确及时告知校方身体的受伤情况，才使得伤情加重。经审理，法院认定小芳和学校之间是一种教育关系，学校对小芳负有教育、管理和保护的职责。本案中，校方和小芳均有过错。从事故责任划分来看，双方的过错和损害结果之间有密切的关系，但是小芳已经年满 15 周岁，属于限制行为能力人，应对伤情承担主要责任。因此，判决认定小芳的责任比例为 55%，学校赔偿小芳各项费用二十余万元。[①] 法院的这份判决，不仅符合当时的民法规定，也符合新颁布的《民法典》的相关规定。

完全民事行为能力人因醉酒、滥用麻醉药品或者精神药品对自己的行为暂时没有意识或者失去控制，不属于无民事行为能力人或者限制民事行为能力人，对自己行为所造成的损害后果，自己承担责任。按照我国《民法典》第一千一百九十条的规定，完全民事行为能力人因醉酒、滥用麻醉药品或者精神药品对自己

---

① 《寝室上铺摔下成五级伤残女高中生被判担责 55%》，网易新闻，http：//edu.163.com/19/0313/06/EA4J7UL00297VGM.html，2019 年 3 月 13 日访问。

的行为暂时没有意识或者失去控制造成他人损害的，应当承担侵权责任。完全民事行为能力人对自己的行为暂时没有意识或者失去控制造成他人损害有过错的，应当承担侵权责任；没有过错的，根据行为人的经济状况对受害人适当补偿。

无行为能力或者限制行为能力的精神病人，造成他人或者自身人身或者财产损害，其监护人要承担法律责任。应注意的是，患阿尔兹海默症（俗称老年痴呆症）的人，也属于无行为能力或者限制行为能力的精神病人，其属于无行为能力，还是限制行为能力，要根据其病情和对事物后果的判断能力来区分。我国从1999年进入人口老龄化社会，到2017年，老年人口净增1.1亿，60岁以上的人口已经接近总人口的四分之一。一般认为，60岁及以上老年人口占人口总数达到10%，即意味着进入老龄化社会。有关部门统计，截至2017年年底，我国60岁及以上老年人口有2.41亿人，占总人口的17.3%。[①] 庞大的老年人群体中，患阿尔兹海默症的老人为数不少。这些患病的老人，如果造成他人或者自身人身或者财产损害，其监护人要承担法律责任，相关单位也有可能要承担法律责任。例如，患阿尔兹海默症的老人误入高速公路被撞身亡的案例。2013年3月26日晚，江西赣县一名患阿尔兹海默症的老人因误入赣康高速公路，不幸被过往车辆撞死。事发后，死者子女以高速公路公司管理存在疏漏为由，诉至法院要求赔偿。赣县人民法院开庭审理此案，判决高速公路公司赔偿死者亲属共计4.8万元。据记者了解，老人因患老年痴呆症，于2013年3月26日晚误入赣康高速公路后被过往车辆撞死。路过的车辆司机发现老人后报警，当交警赶到时老人已确认死亡，但因事发路段摄像头发生故障后未及时修复，导致事发过程未能记录，而肇事车早已逃逸。事发后，老人子女认为事发高速收费站工作人员对入口疏于管理，导致母亲从收费站进入封闭的赣康高速公路，不幸发生事故身亡。且事故发生时，收费站摄像头未正常工作，肇事车辆逃逸，导致无法向肇事司机索赔，因此将高速公路公司告上法院，要求赔偿各项损失共计18万余元。而高速公路公司则认为死者自身患有严重疾病，其监护人未尽到监管职责，原告方自身对事故发生负主要责任，且事故发生后，该公司已经在交通事故救助基金范围内垫付了1.7万元给原告方，所以不用承担责任。法院审理认为，依据《道路交通安全法》第六十七条的规定，行人、非机动车等，不得进入高速公路。老人违反法律规定进入高速公路，发生交通事故导致其死亡，死者应承担主要责任；被告高速

① 《中国60岁及以上老年人口有2.41亿人，占总人口17.3%》，央广网，https://baijiahao.baidu.com/s?id=1593609871305587994&wfr=spider&for=pc，2019年3月13日访问。

公路公司虽在高速公路的收费站入口安装了严禁行人、非机动车及摩托车进入高速公路内的警示牌，但由于其安全措施不到位，对死者的死亡承担部分责任。最终法院依法判决被告赔偿原告方各项损失 4.8 万元，剩余部分由原告方自行承担。[①] 法院的判决符合法律规定。本案中患阿尔兹海默症的老人独自离开家，进入封闭的高速公路，其子女未尽到监护职责，对事故发生应当负主要责任；患病的老人从收费站入口步行进入封闭的赣康高速公路，高速公路的管理方也有一定的过错，要承担部分责任。

三、用人单位承担的职务侵权损害责任

用人单位的工作人员因执行工作任务造成他人损害的，按照《民法典》第一千一百九十一条的规定，应当由用人单位承担侵权责任。用人单位承担侵权责任后，可以向有故意或者重大过失的工作人员追偿。

在实际生活中，有些侵权损害，是由用人单位的工作人员在履行职务过程中的过错造成的。例如，八名女工被误当成小偷、遭市场保安殴打捆绑游街的事件。2011 年 8 月 28 日，在广州市天河区万佳服装批发广场，八名女工在此买衣服，被保安当成小偷捆绑殴打，之后更被绑住双手在市场内游街示众。为了防止她们辩解，在每个人嘴里都塞了报纸，令其沿着该市场十街往里、游街示众一个多小时。一边走，保安一边向围观的人“介绍”：“这就是当小偷的下场！”一些商户看到，以为这八名女工真的是小偷，也过来打她们。八名女工在市场里被游街后，被送到附近的公安派出所。经过公安民警的调查，发现市场保安抓错了人。之后，通过民警调解，双方达成调解协议。双方约定以下内容：（1）甲方（该市场物业）向乙方（八名女工）每人赔偿金额 9000 元；（2）甲方在市场内用广播向乙方道歉；（3）甲方在市场公告栏贴出告示向乙方道歉；（4）双方不再追究对方责任，乙方也不得向媒体宣扬此事。[②] 这个事件中，该市场保安对八名女工进行殴打，并绑住双手让其在市场内游街示众一个多小时，使八名女工的人格尊严、人身自由权、健康权和名誉权都受到侵害。市场保安在执行职务中，由于过错造成的上述侵权损害，其法律责任由雇用这些保安的该市场物业管理公司承担。处置此纠纷的民警促成双方达成的调解协议，也是由该市场物业公司负

---

① 《老妪误入高速公路被撞身亡高速公路公司因管理疏漏被判赔偿》，中国赣州网，http：//jxgz.jxnews.com.cn/system/2013/09/04/012619612.shtml，2013 年 9 月 4 日访问。

② 《八名女工被误当成小偷遭堵口殴打捆绑游街（图）》，人民网，2011 年 8 月 31 日访问。

赔偿责任和向受害人赔礼道歉。但此调解协议中存在一些问题。殴打、游街这样的行为，即使是对真正的盗窃者实施，也是侵犯人权的。此事件中，几名身强力壮的男性保安殴打八个手无寸铁且未反抗的女工，还把她们绑住双手在市场内游街示众一个多小时，情节极其恶劣。而经民警调解所达成的协议，仅要求物业公司对受害人每人赔偿 9000 元，明显不足以慰藉受害人。并且，对实施侵害行为的人及其所属的物业公司，也起不到惩戒和震慑作用。协议中，还要求受害人不得向媒体宣扬此事，这是对公民言论自由的限制。

用人单位承担的职务侵权损害责任，还包括劳务派遣的工作人员的职务侵权情形。劳务派遣期间，被派遣的工作人员因执行工作任务造成他人损害的，按照《民法典》第一千一百九十一条的规定，由接受劳务派遣的用工单位承担侵权责任；劳务派遣单位有过错的，承担相应的责任。

个人之间形成劳务关系，提供劳务一方因劳务造成他人损害的，按照《民法典》第一千一百九十二条的规定，由接受劳务一方承担侵权责任。接受劳务一方承担侵权责任后，可以向有故意或者重大过失的提供劳务一方追偿。提供劳务一方因劳务受到损害的，根据双方各自的过错承担相应的责任。提供劳务期间，因第三人的行为造成提供劳务一方损害的，提供劳务一方有权请求第三人承担侵权责任，也有权请求接受劳务一方给予补偿。接受劳务一方补偿后，可以向第三人追偿。

基于加工承揽合同关系，承揽人在完成工作过程中造成第三人损害或者自己损害的，按照《民法典》第一千一百九十三条的规定，承揽人承担损害后果，定作人不承担侵权责任。但是，定作人对定作、指示或者选任有过错的，应当承担相应的责任。

四、公安机关等国家机关的工作人员在履行职务中的侵权责任

公安机关等国家机关的工作人员在履行职务过程中，如果侵犯公民的权益，也属于法人及其工作人员的职务侵权行为。而且，还可能引发公民对国家机关的行政诉讼。

在公安执法实践中，户籍登记涉及公民姓名权权益的事项，如果工作中处置不当，常常会引起当事人对公安机关提起行政诉讼。例如，鹰潭市公安局因拒绝公民继续使用“赵 C”一名而被起诉。2008 年 1 月，赵 C 将鹰潭市公安局月湖区分局告上法庭。2008 年 6 月 6 日，鹰潭市月湖区人民法院对此案作出一审判

决，赵C胜诉。鹰潭市公安局月湖区分局于2008年6月提出上诉。法院二审时，双方激烈的法庭辩论持续了3个多小时。双方争论的焦点是，“C”是不是《居民身份证法》规定可以使用的符合国家标准的数字符号。最后，在法院的反复协调下，当事双方在庭外都表示愿意妥协，双方最后达成和解。法院于2008年6月26日对“赵C姓名权”官司当庭作出二审裁定，裁定撤销鹰潭市月湖区人民法院一审判决；赵C将用规范汉字更改名字，鹰潭市月湖区公安分局将免费为赵C办理更名手续。①

从此案中可以得知，姓名权虽然是法律保障的公民享有的一项人格权，但法律对公民确定自己的名字也是有适当的限制的，这样可以规范我们的姓名登记工作。法律对公民姓名权的必要的限制，具体体现在：第一，在进行姓名登记时，姓名中不应含有我国规范汉字和少数民族文字以外的其他文字、字母、符号、数字。对姓氏及名字中过去已经使用的繁体、异体或冷僻字可以保留。我国《国家通用语言文字法》第三条规定：“国家推广普通话，推行规范汉字。”第八条第二款规定：“少数民族语言文字的使用依据宪法、民族区域自治法及其他法律的有关规定。”这表明在生产生活中的一切语言文字行为都要符合国家颁布的语言文字规范标准。人名用字也应当纳入规范化和标准化的轨道。赵C这个名字，在当初办理出生户籍登记时，公安机关就不应予以登记。人类已进入信息社会，信息社会很重要的一个特征就是各项事物规范化，这也需要现代汉字更加规范和标准，以便在生产、生活、教育、管理中获得最大效益。任何一种成熟的语言，都要有一系列的规范和标准作为支撑，以保证其规范化、标准化以及权威性。虽然起名是每个人的自由和权利，但是姓名还有重要的作用，那就是在社会中使用，发挥它的交际功能。如果姓名用字毫无限制，大量使用自造字、数字、字母，就会给我们的社会管理带来诸多不便，成为信息化的“瓶颈”，也容易造成人力、物力、财力的浪费。这种个人利益与社会利益的冲突，使得我们当然首要维护社会公共利益。此案中，公安机关要求赵C改名，也有“赵C”录入不了公安部户籍系统的原因。第二，对于损害国家、社会、他人利益以及违背社会公德的名字应不予登记。我国《宪法》第五十一条规定：“中华人民共和国公民在行使自由和权利的时候，不得损害国家的、社会的、集体的利益和其他公民的合法的自由和权利”。我国《民法典》第一千零一十二条规定：“自然人享有姓名权，有权

① 《赵C姓名权官司二审判决要求更改名字》，新浪新闻，http：//www.sina.com.cn，2009年2月26日访问。

依法决定、使用、变更或者许可他人使用自己的姓名，但是不得违背公序良俗。”公民名字的确定也不例外，在户籍立法中，也应根据不得违背公序良俗的原则，明确规定名字的确定，不得侵害公共秩序、社会公共利益和公共道德等。第三，对名字的字数加以必要的限制。有人主张不应限制名字的字数，认为名字字数的多少并没有损害国家、社会、他人的利益，对社会道德秩序亦不造成损害。私法上的公序良俗原则在性质上属于授权型规定。其目的在于，当遇有损害国家利益、社会公益以及社会道德秩序的行为，而法律上又缺乏相应的禁止性规定时，法院可直接适用公序良俗原则判定该行为无效。在姓名登记过程中，公民名字的字数不会直接影响到我们的姓名登记管理。还有人提出，对名字的字数不予以限制，有助于减少我国大量存在的重名现象。笔者认为，我国汉族自古以来的传统名字的字数都是一到两个字，名字的字数的选择，也应当遵循私法上的公序良俗原则，汉族公民的姓名全名不得超过四个字；少数民族公民音译的汉族名字的字数可不受限制。第四，外国人及无国籍人加入我国国籍后，在对其进行姓名登记时，只要限定将自己的外文姓名译成符合我国法律规定的规范文字或按照我国法律规定，重新命名即可。类比少数民族，音译的汉族名字的字数可不受限制。

在公安机关的户籍管理工作中，会遇到公民违背习俗确定姓氏或者命名的事项，公安机关拒绝予以姓名登记，有些还引发对公安机关的行政诉讼。例如，2009 年，济南市民吕某给女儿起了一个既不随父姓也不随母姓的诗意名字——“北雁云依”。而在办理户口登记时，当地燕山派出所认为，姓名“北雁云依”不符合办理户口登记条件，拒绝登记。为此，2009 年 12 月 17 日，吕某以被监护人“北雁云依”的名义向济南市历下区人民法院提起行政诉讼，诉济南市公安局历下区分局燕山派出所公安行政登记行为侵犯公民姓名权。这也成为全国首例姓名权行政诉讼案。诉讼过程中，吕某与公安机关各执一词。吕某坚持认为：《民法通则》规定，公民享有姓名权、有权改变自己的姓名，自我命名是自然人的权利，任何人不可以干涉。而《婚姻法》中规定的“子女可以随父姓，可以随母姓”，是对男女平等的表达，而不是必须随父姓或随母姓。按照“法无禁止皆可为”的原则，对“北雁云依”的名字应予认可。而公安部门则认为，《民法通则》并未作出详细具体的规定，而作为特别法的婚姻法，其中明确规定“子女可以随父姓，可以随母姓”，没有规定可以随第三姓。随后，这一争议，由地方法院提交至最高人民法院，其后又提交至全国人民代表大会常务委员会。经全国人民代表大会常务委员会研究后，最终明确意见：仅凭个人喜好和愿望在父姓、母姓之外选取其他姓氏或创设新的姓氏，不属于《全国人民代表大会常务委员会关于〈中华人民共和国民法通则〉第九十九条第一款、〈中华人民共和国婚姻法〉第二十二条的解释》第二款第三项规定的“有不违反公序良俗的其他正当理由”。“北雁云依”诉济南市公安局历下区分局燕山派出所公安行政登记案被中止五年后，于 2015 年 4 月 24 日由山东省济南市历下区人民法院作出一审判决，驳回原告“北雁云依”要求办理户口登记的诉讼请求。[①] 此案件，按照全国人民代表大会常务委员会的意见所作出的裁决是正确的，公民仅凭个人喜好和愿望，在父姓、母姓之外选取其他姓氏或创设新的姓氏，与我国的传统习俗不符。姓氏在中华民族文化中具有重要意义，体现血脉的延续和家族的传承，法律必须维护公序良俗。姓氏具有自然属性，是家族和血缘关系的标识，父母既定，姓氏已决，除非因收养或过继而形成拟制血缘关系，否则姓氏不可更改。如果公民可任意更改自己的姓氏，那么姓与名则无区别可言，姓氏的存在也就无其意义。从国外的姓氏立法看，许多国家如日本、德国、法国等都在立法中明确将子女姓氏限定在父姓、母姓或者父母双方姓氏的范围内。例如，《德国民法典》第 1616 条规定：“子女获得其父母的婚姻姓氏，以作为出生姓氏”。《日本户籍法》第 18 条规定：“子女只能使用父母，父或母的姓氏”。这些国家立法中关于姓氏的设定，都体现了姓氏是家族和血缘关系的标识，姓氏的传承有利于尊重和保护本国、本民族的良好习俗。在我国，姓氏的传承体现了血脉的延续和家族的传承，增强中华文化的凝聚力，对弘扬中华民族的传统文化具有重要意义。在相当长的历史时期内，这样的用姓制度符合我国的民族和文化的特点。有学者主张我们的姓名立法应借鉴国外经验，即子女应当随父姓或随母姓，同时允许采用父母双方姓氏。支持该主张的学者认为这样做可以减少中国重名率较高的问题。这一主张有待商榷。如果国家立法允许子女采用父母双方姓氏，子女的姓氏可以是他们父母复姓的结合，对于这一结合，人们会对这一子女的姓氏产生疑问，到底是随他父姓？还是随他母姓？还是自创了一个复姓？如果是自创了一个复姓，依此类推，经过几代之后，一个人的复姓会很长，这势必会造成姓氏文化传统的混乱。对于姓氏的选择，我国《民法典》作出了明确规范。《民法典》第一千零一十五条规定：“自然人应当随父姓或者母姓，但是有下列情形之一的，可以在父姓和母姓之外选取姓氏：（一）选取其他直系长辈血亲的姓氏；（二）因由法定扶养

---

① 《济南市民给女儿起名“北雁云依”被拒，最高法列入指导性案例：取名不能任性!》，央视新闻，https：//www. jfdaily. com/news/detail？id=72142，2017 年 11 月 26 日访问。

人以外的人扶养而选取扶养人姓氏；（三）有不违背公序良俗的其他正当理由。少数民族自然人的姓氏可以遵从本民族的文化传统和风俗习惯。”今后的公安户籍登记工作，要遵守《民法典》的这项规定。

我国《民法典》第一千零一十六条规定：“自然人决定、变更姓名，或者法人、非法人组织决定、变更、转让名称的，应当依法向有关机关办理登记手续，但是法律另有规定的除外。”公民决定、变更姓名，需要到基层公安机关负责户籍管理的部门办理。企业法人决定、变更、转让名称，需要到市场监督管理局办理。其他法人和非法人组织决定、变更、转让名称，需要到其主管机关办理。社会团体法人决定、变更、转让名称，需要到其主管机关民政部门办理。

在公安机关户籍管理工作中，还会遇到夫妻离异后单方要求更改孩子姓名的事项。例如，某市居民张某，在自己孩子 1 岁多时与丈夫离婚。之后，张某到南方某市工作，在一所美术学校当老师。2015 年 4 月，张某的孩子 6 岁，即将上小学，需要查验户口本，但张某离婚后未变更户口，母子的户口一直与男方在一个户口本上，户籍地址仍然在男方单位的小区。张某担心分户、变更户口时男方不配合，还可能发生纠纷，便找熟人帮忙办理。小区居委会和派出所户籍室的工作人员十分同情张某，帮助她顺利办好了户口的变更，还应张某的要求，办理了孩子姓名的变更。一个月后，分户和孩子更改姓名的事情被男方发现，其到派出所户籍室讨说法，要把孩子的姓名改回去。他还说如果不把孩子的姓名改回来，就不再给孩子抚养费。[①] 在此事例中，公安机关办理公民变更姓名事项存在过错。张某的孩子年仅 6 岁，按照我国民法的有关规定，属于无民事行为能力人，其姓名的变更应当由其父母双方共同决定。父母离婚后，未经双方协商一致，单方要求变更孩子姓名的，公安机关应当拒绝办理。公安机关可以对张某与其前夫关于孩子姓名变更的纠纷进行调解，如果调解成功，男方同意变更孩子姓名，则保持变更后的姓名；如果调解不成功，男方坚持不同意变更孩子姓名，应当将孩子的姓名改回原来的姓名；但户口迁出、分户是可以的。纠纷调解中需要明确指出，抚养孩子是其作为父亲必须履行的义务，与孩子是否变更姓名无关。父母对亲生子女的抚养义务没有前提条件，无论子女随父母哪一方的姓氏。即使孩子由父姓变更为母姓，父亲也必须履行抚养义务。

---

① 张玉鹏等编著：《警察常见 100 例执法过错》，法律出版社 2018 年版，第 141 页。

五、建筑物和物件坠落的损害责任

建筑物、构筑物或者其他设施倒塌、塌陷造成他人损害的，按照《民法典》第一千二百五十二条的规定，由建设单位与施工单位承担连带责任，但是建设单位与施工单位能够证明不存在质量缺陷的除外。建设单位、施工单位赔偿后，有其他责任人的，有权向其他责任人追偿。因所有人、管理人、使用人或者第三人的原因，建筑物、构筑物或者其他设施倒塌、塌陷造成他人损害的，由所有人、管理人、使用人或者第三人承担侵权责任。

建筑物、构筑物或者其他设施及其搁置物、悬挂物发生脱落、坠落造成他人损害，按照《民法典》第一千二百五十三条的规定，所有人、管理人或者使用人不能证明自己没有过错的，应当承担侵权责任。所有人、管理人或者使用人赔偿后，有其他责任人的，有权向其他责任人追偿。比如，搁置在阳台上的花盆坠落，砸伤楼下的路人，花盆的主人（该栋房屋的所有人）应当负损害赔偿责任。如果此房屋由出租人居住，花盆的主人是租户，则损害赔偿责任由房屋的使用人（该租户）承担。建筑物及其搁置物、悬挂物发生脱落、坠落造成他人损害的，适用过错推定原则，所有人、管理人或者使用人不能证明自己没有过错的，就要承担侵权损害赔偿责任。

建筑物、构筑物或者其他设施及其搁置物、悬挂物发生脱落、坠落造成他人损害，如果难以确定责任人，则是较难处理的纠纷。在确定责任人以前，所有人、管理人或者使用人可以先行赔偿，赔偿后，如果能够确定损害的具体责任人，可以向该责任人主张追偿权。在《民法典》没有颁布以前，从建筑物上坠落的物品造成他人人身损害或者重大财产损害的，公安机关在实际工作中，要对建筑物上坠落物品致人损害的事件进行调查。公安机关对此进行调查，主要原因是需要确定是否构成刑事犯罪；即使不构成犯罪，也需要对由此产生的损害赔偿纠纷作为治安案件进行调解。这样的调查工作需要投入很多警力。例如，2016年6月17日晚8时50分许，四川绵阳长虹世纪城发生高空坠物案，该小区业主童某带着儿子路过37栋楼时，被高空坠落的玻璃击中头部。附近的业主看到这一情况后，立即打电话报警。随后赶来的120医护人员立即对童某进行抢救。但据医生诊断，童某颅骨骨折，并开放性出血。虽经医护人员紧急抢救，但最终童某不治身亡。坠物事件发生后，绵阳市公安局涪城分局立即进行排查，并寻找事发现场目击证人，希望尽快找到玻璃在坠落前的具体位置。办案民警赶到事发现场时，地面只有一些玻璃残渣，不能确定是自然坠落还是人为扔物造成人员伤亡。警方除对该楼栋进行挨家挨户排查外，还利用技术手段进行侦查。由于该楼栋有30层，上百户居民，而且在入户排查过程中，还有部分业主没有在家。办案民警现场蹲守，待未回家业主返家时，对没有排查到的房屋进行入户排查。入户排查时，均进行摄像取证，如果居民家中无人，或者业主在外地，就委托附近的亲戚朋友到现场，进行技术开锁入户排查。同时，为了防止玻璃坠落的住户重新购买玻璃回来安装，事发后，警方就安排民警把守该楼栋的各个出口。警方对坠落玻璃最近的楼栋排查了3遍，仍未找到玻璃的出处。① 如果坠落的玻璃是某家住户的，经公安机关侦查，若排查出明确的肇事者，则该肇事者可能因涉嫌过失致人死亡罪而承担刑事责任，并承担民事赔偿责任。若难以确定具体侵权人，该栋楼事故发生的朝向二层以上的住户，除能够证明自己不是侵权人的外，则都可能连带承担民事侵权责任。据后续报道，经过警方初步排查，发现整栋楼有多处外墙玻璃脱落，均为自然脱落，排除了人为造成玻璃脱落。鉴于坠落玻璃系外墙玻璃，且警方排除了人为因素——非户主导致玻璃脱落的行为，② 在这个事件中，按照《民法典》的相关规定，户主可以不用担责。在坠落玻璃墙面的设计、施工、维护过程中，所有有过错的单位，即开发商、物业都可能承担相应民事侵权责任。如果能够确定是设计、施工中的问题造成外墙玻璃脱落，损害赔偿责任由建筑物的施工单位承担。如果是物业维护不周或者进行外墙清洁造成的外墙玻璃脱落，则由物业管理公司承担损害赔偿责任。

如果建筑物、构筑物或者其他设施及其搁置物、悬挂物发生脱落、坠落造成他人损害，另有责任人，比如，外墙墙砖、玻璃幕墙的安装设计或安装施工过程中，相关人员违反工艺技术、操作规程或安全规定，建筑物外墙粘贴的瓷砖脱落砸伤路人，属于施工单位工程质量问题的，建筑物所有人或者管理人赔偿伤者的损失后，可以向该建筑物的建造方追偿。如果造成人员伤亡，施工人除承担民事赔偿责任外，还可能因涉嫌重大责任事故罪，承担刑事责任。

最高人民法院2019年11月印发的《关于依法妥善审理高空抛物、坠物案件的意见》第七条规定，过失导致物品从高空坠落，致人死亡、重伤，符合《刑法》第二百三十三条、第二百三十五条规定的，依照过失致人死亡罪、过失致人

---

① 《小区高空玻璃砸死人警方排查未果整楼人或担责》，澎湃新闻网，2016年6月18日访问。

② 《天降玻璃砸死业主尚未确定是安全事故还是意外事故》，齐鲁晚报网，http：//www.qlwb.com.cn/2016/0620/651083.shtml，2016年6月20日访问。

重伤罪定罪处罚。在生产、作业中违反有关安全管理规定，从高空坠落物品，发生重大伤亡事故或者造成其他严重后果的，依照《刑法》第一百三十四条第一款的规定，以重大责任事故罪定罪处罚。

国外的法律也有对高空坠物的规定。例如，日本民法规定，有关建筑物的附属物如玻璃等（非人为故意）落下致人伤害或死亡，建筑物的占有者对被害人承担损害赔偿责任。如果占有者对损害的发生尽到了必要的注意义务，建筑物所有人应对被害人承担损害赔偿责任。

六、高空抛物致人损害

高空抛物致人损害是物件致人损害的一种，与建筑物、构筑物或者其他设施及其搁置物、悬挂物发生脱落、坠落造成他人损害不同，高空抛物致人损害是由人的行为导致的。在《民法典》没有颁布以前，从建筑物上坠落的物品造成他人人身损害或者重大财产损害的，公安机关在实际工作中，也要对建筑物上坠落、抛掷物品致人损害的事件进行调查。公安机关对此进行调查，主要原因是坠落物、抛掷物造成人员伤亡或者重大财产损失，需要确定是否构成刑事犯罪。如果经过调查，即使不构成刑事案件，也需要调解由此产生的损害赔偿纠纷。《民法典》颁布后，《民法典》第一千二百五十四条明确了公安机关负有对高空抛物、坠物的调查责任，确定建筑物上坠落物品的致害责任的责任人，是确定是否构成刑事犯罪和处理由此产生的损害赔偿纠纷的关键。

我国人口众多，现在的城市民居大多数是高层楼房。如果有人在高层向外抛掷物品，物品的自身重量加上坠落的惯性，会形成很大的下坠力量，若砸中楼下的路人，会造成人身伤害和财产损害。例如，一名三个月大的女婴被高楼抛出的苹果砸伤。2018 年 3 月 9 日下午，广东省东莞市塘厦镇观澜碧桂园小区，一名三个月大的女婴被坠落的苹果砸伤，被深圳市儿童医院诊断为重度颅脑损伤、创伤性休克等。事发后，东莞市公安局塘厦分局组成专案组，对事发小区的所有住户提取 DNA，并将苹果碎片收集好进行检验，从中提取 DNA。经 DNA 比对，警方确定扔苹果的是小区 24 楼的一名 11 岁的女孩。据女孩的亲属称，女孩向家里的宠物狗投食时，不小心令苹果从阳台滚落，导致此事发生。[①] 此事件中，抛物者为未成年人，根据《民法典》的相关规定，应由其父母作为监护人承担侵权责

① 《一个苹果毁了两个家！高空抛物砸昏女婴嫌疑人疑为 11 岁女孩》，《新民晚报》2018 年 3 月 21 日报道，http：//news. sina. com. cn/o/2018-03-21/doc-ifysnfaf7456284. shtml，2018 年 7 月 6 日访问。

任。如果孩子父母暂时拿不出赔偿金，可以先与受害方沟通，看能否达成分期赔偿协议。如果双方不能协商解决赔偿事宜，可提起诉讼，由法院裁决。

在实际生活中，高空抛物致人损害事件多有发生，有的事件中，公安机关虽然尽职调查，但未能查找到抛物人。例如，武汉市汉阳区高空抛物导致女婴小欣怡伤残索赔案。2014 年 11 月，出生 40 多天的女婴小欣怡在汉阳区世纪龙城小区 11 栋 2 号楼下晒太阳，被从此栋居民楼上抛掷的水泥块砸伤。小欣怡被送往医院救治，并被法医鉴定为七级残疾。公安机关现场勘查、提取 DNA，均未确定实际侵权人。小欣怡家人未能找到肇事者，将该栋楼除一楼外的 32 层共 128 户业主起诉至法院。汉阳区人民法院审理认为，世纪龙城小区 11 栋 2 单元 2 楼及以上 1 号、2 号、3 号房的居民均有致害的可能和部分控制风险的能力，除非有证据能够证明自己不是侵权人。一审判令其中 89 户房屋的业主共同补偿小欣怡 36.3 万余元。一审判决后，陈某某等 47 名业主向武汉市中级人民法院提起上诉，请求法院对涉案石块的抛物责任楼层进行科学检测，改判业主不承担责任等。武汉市中级人民法院审理认为，上诉人提出的通过科学技术检测或试验来确定涉案楼层的范围诉求，因现场没有亲历者目击事故经过，无法再现过程。加上公安机关现场勘查、提取 DNA 均未确定实际侵权人，所以无法通过现有的科学技术手段完全再现或还原客观事实。法院终审判决认定，此案一审判决认定事实清楚，适用法律正确，判令驳回上诉，维持原判。① 依据《民法典》第一千二百五十四条的规定，从建筑物中抛掷物品或者从建筑物上坠落的物品造成他人损害，难以确定具体侵权人的，除能够证明自己不是侵权人的外，由可能加害的建筑物使用人给予补偿。在上面的案例中，法院判决作为建筑物使用人且可能实施加害行为的 89 户房屋的业主，共同补偿受害人，不仅符合当时的《侵权责任法》的规定，也符合现在的《民法典》的规定。

物业服务企业等建筑物管理人，应当采取必要的安全保障措施防止高空抛物致人损害事件的发生。例如，在发生过或者可能发生坠物或者抛物的居民楼的楼门口上方修建门廊（如果房屋建设时没有建门廊）、安装摄像头等。如果物业服务企业等建筑物管理人未采取必要的安全保障措施，发生高空抛物致人损害事件，且公安机关未能查找到抛物人，依据《民法典》第一千二百五十四条的规定，物业服务企业等建筑物管理人应当依法承担未履行安全保障义务的侵权责

---

① 《女婴被空坠水泥块砸残小区 89 户业主共赔 36 万》，金羊网（广州），http：//news.163.com/16/0911/04/C0LFT7CN00014AEE.html，2016 年 9 月 11 日访问。

任，赔偿受害人。《民法典》颁布后，有些物业服务企业高度重视履行安全保障义务，防治高空抛物。例如，杭州钱塘新区河庄街道琅琴湾小区多次发生高空抛物事件。2020 年 8 月 20 日，一只从天而降的烟灰杯，砸伤楼下步道上躺在婴儿车里仅三个月大的女婴。随后，家人报警，物业也赶到了现场。孩子马上被送去了医院。幸好，经检查只是肌肉组织损伤，手臂上肿起了一大块淤青，并无大碍。当地公安派出所民警挨家挨户排查了 200 户，仍未找到抛物者。同时，琅琴湾小区物业的工作人员也对这一高空抛物事件进行了扫楼排查。重点排查事发地点附近小区三幢 2、3、4 单元的 200 户左右。物业公司印制 200 多张通知单，贴在电梯、单元楼以及三个单元每家每户的门口，希望小区居民提供线索，也希望当事人主动站出来。物业公司还在小区开设广播，早晚上下班高峰时段循环播放进行高空抛物危害宣传，并且对三幢楼的每家每户都进行了多次提醒和告知。为防止再次出现高空抛物事件，物业公司还准备安装摄像头。①

高空抛物对楼下住户和过往路人的人身和财产构成威胁，是严重危害公共安全的违法甚至犯罪行为，即使没有造成人身和财产损失，也要依法予以严惩。有实验数据表明，一个 30 克的蛋从 4 楼抛下来就会让人起肿包；从 8 楼抛下来就可以让人头皮破损；从 18 楼抛下来就可以砸破行人的头骨；从 25 楼抛下可使人当场死亡。一个拇指大的小石块，从 4 楼甩下可能伤人头皮，而在 25 楼甩下可能会让路人当场送命。空啤酒瓶从 18 楼和 25 楼的高度抛下，均可给人造成致命伤害。就在最高人民法院发布《关于依法妥善审理高空抛物、坠物案件的意见》后不久，成都市公安局青羊区分局接到报警称，在小南街某小区又发生了一起高空抛物事件，坠落物竟然是一把菜刀。接到报警后，民警立即赶往处置，在该小区门口公交站台旁发现银色菜刀一把，现场无人员伤亡和财产损失。通过摸排走访，民警在小区住宅内将嫌疑人周某抓获。经查，周某与男友是小区十楼住户，周某表示自己在醉酒后因为琐事与男友争吵，为泄愤将菜刀扔出窗外，菜刀掉落至小区附近公交车站顶棚，弹至地面，所幸未造成人员伤亡。周某被公安机关刑事拘留。② 周某故意从高空抛弃物品，虽然未造成严重后果，但足以危害公共安全，应当依照《刑法》第一百一十四条的规定，以危险方法危害公共安全罪定

① 《刚满百天的女婴被天降烟灰杯砸中，排查 200 户无人承认》，网易新闻，https：//dy. 163. com/article/FKHUOPRB0514R9P4. html？referFrom，2020 年 8 月 21 日访问。

② 《刑拘！高空抛物刚入刑，就有人从 10 楼扔下一把菜刀》，环球时报在线（北京）文化传播有限公司，http：//baijiahao. baidu. com/s？id=1650534265165166067&wfr=spider&for=pc，2019 年 11 月 19 日访问。

罪处罚。假如周某扔下的菜刀致人死亡、重伤，符合《刑法》第二百三十三条、第二百三十五条规定的，要依照过失致人死亡罪、过失致人重伤罪定罪处罚。

高空抛物坠物不仅致人损害，也会造成财产损害，引发治安纠纷。例如，中国江苏网2016年4月7日报道，常州市公安局天宁分局青龙派出所一个月内接到多起高楼抛物警情，其中不乏危及人身、财产安全的情况。其中有一起因楼上住户抛掷烟头，引发楼下居民阳台上的物品起火事件。2016年3月28日中午，天气晴朗，陈女士把被子晾在阳台上。她的婆婆从外面回来发现家里阳台着火了，赶紧把一家人叫起来灭火。幸亏扑救及时，才没有酿成大祸，然而被子被烧坏了，阳台窗框也被烧得漆黑一片。查看后，陈女士一家认为：自家住在14楼，中午家里人都休息了，一定是住在楼上的人“扔烟头”所致，遂拨打110报警。在民警的带领下，陈女士一家人挨个去楼上各家打听，楼上的人家要么家中无人，要么表示“自己不吸烟”，没有人承担责任。陈女士向民警表示，如果找不到“罪魁祸首”，就要把楼上住户全都起诉到法院去。[①] 陈女士的说法有法律依据。根据当时适用的我国《侵权责任法》第八十七条的规定，从建筑物中抛掷物品或者从建筑物上坠落的物品造成他人损害，难以确定具体侵权人的，除能够证明自己不是侵权人的外，由可能加害的建筑物使用人给予补偿。类似的事件，法院也是如此判决的。例如，2020年8月，福建莆田法院审结了一起“高空抛物”案，因无法查清行为人，18名涉诉楼栋的业主为此共同埋单。在这起案件中，原告聂某停放在仙游县某房地产1期9号楼前停车位上的车辆天窗被高空坠落物砸中损坏。聂某随即向当地派出所报警。因无法查找到行为人，车辆损坏无人赔偿，聂某随即向仙游县人民法院提起诉讼，要求该房地产1期9号楼第3、4梯位的56户业主承担责任。法官调查发现，聂某提告的56户业主中，有38户业主是在案发前后才申请交房或者申请装修的，故可不承担本案的补偿责任。最终，仙游县人民法院判决其余18户业主各补偿给受害者经济损失556元，总计10008元。[②]《民法典》对不明的高空抛物、坠物，也作出由可能加害的建筑物使用人给予补偿的相同规定（见《民法典》第一千二百五十四条）。但与《侵权责任法》不同的是，《民法典》明确规定了相关建筑物使用人在先行给予受害人补

---

① 《坑人害己！近期高楼抛物频发》，中国江苏网，http：//jsnews2. jschina. com. cn/system/2016/04/07/028304047. shtml，2016年5月6日访问。

② 《查不出是谁高空抛物，18名涉诉业主共同赔偿》，凤凰网新闻，https：//news. ifeng. com/c/7ycV1xn1l3Y，2020年8月3日访问。

偿后，保留继续向实际侵权人追偿的权利；此外，还明确规定了公安机关有义务查清案件的责任人。公安机关应当充分利用侦查技术，尽可能地发现具体侵害人；实在不能查找到侵害人，也要缩小可能侵害人的范围。

针对高空抛物，最高人民法院《关于依法妥善审理高空抛物、坠物案件的意见》第五条规定，准确认定高空抛物犯罪。对于高空抛物行为，应当根据行为人的动机、抛物场所、抛掷物的情况以及造成的后果等因素，全面考量行为的社会危害程度，准确判断行为性质，正确适用罪名，准确裁量刑罚。故意从高空抛弃物品，尚未造成严重后果，但足以危害公共安全的，依照刑法第一百一十四条规定以危险方法危害公共安全罪定罪处罚；致人重伤、死亡或者使公私财产遭受重大损失的，依照刑法第一百一十五条第一款的规定处罚。为伤害、杀害特定人员实施上述行为的，依照故意伤害罪、故意杀人罪定罪处罚。该意见第六条规定，依法从重惩治高空抛物犯罪。具有下列情形之一的，应当从重处罚，一般不得适用缓刑：(1) 多次实施的；(2) 经劝阻仍继续实施的；(3) 受过刑事处罚或者行政处罚后又实施的；(4) 在人员密集场所实施的；(5) 其他情节严重的情形。

《民法典》第一千二百五十四条规定："禁止从建筑物中抛掷物品。从建筑物中抛掷物品或者从建筑物上坠落的物品造成他人损害的，由侵权人依法承担侵权责任；经调查难以确定具体侵权人的，除能够证明自己不是侵权人的外，由可能加害的建筑物使用人给予补偿。可能加害的建筑物使用人补偿后，有权向侵权人追偿。物业服务企业等建筑物管理人应当采取必要的安全保障措施防止前款规定情形的发生；未采取必要的安全保障措施的，应当依法承担未履行安全保障义务的侵权责任。发生本条第一款规定的情形的，公安等机关应当依法及时调查，查清责任人。"《民法典》的这项规定，明确了公安机关负有对不明抛掷物的调查责任，公安机关需要运用一切侦查手段查明从建筑物中抛掷物品的行为人。

惩治高空抛物，也可借鉴域外经验。据广州日报报道，在我国香港地区，高空抛物主要依据《简易程序治罪条例》进行处理。该法规定："如有人自建筑物掉下任何东西，或容许任何东西自建筑物坠下，以致对在公众地方之内或附近的人造成危险或损伤者，则掉下该东西或容许该东西坠下的人，即属犯罪，可处罚款 1 万港币及监禁 6 个月。如在任何建筑物或其部分进行兴建、修葺或粉饰工程的过程中，有人自该建筑物掉下任何东西，或容许任何东西自该建筑物坠下，以致对公众地方之内或附近的人造成危险或损伤者，则该地盘的主要承建商以及进行有关兴建、修葺或粉饰工程的承建商，即属犯罪，可处罚款 5 万港币及监禁 1

年。”香港房屋署还将高空抛物行为分为两类：一类是对公众卫生造成损害的物件（如纸巾、卫生巾、水、垃圾及熟食等），另一类是可能引致他们死亡或受伤的物件（如木板、玻璃瓶、菜刀等）。对于这两类行为分别有详细的处罚办法。房屋署还于2003年成立了“侦查高空掷物特别任务队”，聘请3名警察在不同案发地点巡逻及部署。特别任务队成立18个月来，利用摄像机、望远镜及夜视望远镜，在空置单位内不分昼夜监视，搜集证据，共侦破12宗高空掷物案。①

2021年6月25日，上海举办2021城市风险管理高峰论坛。针对高空坠物这一城市超大痛点问题，上海已经组织了高空坠物管控系统开发，并纳入全市城市运行“一网统管”体系中。高空坠物管控系统可以通过在小区安装高空抛物摄像头，然后运用抛物AI识别算法，精准判断出抛物来自哪一扇窗口，为城市高空坠物的防治提供解决方案。这是综合利用目前先进技术手段，对高空抛物进行更全面、精准的防治。此前，一些地方就已经尝试在小区安装高空抛物监控摄像头。但是，上海的高空坠物管控系统的进步之处，不只体现在对传统监控摄像头的升级，运用抛物AI识别算法，更体现在真正将对高空抛物的预防和治理纳入城市安全运行的管理系统中，由此既强化了监督监控的精准性，也预示着治理重视程度和预防有效性的全面升格。② 这样的高空坠物抛物管控系统，也为公安机关查找抛物人和调查坠物的原因，提供了极大的帮助。

七、在公共通行区域安装设施造成他人损害的责任

建筑物的物权人（包括所有人、承租人和物业管理人）在自己管理的、公众可以通行的不动产领域安装设施，如果造成他人受伤，也要承担侵权损害赔偿责任。例如，消费者被超市直梯出入口处的路桩基座绊倒身体受伤的纠纷。2016年9月26日下午6时许，60多岁的卢某到永辉超市北京太阳宫店购物，在地下一层超市通往直梯出口处被地桩底座绊倒，当时手中抱着孩子。该处设有三个地桩，中间的地桩仅有底座，该处未设警示牌，亦无工作人员在场。事情发生后，卢某女儿拨打110报警，朝阳区太阳宫派出所民警对现场进行了勘查。卢某于当晚8点多被救护车送到陆军总医院。2016年10月24日，卢某从陆军总医院出

---

① 《高空抛物》，百度百科，https：//baike. baidu. com/item/%E9%AB%98%E7%A9%BA%E6%8A%9B%E7%89%A9/2695582? fr=aladdin，2019年11月19日访问。

② 《高空抛物“一网统管”，值得城市相互借鉴》，凤凰网，https：//fengcx. com/news/detail/54342956. shtml? from=fs_wzl_05，2021年6月29日访问。

院，出院诊断为：左膝外侧半月板损伤，左膝骨性关节炎。其后，卢某多次找超市协商赔偿未达成一致意见。超市认为，对卢某受伤的事实认可，但卢某也有一定的责任，地桩是比较明显的，是可以注意到并避免的。当时卢某抱着孩子，没有看到地柱，其自身也有过错，在出事后，超市也积极配合对其的治疗，已经尽到合理限度的安全保障义务。卢某将北京永辉超市朝阳太阳宫分公司（以下简称超市）告上法庭。法院认为，侵害他人造成人身损害的，应当赔偿医疗费、护理费、交通费等为治疗和康复支出的合理费用。宾馆、商场、银行、车站等公共场所的管理人未尽到安全保障义务，造成他人损害的，应当承担侵权责任。被侵权人对损害的发生也有过错的，可以适当减轻侵权人的责任。对于卢某的受伤，法院认定超市承担40%的责任，卢某承担60%的责任。依照相关规定，判定超市给付卢某医疗费、住院伙食补助费、营养费、护理费、辅助器具费、交通费共计9943.36元。[①] 此事件虽然最终是通过法院诉讼解决的，但事件发生后，受害人卢某的女儿首先拨打110报警，朝阳区太阳宫派出所民警对现场进行了勘查，公安机关是第一个介入公力救济的。如果派出所民警能够调解卢某和超市双方协商，就赔偿达成一致意见，就不需要由法院裁决了。在公共场所或者道路上安装设施等造成他人损害，根据《民法典》第一千一百九十八条的规定，宾馆、商场、银行、车站、机场、体育场馆、娱乐场所等经营场所、公共场所的经营者、管理者或者群众性活动的组织者，未尽到安全保障义务，造成他人损害的，应当承担侵权责任。因第三人的行为造成他人损害的，由第三人承担侵权责任；经营者、管理者或者组织者未尽到安全保障义务的，承担相应的补充责任。经营者、管理者或者组织者承担补充责任后，可以向第三人追偿。

八、公共道路上施工及地下设施造成他人损害

在公共场所或者道路上挖掘、修缮安装地下设施等，如果造成他人损害的，根据《民法典》第一千二百五十八条的规定，施工人不能证明已经设置明显标志和采取安全措施的，应当承担侵权责任。窨井等地下设施造成他人损害，管理人不能证明尽到管理职责的，也应当承担侵权责任。

实践中，由于地面和地下施工未设置明显标志和采取安全设施，导致伤人事件时有发生。例如，2015年“内乡县丹水河柴赵岗至湍河口段河道治理工程”

① 《六旬老人被地桩绊倒告永辉超市获赔》，网易新闻，http：//bj.news.163.com/19/0304/21/E-9F2A66504388CS9.html，2019年3月5日访问。

项目施工方在河边附近挖沙，形成一个很深的大坑。2015 年 8 月 30 日下午 2 时许，杜洁等 5 名少年骑车出村，在丹水河施工段河边玩耍。其中一名叫小明（化名）的少年不慎滑入深坑中，哭喊挣扎，杜洁见状决定救人。他一步一步靠近，将小明往河岸上推，而他本人却因力竭沉入了水中。随后，极度恐惧的 4 名少年将杜洁电动自行车推回家后，也不敢和大人打招呼，更未告知发生了事故，就匆匆离去。杜洁的母亲袁女士认为，虽然被救者父亲拿着礼物上家里看过两次，但涉及补偿却只字不提；同时县里虽然已经认定了儿子见义勇为，可是一些不了解内幕的人，却说儿子是因为下河洗澡被淹死的。为了给儿子“正名”，袁女士将被救方、施工方及当地政府告上了法庭。2016 年 11 月 29 日，内乡县人民法院对此案进行公开审理。法院认为，施工的项目部、发包工程的乡政府、项目部隶属的内乡县水利局，对杜洁的死亡都有不可推卸的责任；被救者小明作为受益人，应当补偿因杜洁死亡给其父母造成的各项损失。4 名被告各应承担 25%的责任。但项目部不是注册独立法人，对外不能独立承担民事责任，其民事责任应由其主管单位该县水利局承担。法院当庭判决，该县水利局对杜洁死亡承担 50%的责任，赔偿原告各项损失 75000 元。该乡政府对杜洁死亡承担 25%的责任，赔偿原告各项损失 37500 元。受益人小明对杜洁死亡承担 25%的责任，补偿原告各项损失 37500 元。共计赔偿原告 15 万元。[①] 法院的判决不仅符合当时适用的《侵权责任法》的规定，也符合现行《民法典》的规定。今后若发生类似的损害赔偿纠纷，如果当事人要求当地的公安机关处理，可以参考法院的判决，根据《民法典》第一千二百五十八条的规定，进行调解。

公共道路上的设施，日常维护和管理的单位，在城市主要是市政工程管理单位，在农村主要是村委会和相关的电力公司、自来水公司等。这些单位应当尽到安全保障职责，随时检查设施的安全使用情况，需要修理的，及时修理。如果由于疏于检修，公共道路上的设施造成路人伤亡的，日常维护和管理的单位需要承担赔偿责任。例如，最高人民法院在中国法院网网站上公布的一起典型案例：2007 年 8 月 2 日，郑州突降大雨，来自漯河的 30 多岁的冯沧（化名）在郑州市区骑自行车行进，当他经过京广路和永安街交叉口时，突然坠入排水窨井内，溺水死亡。冯家人事后查明，这个窨井当时没有盖子。其家属认为，郑州市市政管理处为了排水打开窨井盖是悲剧发生的主要原因。于是，冯沧的父亲、妻子以及

① 曾庆朝、屈熙尧：《14 岁少年见义勇为溺亡母亲起诉获赔 15 万元》，《人民法院报》，http：//www. chinacourt. org/article/detail/2016/12/id/2365557. shtml，2016 年 12 月 7 日访问。

其 11 岁的女儿和 9 岁的儿子，一纸诉状将郑州市市政工程管理处告上法庭，要求被告赔偿丧葬费、死亡补偿金等共计 32 万余元，加上精神损害抚慰金 5 万元，共计 37 万余元。郑州市二七区人民法院开庭审理时，市政管理处认为，原告所诉与事实不符，井盖不是市政工作人员掀开的，而是因为短时间内骤降大雨，水位落差太大，把井盖顶开了。这起事故属意外，事发当天，冯沧冒险经过这个十字路口，才是事故发生的原因，和市政部门没有因果关系。法院审理后认为，根据市政管理处 2007 年暴雨排水预案内容，其工作人员需要打开井盖排水，由于被告没有提供证据否定这一内容，作为窨井、排水管网等市政设施的管理机构，市政部门负有妥善管理和安全注意义务。综上所述，市政管理处未尽妥善管理及安全注意义务，致使窨井井盖缺失造成冯沧坠井溺亡，应承担赔偿义务。因冯沧是成年人，故酌定被告承担 60%的责任，一审判令市政管理处赔偿冯家人丧葬费、死亡赔偿金等共计 13 万余元；再加上精神损害抚慰金 3 万元，共计 16 万余元。该案一审宣判后，郑州市市政工程管理处不服，提起上诉，请求驳回死者家属的诉讼请求。郑州市市政工程管理处认为，冯沧事件的发生，市政管理处没有过错，完全是由于自然原因导致的，不是人为因素造成的，管理处没有管理责任。案件在郑州市中级人民法院再次审理，后经法院调解，双方达成协议，郑州市市政工程管理处自愿补偿死者亲属 15 万元。经法院调解达成的协议，不仅符合当时适用的《侵权责任法》，也符合现行《民法典》第一千二百五十八条的规定，市政部门未尽到妥善管理和安全注意义务，负主要责任；受害人在骤降暴雨的情况下，应当预见到可能发生危险，却仍然冒雨骑行，自身也有一定的过错。

九、公共道路上的物品、设施造成他人损害的责任

根据《民法典》第 1255 条至第 1257 条的规定，在公共道路上堆放、倾倒、遗撒妨碍通行的物品造成他人损害的，由行为人承担侵权责任。堆放物倒塌、滚落或者滑落造成他人损害，堆放人不能证明自己没有过错的，应当承担侵权责任。公共道路管理人不能证明已经尽到清理、防护、警示等义务的，应当承担相应的责任。因林木折断、倾倒或者果实坠落等造成他人损害，林木的所有人或者管理人不能证明自己没有过错的，应当承担侵权责任。

如果公共道路上安装的电力、通信等设施，出现故障造成路人伤亡，也应当依据《民法典》第一千二百五十五条至第一千二百五十七条的规定，负责安装和管理这些设施的单位，应当对受害人承担损害赔偿责任。在《民法典》颁布

以前，《侵权责任法》也是如此规定的。在公共道路上安装的电力、通信等设施，出现故障造成路人伤亡的事件，一般较多发生在乡镇，但在经济发达、人口稠密的大城市也出现过。例如，2018 年 6 月 8 日 17 时许，广州机场路南云西街路口浸水的绿化带附近一名男子疑似触电倒地。接报警后，白云警方第一时间派员到场处置，并协助医疗、供电、街道等相关部门，切断附近电源，对伤者进行救治。后该男子经送医院抢救无效死亡。死者常某（17 岁，广州市白云区人）为白云区某交通运输职业学校学生。在广州气象台发布暴雨红色预警信号一个小时之后，常某抱着行李箱，蹚过机场路和南云西街交叉的十字路口，在齐腰深的水中摔倒，旁边一位行人迅速将他扶起并送往路边实施急救。后常某在家属及警方的陪同下被送往医院，抢救持续至 23 时 20 分，医院宣告常某死亡，并开具“居民死亡医学证明（推断）书”，其中死亡原因一栏为“电击伤”。第二天上午，医生向家属出具死亡证明。6 月 13 日下午，广州市白云区政府应急管理办公室通过微博公布了调查结果：“在事发地有一固定在高出地面 16 厘米平台上的交通设施设备机箱，当天因持续暴雨，水位迅速上涨，致使箱内的 220V 电源插板遇水漏电，导致该男子触电身亡。”经核查，出事机箱由金税信息技术服务股份有限公司负责管理。据专业人士分析，按照现场照片等证据显示，事发机箱内使用非专业插线板，机箱的安装也不符合安全要求。机箱按照规定不得在低洼积水处安装，现场虽然有空气开关防止短路，而空气开关未安装漏电保护装置。通信设备的机箱中通常应使用更专业的“机柜用电源分配插座”（Power Distribution Unit，电力分散单元）。后者通常为黑色，两侧有金属槽方便固定，带有防雷、漏电、过载、断路器等保护，也就意味着有更高的安全性。而且，机箱底部要求一般有（棕色）防火泥封堵，在广州这样常下暴雨的地区，应该再使用防水材料进行封堵。这些防护措施在出事的机箱里都看不到，其电箱底板上是裸露状态。[①] 在这起事故中，出事机箱为金税信息技术服务股份有限公司负责管理，该公司应当对常某的死亡承担民事赔偿责任。民法对此类事故的法律责任的规定，不仅是发生事故后的处理依据，也是为警示电力、通信公司提高安全生产的责任意识，在公共道路上安装电力、通信等设施，要规范施工，重视设施的日常安全维护和检修，加强安全保障措施。

---

① 《广州暴雨 17 岁学生当街电死？警方：不排除触电可能》，搜狐新闻，http：//news. sina. com. cn/zx/2018-06-11/doc-ihcufqih0927399. shtml，2018 年 6 月 11 日访问。

第四节　人身损害赔偿的免责情况

有些人身损害的发生，有法律规定的免责事由，则不应追究损害赔偿责任。在民间纠纷调解中要特别注意，免除民事责任，必须符合法律规定的条件，严格依照法律的规定执行。不得牺牲国家的、集体的利益，而随意免除行为人的民事责任。

按照相关法律的规定，对损害不承担赔偿责任的情况主要有以下几种：

一、因正当防卫造成损害

正当防卫，是指在公共利益、本人或他人利益受到不法侵害时，行为人所采取的正确的、适当的防卫措施。我国《民法典》第一百八十一条第一款规定，因正当防卫造成损害的，不承担民事责任。《民法典》第一千一百七十七条第一款也规定，合法权益受到侵害，情况紧迫且不能及时获得国家机关保护，不立即采取措施将使其合法权益受到难以弥补的损害的，受害人可以在保护自己合法权益的必要范围内采取扣留侵权人的财物等合理措施；但是，应当立即请求有关国家机关处理。

（一）正当防卫的适用条件

正当防卫必须具备以下条件：（1）必须是为了保护合法权益而实施。防卫人的目的是保护本人的、他人的或者公共的权益免受侵害。如果以防卫为借口，或者先行寻衅，然后借机报复，则属于侵权行为。（2）防卫措施必须针对正在实施的不法侵害行为。必须先发生不法侵害行为且行为在进行中，才可以进行正当防卫。未发生侵害行为、想象中的侵害行为、已经结束的侵害行为，不可以实施正当防卫。（3）必须针对不法侵害人本人实施。正当防卫是对加害人的防卫反击，可以是对其人身的，也可以是对其财产的，目的是阻止不法侵害，不可以对第三人实施。（4）防卫不能超过必要的限度。

2020年8月28日颁布的《最高人民法院、最高人民检察院、公安部关于依法适用正当防卫制度的指导意见》指出，正当防卫是法律赋予公民的权利。要准确理解和把握正当防卫的法律规定和立法精神，对于符合正当防卫成立条件的，坚决依法认定。要切实防止“谁能闹谁有理”“谁死伤谁有理”的错误做法，坚决捍卫“法不能向不法让步”的法治精神。对于正当防卫的具体适用，该意见提出，第一，准确把握正当防卫的起因条件。正当防卫的前提是存在不法侵害。不法侵害既包括侵犯生命、健康权利的行为，也包括侵犯人身自由、公私财产等权利的行为；既包括犯罪行为，也包括违法行为。不应将不法侵害不当限缩为暴力侵害或者犯罪行为。对于非法限制他人人身自由、非法侵入他人住宅等不法侵害，可以实行防卫。不法侵害既包括针对本人的不法侵害，也包括危害国家、公共利益或者针对他人的不法侵害。对于正在进行的拉拽方向盘、殴打司机等妨害安全驾驶、危害公共安全的违法犯罪行为，可以实行防卫。对于成年人针对未成年人正在实施的不法侵害，应当劝阻、制止；劝阻、制止无效的，可以实行防卫。第二，准确把握正当防卫的时间条件。正当防卫必须是针对正在进行的不法侵害。对于不法侵害已经形成现实、紧迫危险的，应当认定为不法侵害已经开始；对于不法侵害虽然暂时中断或者被暂时制止，但不法侵害人仍有继续实施侵害的现实可能性的，应当认定为不法侵害仍在进行。在财产犯罪中，不法侵害人虽已取得财物，但通过追赶、阻击等措施能够追回财物的，可以视为不法侵害仍在进行；对于不法侵害人确已失去侵害能力或者确已放弃侵害的，应当认定为不法侵害已经结束。对于不法侵害是否已经开始或者结束，应当立足防卫人在防卫时所处情境，按照社会公众的一般认知，依法作出合乎情理的判断，不能苛求防卫人。对于防卫人因为恐慌、紧张等心理，对不法侵害是否已经开始或者结束产生错误认识的，应当根据主客观相统一原则，依法作出妥当处理。第三，准确把握正当防卫的对象条件。正当防卫必须针对不法侵害人进行。对于多人共同实施不法侵害的，既可以针对直接实施不法侵害的人进行防卫，也可以针对在现场共同实施不法侵害的人进行防卫。明知侵害人是无刑事责任能力人或者限制刑事责任能力人的，应当尽量使用其他方式避免或者制止侵害；没有其他方式可以避免、制止不法侵害，或者不法侵害严重危及人身安全的，可以进行反击。第四，准确把握正当防卫的意图条件。正当防卫必须是为了使国家、公共利益、本人或者他人的人身、财产和其他权利免受不法侵害。对于故意以语言、行为等挑衅对方侵害自己再予以反击的防卫挑拨，不应认定为防卫行为。第五，准确界分防卫行为与相互斗殴。防卫行为与相互斗殴具有外观上的相似性，准确区分两者要坚持主客观相统一原则，通过综合考量案发起因、对冲突升级是否有过错、是否使用或者准备使用凶器、是否采用明显不相当的暴力、是否纠集他人参与打斗等客观情节，准确判断行为人的主观意图和行为性质。因琐事发生争执，双方均不能保持克制而引发打斗，对于有过错的一方先动手且手段明显过激，或者一方先动手，在对方努力避免冲突的情况下仍继续侵害的，还击一方的行为一般应当认定为防卫行为。双方因琐事发生冲突，冲突结束后，一方又实施不法侵害，对方还击，包括使用工具还击的，一般应当认定为防卫行为。不能仅因行为人事先进行防卫准备，就影响对其防卫意图的认定。

（二）防卫过当问题

防卫若超过必要的限度，即为“防卫过当”。按照我国《民法典》第一百八十一条第二款的规定，正当防卫超过必要的限度，造成不应有的损害的，正当防卫人应当承担适当的民事责任。《民法典》第一千一百七十七条第二款也规定，受害人采取的措施不当造成他人损害的，应当承担侵权责任。有学者提出，判断防卫是否过当，通常应当考虑两个方面：第一，不法侵害的手段和强度。侵害行为本身强度不大，只需要采取较缓和的手段就足以制止或者排除其侵害而采用较强烈的手段的，即为超过必要限度。第二，所防卫权益的性质。所防卫的权益应当与防卫反击行为的强度相适应，使用严重损害侵害者的反击方法来保卫较小的财产利益，或者用较重的反击行为来保护较小的财产利益，都是不相适应的，是超过必要限度。[①]《最高人民法院、最高人民检察院、公安部关于依法适用正当防卫制度的指导意见》也指出，要防止将滥用防卫权的行为认定为防卫行为。对于显著轻微的不法侵害，行为人在可以辨识的情况下，直接使用足以致人重伤或者死亡的方式进行制止的，不应认定为防卫行为。不法侵害系因行为人的重大过错引发，行为人在可以使用其他手段避免侵害的情况下，仍故意使用足以致人重伤或者死亡的方式还击的，不应认定为防卫行为。

《最高人民法院、最高人民检察院、公安部关于依法适用正当防卫制度的指导意见》对于防卫过当的认定提出四点具体意见：一是准确把握防卫过当的认定条件。根据《刑法》第二十条第二款的规定，认定防卫过当应当同时具备“明显超过必要限度”和“造成重大损害”两个条件，缺一不可。二是准确认定“明显超过必要限度”。防卫是否“明显超过必要限度”，应当综合不法侵害的性质、手段、强度、危害程度和防卫的时机、手段、强度、损害后果等情节，考虑双方力量对比，立足防卫人防卫时所处情境，结合社会公众的一般认知作出判断。在判断不法侵害的危害程度时，不仅要考虑已经造成的损害，还要考虑造成

① 杨立新：《侵权责任法》，法律出版社 2012 年版，第 213 页。

进一步损害的紧迫危险性和现实可能性。不应当苛求防卫人必须采取与不法侵害基本相当的反击方式和强度。通过综合考量，对于防卫行为与不法侵害相差悬殊、明显过激的，应当认定防卫明显超过必要限度。三是准确认定“造成重大损害”。“造成重大损害”是指造成不法侵害人重伤、死亡。造成轻伤及以下损害的，不属于重大损害。防卫行为虽然明显超过必要限度但没有造成重大损害的，不应认定为防卫过当。四是准确把握防卫过当的刑罚裁量。防卫过当应当负刑事责任，但是应当减轻或者免除处罚。要综合考虑案件情况，特别是不法侵害人的过错程度、不法侵害的严重程度以及防卫人面对不法侵害的恐慌、紧张等心理，确保刑罚裁量适当、公正。对于因侵害人实施严重贬损他人人格尊严、严重违反伦理道德的不法侵害，或者多次、长期实施不法侵害所引发的防卫过当行为，在量刑时应当充分考虑，以确保案件处理既经得起法律检验，又符合社会公平正义理念。

在实践中，正当防卫的界限如何界定是执法工作中较疑难的问题。例如，河北涞源男子王某到女孩家骚扰后被反杀一事，防卫是否过当，就引起社会广泛关注和议论。河北省保定市涞源男子王某表白女学生小菲（化名）被拒后，多次到小菲家骚扰。2018 年 7 月 11 日晚，王某手持甩棍、水果刀，翻墙进入小菲父亲王新元家，与一家人发生肢体冲突，冲突期间，王某使用甩棍、水果刀致小菲腹部，小菲母亲赵印芝手部，父亲王新元胸腹部、腿部及双臂受伤。小菲用家中菜刀的背部击打王某背部，王新元使用木棍、铁锹击打王某，并使用菜刀劈砍王某头颈部，王某倒地后，赵印芝使用菜刀继续劈砍王某头颈部，王某颈部受伤严重死亡。经鉴定，王某颅脑损伤后合并失血性休克死亡。7 月 12 日，涞源县公安局对此案立案侦查，王新元、赵印芝和小菲被刑事拘留。之后，涞源县公安局决定不对小菲追究刑事责任，但认为赵印芝在王某倒地后，使用菜刀继续劈砍王某头颈部，“对伤害他人行为持放任态度”。经第二次退回补充侦查后，由涞源县公安局移交涞源县人民检察院审查起诉。2018 年 8 月 18 日，王新元、赵印芝被涞源县人民检察院以涉嫌故意杀人罪批准逮捕。[①] 此事件在社会上引起很大的反响，王某在倒地后，小菲的母亲仍有劈砍行为，这成为是否构成正当防卫的争议点。小菲的父母是否构成正当防卫？在这起案件中，正当防卫与防卫过当的界限在哪里？根据《最高人民法院、最高人民检察院、公安部关于依法适用正当防

---

① 《反杀案涉事女孩父母仍被羁押正当防卫的界限在哪》，网易新闻，https：//news. 163. com/19/0227/04/E90AT38F0001875P. html，2019 年 2 月 27 日访问。

卫制度的指导意见》的规定，对于严重危及人身安全的暴力犯罪行为的“行凶”，可以采取特殊防卫。符合特殊防卫起因条件的防卫行为，致不法侵害人伤亡的，如果没有明显超过必要限度，也应当认定为正当防卫，不负刑事责任。要准确理解和把握“行凶”。根据《刑法》第二十条第三款的规定，下列行为应当认定为“行凶”：(1) 使用致命性凶器，严重危及他人人身安全的；(2) 未使用凶器或者未使用致命性凶器，但是根据不法侵害的人数、打击部位和力度等情况，确已严重危及他人人身安全的。虽然尚未造成实际损害，但已对人身安全造成严重、紧迫危险的，可以认定为“行凶”。此案件中，青年男子王某手持甩棍、水果刀，夜晚翻墙进入小菲父亲王新元家，并对小菲一家进行暴力攻击，从其行为可以判断，其打算将小菲一家灭门，完全可以认定王某“行凶”，实施了严重危及小菲一家人的人身安全的暴力犯罪行为。王新元、赵印芝和小菲合力反抗，用家中的菜刀将王某砍倒，属于正当防卫。一家人的防卫行为是一个整体，不能单独割裂来看。赵印芝继续劈砍的行为，是她在那样紧急的情况下无法确定王某倒地之后是否还会起来继续攻击。他们一家人中有两位女性，王新元还身有残疾。而王某身高一米八、年轻力壮，一旦再起身拿刀，三个人很有可能拼不过他一个人。所以，赵印芝后续劈砍行为，是整个防卫过程的一部分，不应认定为防卫过当。王某倒地，不能认为防卫行为就此应当停止。2019 年 3 月 3 日，保定市人民检察院发布消息，认定王新元、赵印芝的行为属于正当防卫，对夫妇俩不起诉。[①] 此事不是一个仅涉及刑事犯罪的问题，在这起案件中，如果王新元、赵印芝的行为被认定为防卫过当，他们不仅要承担刑事责任，死者王某的亲属还可能要求王新元、赵印芝承担死亡赔偿金的民事责任。

《最高人民法院、最高人民检察院、公安部关于依法适用正当防卫制度的指导意见》还督促公安机关做好正当防卫案件的侦查取证工作。公安机关在办理涉正当防卫案件时，要依法及时、全面收集与案件相关的各类证据，为案件的依法公正处理奠定事实根基。取证工作要及时，对冲突现场有视听资料、电子数据等证据材料的，应当第一时间调取；对冲突过程的目击证人，要第一时间询问。取证工作要全面，对证明案件事实有价值的各类证据都应当依法及时收集，特别是涉及判断是否属于防卫行为、是正当防卫还是防卫过当以及有关案件前因后果等的证据。

---

① 《河北反杀案无罪获释的王新元夫妇：公平来的太突然》，网易新闻，https：//news. 163. com/19/0304/03/E9D5QG830001875P. html，2019 年 3 月 4 日访问。

二、紧急避险造成损害

紧急避险，是指为了使公共利益、本人或他人的合法利益免受更大的损害，在不得已的危急情况下，采取的牺牲较小的利益的行为。例如，在一条有众多且密集的、木质结构的老住宅和商铺的街巷上，其中一栋住宅起火，若火势难以扑灭，为防止火势蔓延至整条街巷，拆除与其紧邻的两栋房屋并清理走可燃物，即属于紧急避险。拆除与失火房屋紧邻的两栋房屋，损失不应由为灭火而实施拆除房屋的紧急避险的行为人承担，而应当由引发火灾的人承担。又如，为救妻子紧急就医而醉驾，被认定为紧急避险。一户居住在偏远乡村的人家，深夜，妻子突然发病晕倒。因住在偏远乡村，救护车不能及时赶来，家人和邻居又没有驾照不能开车，出租车一时也联系不到，处于醉酒状态的丈夫陈某，只得驾驶私家车，将妻子送到附近医院抢救。随后，陈某被警方当场查获。经鉴定，陈某血液中的酒精含量为223毫克/100毫升，远超醉驾标准，后被批捕。江苏省江阴市人民法院经审理后认为，陈某的行为构成紧急避险，不负刑事责任。最终，检察机关撤诉。据悉，这是江苏第一起因构成紧急避险而被依法撤诉的醉驾危险驾驶案，在全国也极为罕见。① 在患者的生命和醉驾造成公共安全危害之间衡量，以生命的利益为大，此情况下的醉驾，属于紧急避险。法院的判决不仅正确适用法律，也体现了执法的人性化。

紧急避险必须具备以下条件：（1）必须是在合法权利处于危险的紧急情况下实施的。当危险正在发生，并威胁本人、他人或者公共利益，才可以实施紧急避险。对尚未发生的危险，应当采取预防措施而不是紧急避险。对于已经发生的危险且危险未造成合法利益损害的，或者危险已经消除的，不可实施紧急避险。（2）实施紧急避险措施所造成的利益损失必须小于所保全的利益。紧急避险是不得已的措施，为保护更大的法益，而牺牲尽可能小的利益。避险行为所造成的损失，必须小于不采取此措施则可能发生的损害。如前面所举的例子，为防止火势蔓延到整条街巷而拆除与失火房屋紧邻的两栋房屋。（3）紧急避险措施得当，不能超过必要的限度。紧急避险的措施必须得当，以尽可能小的损害，保全较大的利益。如果避险措施不当，造成的损害反而大于所要保全的利益，避险行为就会超过必要限度，且毫无意义。紧急避险措施不当或者超过必要的限度，造成不

---

① 《男子醉驾救妻获不起诉，法治日报：体现司法温度》，凤凰网新闻，https：//news. ifeng. com/c/7ze59KXLbJg，2020年9月10日访问。

应有的损害的，避险人应当承担适当的赔偿责任，可以仅对过当部分承担责任。如果造成危险的人与受害人是同一人，则还应当再减轻避险人的赔偿责任。

我国《民法典》第一百八十二条规定，因紧急避险造成损害的，由引起险情发生的人承担民事责任。危险由自然原因引起的，紧急避险人不承担民事责任，可以给予适当补偿。紧急避险采取措施不当或者超过必要的限度，造成不应有的损害的，紧急避险人应当承担适当的民事责任。具体来讲，紧急避险的损害后果由谁承担，要根据险情发生原因的不同，分不同情况确定。（1）由引起险情发生的人承担责任。如果险情发生是由于某人引起的，例如，燃放烟花爆竹引起房屋着火，则火灾造成的所有损失，包括为防止火势蔓延到整条街巷而拆毁失火房屋两边紧邻的房屋的损失，均应由该燃放烟花爆竹的人承担。（2）在当事人都没有过错的情况下，损失自担。因自然原因引起的险情，如强风、暴雨、雷电等原因引起的损害，为避免损害的扩大而采取了紧急避险措施。例如，根据官方发布的气象灾害预报而锯断可能被强风吹断的树木，树木的所有权人自担此损失，采取锯树措施的避险人不需要对树木的所有权人承担赔偿责任，因为即使不锯断树木，该树木也会被暴风折断。（3）在当事人都没有过错、在法律规定的情况下，所有相关人分担损失。因自然原因引起的险情，在法律有特别规定的特殊情况下，所有相关人共担损失。例如，某栋房屋遭雷击起火，为防止火势蔓延到整条街巷而拆毁失火房屋两边紧邻的房屋，损失应当由该街巷的所有房屋的所有权人共同承担。在这种情况下，除为防止火势蔓延而被拆毁的两栋房屋外，该街巷的其他房屋的所有权人都是避险行为的受益人，理应与被拆毁的房屋的所有权人共同承担损失。在当事人都没有过错的情况下，可以根据实际情况分担民事责任。我国《民法典》第一千一百八十六条规定，受害人和行为人对损害的发生都没有过错的，依照法律的规定由双方分担损失。（4）紧急避险采取措施不当或者超过必要的限度，紧急避险人承担适当补偿的责任。紧急避险采取措施不当或者超过必要的限度，造成不应有的损害的，按照《民法典》第一百八十二条第三款的规定，紧急避险人应当承担适当的民事责任。（5）受益人适当补偿。如果险情的发生不是由于人的过错行为引起的，实施紧急避险的措施也适当，遭受损害的人与避险行为的受益人又不是同一人的，则受益人应当适当补偿受害人的损失，毕竟实施避险行为给其造成了损害。

特别需要注意的是，为鼓励民众见义勇为、对危难进行救助，避免再发生有人倒卧路边、众人围观却无人上前救助的事情，我国《民法典》第一百八十四条规定：“因自愿实施紧急救助行为造成受助人损害的，救助人不承担民事责任。”按照《民法典》的这项规定，如果有人突然发病、心脏骤停，路人见义勇为对其实施心肺复苏术，但抢救中的按压行为造成病人的一根肋骨骨裂，见义勇为的人对此损害不承担法律责任。如果有人为了救助溺水者，来不及脱衣服就下水，导致随身携带的手机等财物损失，被救援的人应给予适当补偿。《民法典》第一百八十三条规定：“因保护他人民事权益使自己受到损害的，由侵权人承担民事责任，受益人可以给予适当补偿。没有侵权人、侵权人逃逸或者无力承担民事责任，受害人请求补偿的，受益人应当给予适当补偿。”

三、不可抗力

我国《民法典》第一百八十条第二款对不可抗力的解释是：“不可抗力是不能预见、不能避免且不能克服的客观情况。”不可抗力是人力不能抗拒的力量，由自然原因（如地震、海啸、洪水、台风等）和社会原因（如战争、暴乱等）形成，是民事活动的当事人不能预见、不能避免且不能克服的客观情况。

不可抗力应当符合以下条件：（1）属于客观事件。不可抗力是人力不能抗拒的力量，由自然原因（如地震、海啸、洪水、台风等）和社会原因（如战争、暴乱等）形成，是客观事件。（2）不可预见。不可抗力是在现有的技术条件下，一般人的主观认识能力对发生的事件无法预料。应注意的是，不可预见是以一般人的预见能力为标准，来判断对某种现象是否可以预见。由于每个人的知识水平和社会阅历不同，决定了其各自的预见能力的不同，对于某种现象，有的人可以预见，而有的人不能预见。因此，法律上是以一般人的预见能力为标准，来判断对某种现象是否可以预见。而且，不可预见不是绝对必要条件，对于发生的事件即使预见到了，但仍然无法避免，也仍然属于不可抗力。例如，虽然预见到地震可能发生，但仍然无法避免损害的发生。（3）不可避免且不能克服。对于属于不可抗力的客观事件，当事人即使尽了最大努力和采取了可以采取的措施，仍然不能避免损害后果的发生。

各国法律均将不可抗力列为免责事由。不可抗力作为免责事由，是因为损害是由不可抗力造成的，与人的行为无因果关系，行为人主观上也无过错，让人们对自己无法控制的事故的后果承担责任是不公平的。我国《民法典》第一百八十条规定：“因不可抗力不能履行民事义务的，不承担民事责任。法律另有规定的，依照其规定。”

四、受害人的过错

受害人的过错，是指损害的发生或者扩大，是由于受害人的过错造成的。我国《民法典》第一千一百七十四条规定："损害是因受害人故意造成的，行为人不承担责任。"

受害人的过错包括三种情况：（1）受害人的故意。受害人的故意，是指受害人明知自己的行为会发生损害自己的后果，而希望或者放任损害结果的发生。比如，受害人无视警告提示，在野生动物园的猛兽区贸然下车。（2）受害人的重大过失。受害人的重大过失，是指受害人明知自己的行为可能发生损害自己的后果，但认为可以避免，或者由于自己的疏忽没有预见到自己的行为可能发生损害自己的后果。例如，误以为自己所乘的车辆已经驶出野生动物园的猛兽区而下车。（3）受害人的过失。受害人的过失，是指受害人对于损害的发生或者扩大，具有一般过失。在这里需要区分，受害人的过失如果是损害发生的唯一原因，可以作为免责事由，损害由其自己负担；如果在加害人造成受害人损害后，受害人的过失造成损害的扩大，则受害人与加害人过失相抵。

五、过失相抵

过失相抵，本质上不是免责事由，而是产生减轻加害人责任的法律后果。由于损害的发生，不仅加害人有过错，受害人也有过错，受害人因自己的过错造成的那部分损害由其自己负担。例如，在加害人造成受害人损害后，受害人的过失造成损害的扩大，则受害人对扩大的那部分损害自己负责。我国《民法典》第一千一百七十三条规定："被侵权人对同一损害的发生或者扩大有过错的，可以减轻侵权人的责任。"

过失相抵应当具备以下条件：（1）受害人的行为是损害发生或者扩大的共同原因。也就是说，损害的发生是由加害人的行为和受害人的行为共同作用而促成的，或者受害人的行为作用于已经发生的损害结果上，使损害结果继续并扩大。（2）受害人的行为不当。受害人促成损害结果发生或者扩大的行为，虽然不一定违法，但会对自己的利益造成损害。比如，甲明知自己有心脑血管疾病不能饮酒，但在宴席上并不拒绝乙的劝酒行为，导致醉酒引起疾病发作。（3）受害人有过错。受害人对损害结果的发生或者损害的扩大，应当预见但其误认为可以避免，或者由于疏忽而没有预见，其主观上有过错，应当对自己的过错负责。

过失相抵适用于双方均有过错的民间纠纷处理，一般采取过错程度和原因力比较的方法，按照双方当事人的过错程度和对损害结果的影响力，确定各自应当对损害承担一定比例的赔偿责任。过错程度大、行为是损害发生的主要原因的一方，应当承担主要的赔偿责任，赔偿比例应当在51%以上；过错程度小、行为是损害发生的次要原因的一方，赔偿比例应当在49%以下。如果双方过错程度相当，则各自对损害的结果承担50%的赔偿责任。

六、第三人过错

第三人过错，是指除受害人和加害人之外的第三人，对损害的发生或者扩大具有过错的情形。我国《民法典》第一千一百七十五条规定："损害是因第三人造成的，第三人应当承担侵权责任。"

第三人过错具有以下特点：（1）损害是由受害人和加害人之外的第三人的过错造成的。第三人既不属于受害人，也不属于加害人，而是双方之外的第三人。（2）第三人与加害人没有共同过错，第三人与加害人之间没有共同的意思联络。如果某人与加害人有共同的意思联络，比如实施了帮助加害人侵害的行为，则该人应作为共同侵权人而对受害人承担连带赔偿责任，而不是第三人。（3）第三人过错是免除或者减轻加害人责任的依据。第三人过错是法律所规定的免除或者减轻加害人责任的依据。

第三人过错的法律后果有下列情况：（1）免除或者减轻加害人的赔偿责任。例如，第三人丙擅自将动物饲养人甲圈养的动物从兽笼中放出，造成乙受伤。乙既可以向甲要求侵权赔偿也可以向丙要求赔偿。如果甲没有过错，则可以在向乙承担赔偿责任后，向丙追偿。如果甲也有一定的过错，则甲的责任可以减轻，丙也要承担部分赔偿责任。甲、丙承担的侵权赔偿比例，按照各自过错的大小确定。（2）实行补充责任。例如，未成年人在幼儿园、学校等教育机构学习、生活期间，受到闯入校园行凶的第三人的人身侵害，不仅第三人要承担对受害人的侵权赔偿责任，幼儿园、学校等教育机构也因未尽到管理职责和安全保障义务，承担对受害人的相应的补充赔偿责任。（3）实行先付责任。例如，在产品责任中，因运输者、仓储者等第三人的过错造成产品缺陷，产品的生产者或者销售者对受害人承担先行赔付的责任后，可以向运输者或者仓储者追偿。

第五节　人身损害赔偿纠纷警情处置中的疑难问题及案例分析

一、人身损害赔偿及其所保护的人格权

（一）人身损害赔偿的概念

人身损害赔偿，是指公民的人格权受到不法侵害，造成致伤、致残、死亡的后果和其他损害，受害人有权要求侵权人承担损害赔偿的民事法律责任的制度。

人身损害，按照损害程度，分为轻微伤、轻伤、重伤、死亡。第一种情况程度最轻，属于民事侵权损害，后三种属于刑事犯罪。这四种情况发生后，受害人均可以要求侵害人承担侵权损害赔偿，但后三种情况下，侵权损害赔偿是在对侵害人追究刑事责任时提出的附带民事赔偿。第一种情况属于民事纠纷，如果当事人报警，要求公安机关处理，接处警的公安民警可以在当事人双方同意的前提下，进行治安调解，让加害人对受害人承担侵权损害赔偿。如果双方在民警调解下，对损害赔偿事项（包括损害赔偿的数额、给付方式等）达成一致意见，办案民警应当制作调解书，让双方当事人签字。如果双方在民警调解下，对纠纷未能达成赔偿协议，民警可以对实施侵害行为的当事人予以治安处罚。后三种情况，公安机关需要进行刑事立案侦查，报请检察院批准，对加害人实施逮捕。

特别需要关注的是，按照《民法典》第一百八十七条的规定，加害人因同一行为应当承担民事责任、行政责任和刑事责任的，承担行政责任或者刑事责任不影响承担民事责任；加害人的财产不足以支付的，优先用于承担民事责任。

（二）人身损害赔偿所保护的人格权

人身损害赔偿所保护的人格权，包括生命权、健康权、身体权。

1. 生命权

生命权是以自然人的生命安全利益为内容的人格权。维护人的生命活动延续是生命权的基本内容，其保护的对象是人的生命活动能力。在现在的法律体系中，法律所规定的生命权，保护对象是人的生命。动物、植物、微生物，是作为财产来保护的。

在刑法上，只要主观上有故意或者过失，且实施了侵害他人生命的行为，即

使杀人未遂，也构成犯罪。在民法上，侵害生命权以自然人的生命丧失为标准，如果受害人没有死亡，则属于健康权侵权行为。比如，前面讲到的高层建筑物的墙体材料或者悬挂物脱落，以及高空抛物，如果造成楼下的过路人死亡，即构成侵害生命权；如果楼下的路人仅受伤，则构成侵害健康权。高空抛物，无论是构成侵害生命权还是侵害健康权的犯罪，在追究抛物者刑事责任的同时，受害人可以提出刑事附带民事诉讼，要求抛物者承担民事损害赔偿。

2. 健康权

健康权是以自然人的生理机能正常运作和功能完善发挥为权益内容的人格权。

侵害健康权，使人的机体的生理机能的正常运作和功能完善发挥受到破坏，会分别导致三种可能的结果：一是造成人身损害，经过治疗而痊愈；二是造成人身损害，经过治疗部分痊愈，留下残疾；三是造成人身损害，且引发其他疾病。

侵害健康权与侵害生命权不同，侵害健康权是使人的机体的生理机能的正常运作和功能完善发挥受到破坏，而侵害生命权则是使人的机体的生理机能和功能被破坏达到完全停止运作状态，生命丧失。

3. 身体权

身体权是以自然人维护其身体组成部分的完整、完全，并支配其肢体、器官和其他人体组织的权益为内容的人格权。

侵害身体权，是侵害他人身体组成的完整性。例如，强行将他人的头发剪去。“文化大革命”时期，一些造反派将批斗对象剪成“阴阳头”（剪去一半的头发），就属于典型的侵犯身体权的行为，同时也是侮辱人格的行为。

侵害身体权与侵害健康权有区别也有重合。两者的重合之处在于：一些侵害他人身体组成的完整性的侵权行为，也会破坏人的机体的生理机能的正常运作和功能完善发挥，如打掉人的牙齿，对于这样的侵权行为，往往将其定性为侵害健康权。侵害身体权与侵害健康权的区别在于，有些侵害身体权的行为，如剪去人的头发，并不会破坏人的机体的生理机能的正常运作和功能完善发挥，不侵害健康权。

二、人身损害赔偿费用的确定

侵害他人造成人身损害，依照我国《民法典》第一千一百七十九条的规定，应当赔偿医疗费、护理费、交通费、营养费、住院伙食补助费等为治疗和康复支出的合理费用，以及因误工减少的收入。造成残疾的，还应当赔偿辅助器具费和残疾赔偿金；造成死亡的，还应当赔偿丧葬费和死亡赔偿金。

如果受害人的医疗费等费用是由医院或者其他第三人先行垫付的，垫付费用的人可以要求侵权人承担这些费用。按照我国《民法典》第一千一百八十一条的规定，支付被侵权人医疗费、丧葬费等合理费用的人，有权请求侵权人承担赔偿费用，但是侵权人已经支付该费用的除外。

（一）医疗费

受害人的人身遭受损害，为医治损伤而支付的金钱，是最直接的财产损失。医疗费应当根据医疗机构出具的药费、诊疗费、检查费、住院费等收款凭证，结合医院的诊断证明、病历等相关证据来确定。如果还有后续的治疗费、康复训练费、必要的整容费等，受害人可以在后续费用实际发生后，再向侵害人索赔；也可以根据医疗鉴定结论中确定的必然费用，要求侵害人先行给付。

（二）护理费和营养费

受害人遭受人身侵害后，如果行动受限制，甚至生活不能自理，需要有人护理，如因身体受伤而卧床数月，护理费的支出，也是人身损害造成的直接财产损失，应当由侵权人承担。

人身损害发生后，为康复的需要，受害人还需要增加营养。如果住院治疗，也要增加住院伙食费的支出。营养费，包括住院伙食费，也是人身侵害行为造成的直接财产损失，应当由侵权人承担。

（三）交通费和住宿费

受害人需要就医、持续治疗和转院治疗，所支出的交通费和住宿费，也是人身损害造成的直接财产损失，应当由侵权人承担。

（四）误工费

受害人遭受人身损害后，不能正常从事受伤害之前的工作，在休养身体期间，因耽误工作造成的财产损失，是人身损害造成的间接财产损失，应当由侵权人承担。

需要注意的是，误工费不仅适用于受雇于单位或者他人的劳动者，也适用于个体经营工商业者、农民和自由职业者。自由职业者中的个体教师、律师、艺术工作者等，虽然并未与某家单位签订劳动合同、雇佣合同，不会因误工被扣发工资，但其遭受人身伤害后，会影响其劳动收入。比如，一个个体从业律师，如果遭受人身伤害，在身体治疗和休养期间，就不能从事诉讼代理、法律咨询等律师业务活动，收入会有所损失。自由职业者的收入，因个体差异很大，其误工费的计算比较复杂，可以按照其当年年度日均收入为标准，来核算其误工期间的损失。如果受害人所在行业的从业人员收入差距大且无公认的平均收入标准，笔者建议，误工损失也可以参照《国家赔偿法》的日赔偿标准确定。最高人民检察院刑事申诉检察厅 2017 年 5 月 31 日下发通知，要求各级人民检察院办理自身作为赔偿义务机关的国家赔偿案件时，执行新的日赔偿标准 258. 89 元。《国家赔偿法》第三十三条规定："侵犯公民人身自由的，每日赔偿金按照国家上年度职工日平均工资计算。"国家统计局 2017 年 5 月 27 日公布，2016 年全国城镇非私营单位就业人员年平均工资为 67569 元。根据上述法律规定、统计数据以及人力资源和社会保障部提供的日平均工资的计算公式，对属于侵犯公民人身自由的国家赔偿案件，最高人民检察院刑事申诉检察厅确定了新的日赔偿标准为 258. 89 元。另据《最高人民法院、最高人民检察院关于办理刑事赔偿案件适用法律若干问题的解释》第二十一条第二款规定，各级人民检察院自 2017 年 5 月 31 日起执行该日赔偿标准。[①]

（五）残疾用具费和残疾赔偿金

受害人如果因人身侵害造成身体残疾，为生活需要而添置的必要的残疾用具，比如轮椅、假肢、义眼等，是人身侵害行为造成的财产损失，应当由侵权人承担。

受害人如果因人身侵害造成身体残疾，从而丧失全部或者部分劳动能力，导致正常收入的丧失或者减少，这也是人身损害导致的直接后果，是财产损失，应当由侵权人承担。此项损失为残疾赔偿金，是受害人因残疾造成的收入的损失，侵权人可以按年或者月支付，也可以预估受害人的工作年限和物价等因素后，双方协商确定具体数额，一次支付。

（六）丧葬费和死亡赔偿金

侵权行为造成受害人死亡的，按照我国《民法典》第一千一百七十九条的规定，受害人的近亲属有权请求侵权人承担侵权责任。侵权人应当承担受害人死亡前的医疗费、死亡后的丧葬费、对死者近亲属的死亡赔偿金。

---

① 《侵犯公民人身自由权每日赔偿 258. 89 元国赔新标准：侵犯公民人身自由权每日赔偿 258. 89 元》，网易新闻，http：//news. 163. com/17/0531/11/CLOTGIUP0001875N. html，2017 年 5 月 31 日访问。

如果因同一侵权行为造成多人死亡的，按照我国《侵权责任法》第 17 条的规定，每名受害人可以以相同数额确定死亡赔偿金。《民法典》第一千一百八十条也规定：“因同一侵权行为造成多人死亡的，可以以相同数额确定死亡赔偿金。”

死亡赔偿金的性质和确定，在民法学术界历来存在争议。针对死亡赔偿金和残疾赔偿金是被害人收入的损失，还是精神损害赔偿，存在不同的观点。《国家赔偿法》《产品责任法》《消费者权益保护法》将死亡赔偿金和残疾赔偿金作为精神损害赔偿。2003 年，最高人民法院颁布《关于审理人身损害赔偿案件适用法律若干问题的解释》，将死亡赔偿金和残疾赔偿金作为被害人收入的损失，而不是精神损害赔偿。笔者认为，死亡赔偿金是被害人收入的损失，应按照受害人未来可获得的收入来确定，并由此对受害人的近亲属做出赔偿。如果纠纷双方对于死亡赔偿金的数额不能达成一致意见，调解民间纠纷的公安民警可以告知当事人请求人民法院裁决。

（七）被扶养人的扶养费（生活补助费）

被扶养人的扶养费，也可称为生活补助费。侵权行为造成受害人死亡的，受害人生前扶养的人，丧失部分或者全部的生活来源，这是侵权行为造成的损害后果，侵权人应当承担受害人生前扶养的人的扶养费（生活补助费）。比如，甲的高空抛物行为导致乙被砸身亡，乙的未成年子女和其年迈的父母，就此失去了乙给付的抚养费、赡养费和生活照料，故甲应当对乙的未成年子女和其年迈的父母承担扶养费的损害赔偿。对乙的未成年子女的抚养费赔偿，应当计算到其年满 18 岁。对乙的父母的赡养费，应当给付到其死亡。

（八）抚慰金

在实践中，有些民间纠纷中的死亡事件，实际上并没有侵权人或者加害人，死亡主要是出于意外和由死者自身的原因造成的，但在纠纷中，相关人基于人道主义和对死者亲属的抚慰，愿意给予抚慰金。例如，绵阳市公安局高新分局驻普明派出所公调室调解的一起饮酒致死案。接警民警向记者介绍，2020 年 5 月 4 日 21 时 30 分许，宋某某在工作的食堂与周某、邓某等七人饮酒后，由邓某陪同回到位于绵阳高新区邓某的家里。5 月 5 日早上 7 时，邓某发现宋某某没了气息，立即边通知医院急救边向派出所求助。接到求助后，普明派出所民警立即会同医务人员对宋某某进行抢救。宋某某经医院抢救无效死亡，诊断宋某某系醉酒死亡。死者宋某某家属要求同桌饮酒七人连带赔偿宋某某死亡产生的各种费用，共计 80 余万元。5 月 7 日，绵阳市公安局高新分局驻普明派出所公调室调解了这起纠纷案。调解中争议的焦点是，七名同桌吃饭者均辩称，他们与死者宋某某同桌吃饭喝酒是事实，但没有劝酒，饮酒都是自愿行为，死者自己喝的酒，故他们不应承担本案赔偿责任。经过驻普明派出所公调室对接调解及双方当事人协商，最终达成一致，周某、邓某等七人赔偿死者宋某某丧葬费、精神损害抚慰金等，共计 65 万元。① 从新闻报道的事件看，七名同桌吃饭者，如果确实如他们所说，对宋某某没有劝酒，饮酒都是自愿行为，同桌人没有过错。但饮酒后，由其中的邓某陪同宋某某回到邓某位于绵阳高新区的家里，宋某某死于第二天早上，这一夜是否存在对醉酒的宋某某疏于照顾和未及时救助的过失，则需要调查分析，媒体对此报道不详。笔者认为，调解纠纷的民警应当对事实进行调查，明确当事人是否有过错，过错是承担民事赔偿责任的关键因素，不可因有人死亡就一定要同桌人承担责任。如果同桌饮酒者存在疏于照顾和及时救助的过错，则需要同桌人对死者亲属适当承担赔偿责任；如果同桌人没有过错，其可以自由决定是否给予死者家属抚慰金。应当注意的是，抚慰金不同于赔偿金，是自愿支付的，支付人本不承担民事赔偿的法律责任。这样的民事纠纷，如果调解不成功，或者调解协议达成后又不履行，办案民警应当告知当事人双方去法院诉讼解决。

第六节　财产损害赔偿纠纷警情处置中的疑难问题及案例分析

一、财产损害及其种类

财产损害，是指侵权行为侵害他人的财产权，造成财产的使用价值和价值贬损、减少或者完全丧失，或者破坏了财产权人对其财产的支配关系，导致财产权人的财产价值减少和可得的财产利益丧失，使财产权人的财产利益受到损失。

作为财产权客体的财产，不仅包括有形的物，以及无形的网络虚拟财产，还包括物权、债权、知识产权中的财产利益等财产权利。财产损害，不仅包括对物的破坏，也包括对上述财产权利的侵害。比如，未经许可在自己生产的产品上标

① 《四川男子五一假期酒醉身亡 7 名共饮者赔偿家属 65 万》，网易新闻，https://news.163.com/20/0508/17/FC4E39RF0001875P.html#f=post1603_tab_news，2020 年 5 月 8 日访问。

注某知名企业的驰名商标标识，就属于假冒他人商标的侵犯商标权的行为，这种行为不仅会减少该驰名商标的市场占有率，也会对商标权人的财产利益和商标信誉造成损害。

侵害他人人身权益造成财产损失的，根据《民法典》第一千一百八十二条的规定，按照被侵权人因此受到的损失或者侵权人因此获得的利益赔偿；被侵权人因此受到的损失以及侵权人因此获得的利益难以确定，被侵权人和侵权人就赔偿数额协商不一致，向人民法院提起诉讼的，由人民法院根据实际情况确定赔偿数额。

损害他人财产的行为人，要承担相应的民事责任，以弥补受害人的财产损失。根据《民法典》第一百七十九条的规定，承担财产损害的民事责任的方式主要有：（1）停止侵害；（2）排除妨碍；（3）消除危险；（4）返还财产；（5）恢复原状；（6）修理、重作、更换；（7）继续履行；（8）赔偿损失；（9）支付违约金。承担民事责任的方式，可以单独适用，也可以合并适用。前两种责任形式适用于正在发生的财产损害。比如，有人每天晚上都在居民楼旁边的空地上跳舞，并用大音量的音箱播放伴舞的音乐，产生的噪音影响周围居民的正常生活。第三种责任形式适用于可能发生的财产损害。比如，某公司在居民住宅楼的一层设置加油站，楼内的居民可以要求该公司撤走该加油站，以免发生爆炸的危险。第四种责任形式适用于侵占他人财产的损害行为。第五、六种责任形式适用于损坏他人财产且财产可以通过修理等方式恢复。第七种和第九种责任形式适用于合同违约给对方当事人造成的财产损害。第八种责任形式，既可以单独适用于所有财产损害且无法采取前述八种责任方式弥补的情形，也可以和前述八种责任方式合并适用。

财产损害主要有下列三种：

1. 侵占财产

侵占财产，是对他人财产的非法占有，使财产权利人对财产丧失占有甚至丧失所有权。以抢劫、抢夺、盗窃的方式侵占他人财产，属于刑事犯罪。也有一些侵占财产的行为，不构成犯罪，属于民事侵权。比如，房屋租赁人在租赁合同到期后，既不与房主签约续租，也不搬走且不交房租的侵占房屋行为。又如，前文提到过的“瓜农追偷瓜者致其擦伤反赔 300 元”事件中的偷瓜行为。

2. 损坏财产

损坏财产，是对他人的财产进行损毁，使财产的使用价值和价值减少甚至完全丧失。比如，停车造成车辆剐蹭、房屋租赁人将房主的家具或者家用电器毁坏。损坏财产，加害人应当承担赔偿受害人财产损失的责任。实践中，车辆剐蹭发生的纠纷，在交通事故纠纷和居民小区停车纠纷中数量较多。

损坏财产类纠纷的焦点和难点往往是赔偿数额的确定。例如，曾在网络上引起关注的出租车司机撞路灯杆后被索赔近万元的事件。

2012 年 11 月 25 日清晨，西安一位出租车司机赵师傅在驾车沿长乐路由西向东行驶至长乐坡附近，突然对面的一辆大车打着远光灯过来，赵师傅的眼睛被闪了一下，撞上绿化带，紧跟着撞上了一根路灯杆停了下来。赵师傅说，车辆仅仅是前保险杠撞变形了，路灯杆几乎完好无损。考虑到修车保险问题，他报了警，但没想到车被暂扣。“你撞了路灯杆，需要市政公用局城市照明管理处来评估一下赔偿费用，才能放你的车。”交警这样答复他。11 月 26 日，赵师傅一大早来到城市照明管理处，“对方仅仅是看了我手机拍的现场照片，问了一下情况就让我赔 9660 元。”记者在事故地点看到，被撞的双臂路灯杆并没有明显倾斜，根基和路灯杆柱体完好，其中距离地面约 8 米高处的一盏灯已不知去向。赵师傅称，丢失的路灯和他驾车撞击灯杆并无关系，“我要是能把这路灯震下来，那要多大的劲呀，出租车早报废了。”他出示的事故现场照片上，撞上路灯杆的车辆仅保险杠变形，但没有路灯掉落在地面上的画面。记者联系到处警的灞桥交警大队民警。“因当晚处警较多，照相机没电了，让肇事司机拍了照片并要求他保存好。”民警说，“现场有一盏路灯掉落在慢行道上，但现在没有现场照片说不清了。”城市照明管理处一名自称去查看过现场的工作人员也没有现场拍照。“按规定是要有照片的，但这次没照。”该工作人员说，“现场的路灯杆上缺失了一盏路灯，地面上没见到脱落的路灯。”城市照明管理处设置管理科一名自称姓彭的科长向记者证实了赵师傅所说的 9660 元索赔，“是按照《交通事故损坏路灯设施赔偿标准》算的，只是一个标准。”赔偿标准中这样写着：“一套灯具 2600 元，附件 700 元，单件材料上浮费用［（2600 元+700 元）×20%］660 元，事故勘察车 600 元，工程车 800 元，吊车 800 元，人工（50 元/天×10）= 500 元，市政道路占用办证 1000 元，罚款 2000 元，共计 9660 元。”“这个赔偿没有在物价局备案，不同的路灯价格不同，没办法具体备案，也没那必要。”彭科长说，灯具就是路灯罩的价格，附件为灯泡、整流器、触发器等一些配件的价格。事故勘察车是去事故现场所需的车费。安路灯还需要升降机等工程车。此外路灯杆损坏了还需要吊车将路灯杆移走，以及开挖时需要办理市政道路占用证。“损坏了路灯肯定要赔，我们毕竟是受害方。9660元只是标准价格，我们和赵师傅协商让他赔8000元，他嫌贵。后来又让他写了困难申请给他减免到5000元。”彭科长说。赵师傅对此却不赞同：“别的费用我不懂，但我又不是故意损坏，而且主动联系赔偿怎么还要交2000元罚款？事故勘察车600元，难道你们开车去一趟现场就要600元?”据记者了解，这盏丢失的路灯为飞利浦400W高压钠灯。“双臂路灯用飞利浦高压钠灯，灯具价格稍贵，如果用最好的并且是国家专利材质价格在500元。其次附件灯泡、整流器、触发器、电容等一些配件用好的也就400元。一套路灯按市场价算下来不足1000元，这都算是比较好的路灯了。”记者咨询了本省、外省多家生产路灯的企业，他们均这样表示：“按设置管理科算的，一套双臂路灯光灯的价格就高达3960元，一个城市光安装路灯的钱就轻轻松松上亿了。这灯又不是金子做的。”①

此事件中，路灯的最后赔偿数额，媒体后续没有再报道。但就此事件可以看出，出租车撞路灯柱造成的实际损失，出警的交警要求市政公用局城市照明管理处评估赔偿费用，是正确的；但没有现场拍照取证，仅让出租车司机自己用手机对现场拍照，则存在工作失误，导致对一盏路灯的缺失是否为撞车造成，因缺乏证据而难以判定。市政公用局城市照明管理处自定的赔偿标准，没有在物价局备案，是否明显高出市场价格，还有待物价局确认。此事件中的路灯及附属设备、安装工费，标准是否合理、是否符合物品的市场价值，也应当请求物价局裁量，以确定具体赔偿数额。

3. 财产利益的损害

财产利益的损害，包括对他人的物权、债权、知识产权等财产权中的财产利益的损害。对知识产权之类的无形财产的损害，会给受害人带来财产利益损失，盗版给著作权人造成财产利益损失，仿冒他人商标给商标权人造成财产利益损失，甚至还影响其商业信誉。我国《民法典》第一千一百八十五条规定：“故意侵害他人知识产权，情节严重的，被侵权人有权请求相应的惩罚性赔偿。”如果适用惩罚性赔偿，赔偿的范围就可以超出受害人的实际损失的范围，法律这样规定，是为了惩罚故意侵害他人知识产权且情节严重的行为，对这样的侵权行为加重处罚。

需要注意的是，对知识产权的侵害，有些情节严重的，属于公安机关立案侦

① 谢涛：《出租车司机撞路灯杆后被索赔近万元》，邢台网，http：//www.xtrb.cn/sh/2012-12/02/content_388934.htm。

查的经济犯罪；有些不构成犯罪的，属于民事侵权，是应由人民法院审理的民事纠纷。在侵犯知识产权的民事侵权行为中，有些还可以由知识产权主管机关予以行政处罚，但公安机关无权予以行政处罚。实践中，有的基层民警对知识产权的侵害行为的性质和法律责任追究存在错误处置。例如，某派出所自2013年以来，接到多名市民的举报，该市黄鸣巷北口刘某书店经常销售“地下印刷厂”印刷的盗版书。所印刷的盗版书主要是中小学教辅资料，刘某提供印刷书目，印刷厂印刷供货。刘某书店所在的街巷有黄鸣小学和黄鸣中学，两所学校有学生近万名，很多学生和家长在刘某的书店购买这些盗版的教辅资料。举报人在举报中说，刘某的非法营利最少已有10万元。2016年年底，片警小王为提高工作绩效，想起了这件盗版书的举报。他把刘某传唤到派出所，让刘某交了3000元罚款了事。① 盗版他人图书，侵犯了图书作品的作者的著作权，也侵犯了作者授权出版的出版社的利益，属于财产利益损害。在这件事情中，公安机关在接到举报后，应当对刘某的行为进行调查，了解其印刷和销售盗版书的具体情节和数额，如果已涉嫌侵犯著作权罪，应当立案侦查，追究刘某的刑事责任，不能仅罚款了事。刘某的行为是否达到刑事立案追诉标准，应当按照相关法律规定判断。最高人民检察院、公安部《关于公安机关管辖的刑事案件立案追诉标准的规定（一）》第二十六条规定，以营利为目的，未经著作权人许可，复制发行其文字作品、音乐及其他作品，或者出版他人享有专有出版权的图书等，涉嫌下列情形之一的，应予立案追诉：违法所得数额3万元以上的；非法经营数额5万元以上的；未经著作权人许可，复制发行其文字作品、音乐及其他作品，复制品数量合计500张（份）以上的。该规定第十四条还规定，多次实施侵犯知识产权的行为，未经行政处理或者刑事处罚的，非法经营数额、违法所得数额或者销售金额累计计算。在这个案件中，群众举报刘某的违法获利至少10万元，如果在调查后发现刘某的非法获利超过3万元的刑事立案数额，已涉嫌犯罪，公安机关应当立案侦查，追究刘某的刑事责任；如果立案侦查后发现刘某的非法获利数额低于3万元，行为尚不构成犯罪，刘某的行为属于民事侵权，可以由著作权人对其主张侵权损害民事赔偿。对于侵犯著作权的行为，也可以按照《著作权法》的规定，由著作权行政主管部门——版权局对其给予行政处罚，但法律并未授予公安机关对侵犯著作权的行为的行政处罚权。按照《著作权法》第五十三条和《著作权法实施

---

① 张玉鹏、张一星、霍剑、袁志坚编著：《警察常见100例执法错误》，法律出版社2018年版，第101页。

条例》第三十六、三十七条的规定，侵犯著作权行为较重，同时损害公共利益的，应由版权局作为行政案件查处。版权局应没收侵权复制品，对非法经营额5万元以上的侵权人，处非法经营额1倍以上、5倍以下的罚款；没有非法经营额或者非法经营额在5万元以下的，根据情节的轻重，可处25万元以下的罚款。违法情节严重的，版权局还可以没收主要用于制作侵权制品的材料、工具、设备等。

二、财产损害的赔偿范围及其确定

财产损害的赔偿范围，一般应当是全部财产损失的范围，以客观的财产、财产利益所损失的价值为财产损害的赔偿范围客观标准，损失多少，赔偿多少。损害赔偿的目的，就是要补偿被侵权人的财产损失。对侵害他人知识产权的，《民法典》特别规定了惩罚性赔偿。《民法典》第一千一百八十五条规定："故意侵害他人知识产权，情节严重的，被侵权人有权请求相应的惩罚性赔偿。"惩罚性赔偿，是超出受害人的损失的，这样的赔偿，目的是惩罚侵权人。

一般情况，财产损害赔偿的数额，按照《民法典》第一千一百八十四条的规定，财产损失按照损失发生时的市场价格或者其他合理方式计算。

财产损害发生后，当事人可以协商赔偿费用的支付方式。按照《民法典》第一千一百八十七条的规定，协商不一致的，赔偿费用应当一次性支付；一次性支付确有困难的，可以分期支付，但是被侵权人有权请求提供相应的担保。

如果被侵权人的损失难以确定，或者侵害他人人身权益造成财产损失的，根据《民法典》第一千一百八十二条的规定，按照被侵权人因此受到的损失或者侵权人因此获得的利益赔偿；被侵权人因此受到的损失以及侵权人因此获得的利益难以确定，被侵权人和侵权人就赔偿数额协商不一致，向人民法院提起诉讼的，由人民法院根据实际情况确定赔偿数额。在损害赔偿纠纷调解中，被侵权人和侵权人就赔偿数额协商不一致，调解财产损害赔偿纠纷的公安民警可以告知当事人向人民法院提起诉讼，由人民法院根据实际情况确定赔偿数额。

因防止、制止他人民事权益被侵害而使自己受到损害的，根据《民法典》第一百八十三条规定，因保护他人民事权益使自己受到损害的，由侵权人承担民事责任，受益人可以给予适当补偿。没有侵权人、侵权人逃逸或者无力承担民事责任，受害人请求补偿的，受益人应当给予适当补偿。

受害人和行为人对损害的发生都没有过错的，根据《民法典》第一千一百八十六条规定，受害人和行为人对损害的发生都没有过错的，依照法律的规定由双方分担损失。例如，甲在一天早晨把他的一盆名贵兰花搬到院内葡萄藤下，后外出上班。中午突然开始下雨，同院的邻居退休老人乙，知道兰花不能淋雨，就把这盆花往屋檐下搬，不料因其年老体衰，搬运途中摔倒，不仅将花摔断了枝丫，自己还摔伤了腿，幸好没有骨折，仅受皮外伤。在这个例子中，甲乙双方均无过错，甲的财产损失和乙的医药费，可以根据实际情况自行负担。在司法实践中，当事人双方均无过错而确定损失公平分担时，要考虑受害人的损害程度和当事人双方的经济状况，可以确定损失由双方平均承担，也可以由经济状况好的一方多承担。上面的事例中，确定损失承担要考虑如下因素：一是双方的经济状况。甲有稳定且收入较高的工作，乙是退休老人，甲的经济状况明显好于乙。二是考虑损害程度。乙的伤情不严重，花费不多。甲的兰花较名贵，被摔折了花枝，花的价值贬损较大，财产损失比甲的医药费高。因而可以确定，甲的财产损失和乙的医药费自行承担。民警调解这类纠纷时，对于双方均无过错的情况，要根据《民法典》第一千一百八十六条的规定，适用公平分担原则确定双方对损失的分担。调解时一定要把法律规定和道理说清楚，争取双方的谅解，达成一致意见。如果调解不成，应告知双方去人民法院诉讼解决。

第七节　精神损害赔偿

精神损害赔偿，是在人身损害赔偿纠纷和具有人身意义的特定物的损害赔偿纠纷中适用的一种民事责任。在人民法院审理的人身损害赔偿纠纷和具有人身意义的特定物的损害赔偿纠纷案件中，对造成他人严重精神损害的侵权人，在受害人的请求下，可以裁决侵权人承担精神损害赔偿。

自从1986年颁布的《民法通则》确立了精神损害赔偿制度，此项制度在三十多年的司法实践中适用，已经成为人民群众较熟悉的法律概念。《民法典》第一千一百八十三条规定："侵害自然人人身权益造成严重精神损害的，被侵权人有权请求精神损害赔偿。因故意或者重大过失侵害自然人具有人身意义的特定物造成严重精神损害的，被侵权人有权请求精神损害赔偿。"民警在调解人身损害赔偿纠纷时，也有不少当事人会提出此项赔偿要求。如经过调解，当事人双方对损害赔偿包括精神损害赔偿不能够达成一致意见，可以告知其去人民法院通过诉讼解决纠纷。

一、精神损害赔偿制度的意义和作用

精神损害赔偿制度的意义和作用，主要有以下两个方面：

（一）对受害人给予财产赔偿方式的救济

自然人因人身权利被侵犯，遭受精神痛苦，要求侵权人支付一定的金额作为对其精神损害的抚慰，这样的做法，可以弥补受害人的精神损害。虽然人的精神损害无法准确地用金钱计算，不像财产损失那样可以照价赔偿，但考量受害人的精神痛苦和侵权人的过错程度所确定的精神损害赔偿，可以起到抚慰受害人精神的作用。因此，包括我国在内，世界各国民法均确立了精神损害赔偿制度。

（二）对侵权人予以财产惩罚

精神损害赔偿制度主要的作用是抚慰受害人的精神，其附带作用是对侵权人予以财产惩罚。对侵犯他人人身权利但没有造成财产损失的行为，如果一律仅适用停止侵害、恢复名誉、消除影响、赔礼道歉这样的民事法律责任形式，很可能对侵权人没有震慑力，而要求侵权人向受害人支付精神损害赔偿金，可以对侵权人起到惩罚作用。

二、精神损害赔偿的适用范围

1986 年颁布的《民法通则》第一百二十条规定，侵犯公民的姓名权、肖像权、名誉权、荣誉权，可以适用精神损害赔偿。2009 年颁布、2010 年实施的《侵权责任法》，将精神损害赔偿制度的适用扩大为适用于所有人身权益被严重侵害的情形。《侵权责任法》第二十二条规定：“侵害他人人身权益，造成他人严重精神损害的，被侵权人可以请求精神损害赔偿。”2021 年 1 月 1 日起施行《民法典》，根据其第一千一百八十三条规定，精神损害赔偿制度适用于，侵害自然人人身权益造成严重精神损害的和因故意或者重大过失侵害自然人具有人身意义的特定物造成严重精神损害的情形。

精神损害赔偿制度虽然可以适用于侵害自然人人身权益的情形，但在人民法院的司法实践中，对精神损害赔偿的适用是较为严格的，一般仅对造成严重精神损害的，才适用精神损害赔偿，对受害人予以救济。

具有人身意义的特定物如果被他人损毁，也会对当事人造成精神损害，依据《民法典》可以适用精神损害赔偿。一位在 1976 年唐山地震中幸存的孤儿，数年后，将辛苦找到的、父母留存在结婚登记档案中的唯一一张照片借出来，交给某照相馆翻拍复制，但该照片却被该照相馆遗失，造成其父母再无照片存于人世供后代缅怀。这个地震孤儿起诉该照相馆赔偿精神损害，却因为当时的《民法通则》中没有相应的法律规定可以适用而败诉。为纠正这种情况，2001 年最高人民法院的司法解释和 2010 年实施的《侵权责任法》将精神损害赔偿制度的适用扩大到具有人身意义的特定物。《民法典》第一千一百八十三条也明确规定了因故意或者重大过失侵害自然人具有人身意义的特定物造成严重精神损害的，被侵权人有权请求精神损害赔偿。

三、精神损害赔偿数额的确定

人的精神痛苦是很难准确换算为金钱的，司法实践中，人民法院在审理人身损害赔偿案件过程中，对于当事人提出的精神损害赔偿的请求，在确定赔偿数额时，于法官自由裁量原则的基础上，也考量一些具体因素，例如，被侵害的权利类型、受害人的身份地位和精神痛苦状况、侵权人的经济能力、当地经济发展水平和人均收入等。

第三章　户籍登记和家庭纠纷警情处置中的疑难问题及案例分析

基层公安机关接警的家庭纠纷，既包括夫妻间的纠纷，主要是家庭暴力纠纷，也包括家庭成员间因财产继承、分家析产、孩子抚养、老人赡养等方面的问题引发的纠纷，也有一些姓名登记和变更的纠纷，当事人甚至将公安机关诉至法院。本章针对公安民警办理户籍登记和调解家庭纠纷中的一些疑难问题与典型案例进行分析研究。

第一节　户籍登记中的疑难问题及案例分析

我国《民法典》对于公民的姓名、亲属关系、住所等有具体明确的规定，今后，公安机关办理户籍登记工作，不仅有法可依，而且需要贯彻执行我国《民法典》的相关规定。因篇幅有限，本节在此仅具体分析公安机关在户籍登记中的姓名登记和变更中的疑难问题。

一、公民姓氏登记中的疑难问题及案例分析

《民法典》颁布以前，我国公安机关在办理公民的户籍登记工作中，曾经遇到公民随意给新生儿登记父母姓氏之外的姓氏的问题，有些人在被派出所拒绝登记后，还将公安机关起诉到法院。例如，家住北京市海淀区的黄女士于 2003 年 4 月 1 日、2 日、6 月 6 日多次携带齐备的证件，到北京市公安局海淀分局大钟寺派出所为其新生儿登记户口。大钟寺派出所及海淀分局依据北京市公安局有关规定，三次拒绝了黄女士的请求。拒绝理由是新生儿的父亲姓肖、母亲姓黄，而新生儿的母亲在给孩子注册户口时却提出要把新生儿的姓氏注册成“第三姓”——“萧”。黄女士认为，其新生儿享有姓名权，作为新生儿的监护人，其

有权决定新生儿的姓名，于是诉请人民法院判决被告大钟寺派出所履行法定职责，为其新生儿“萧清扬”进行户口登记。[1] 又如，济南市民吕某给女儿起了一个既不随父姓也不随母姓的诗意名字——“北雁云依”。在办理户口登记时，当地公安派出所认为，姓名“北雁云依”不符合办理户口登记条件，拒绝登记。2009年12月17日，吕某以被监护人“北雁云依”的名义，向济南市历下区人民法院提起行政诉讼。诉讼过程中，吕某与公安机关各执一词。吕某坚持认为：《民法通则》规定，公民享有姓名权、有权改变自己的姓名，自我命名是自然人的权利，任何人不可以干涉。而《婚姻法》中规定的“子女可以随父姓，可以随母姓”，是对男女平等的表达，而不是必须随父姓或随母姓。按照“法无禁止即可为”的原则，“北雁云依”的名字应予认可。而公安部门则认为，《民法通则》并未作出详细具体的规定，而作为特别法的《婚姻法》，其中明确规定“子女可以随父姓，可以随母姓”，没有规定可以随第三姓。这一争议，由地方法院提交至最高人民法院，其后又提交至全国人大常委会。经全国人民代表大会常务委员会研究后，最终明确意见：仅凭个人喜好和愿望，在父姓、母姓之外选取其他姓氏或创设新的姓氏，不属于《全国人民代表大会常务委员会关于〈中华人民共和国民法通则〉第九十九条第一款、〈中华人民共和国婚姻法〉第二十二条的解释》第二款第三项规定的“有不违反公序良俗的其他正当理由”。“北雁云依”诉济南市公安局历下区分局燕山派出所公安行政登记案被中止5年后，于2015年4月24日由山东省济南市历下区人民法院作出一审判决，驳回原告“北雁云依”要求办理户口登记的诉讼请求。[2]

现在，我国《民法典》对于公民的姓氏的选择，作出了明确的规范。《民法典》第一千零一十五条规定：“自然人应当随父姓或者母姓，但是有下列情形之一的，可以在父姓和母姓之外选取姓氏：（一）选取其他直系长辈血亲的姓氏；（二）因由法定扶养人以外的人扶养而选取扶养人姓氏；（三）有不违背公序良俗的其他正当理由。少数民族自然人的姓氏可以遵从本民族的文化传统和风俗习惯。”按照《民法典》的规定，公民出生后到公安机关申请办理出生登记，新生儿的姓氏，在通常情况下，应当随父姓或者母姓；但法律也许可公民选择其他直系长辈血亲的姓氏，如选择祖母或者选择外祖父母（母亲的父亲或者母亲）的姓氏；未成

① 李罡、郭自东：《不批新生儿姓“第三姓”家长告上法庭》，《北京青年报》2003年6月14日。

② 《济南市民给女儿起名“北雁云依”被拒，最高法列入指导性案例：取名不能任性!》，央视新闻，https：//www.jfdaily.com/news/detail? id=72142，2017年11月26日访问。

年人如果由直系长辈以外的人扶养，也可以选择扶养人的姓氏。未成年人被收养，可以选择收养人的姓氏。自然人姓氏的选择，要遵从本民族的文化传统和风俗习惯，不可以凭个人喜好，在直系长辈血亲之外选取其他姓氏或创设新的姓氏。

姓氏是家族和血缘关系的标识，因此，不仅我国，许多国家如日本、德国、法国等都在立法中明确将子女姓氏限定在父姓、母姓或者父母双方姓氏的范围内。例如，《德国民法典》第1616条规定："子女获得其父母的婚姻姓氏，以作为出生姓氏"。《日本户籍法》第18条规定："子女只能使用父或母的姓氏。"这些国家立法中关于姓氏的设定都体现了姓氏是家族和血缘关系的标识，姓氏的传承有利于尊重和保护本国、本民族的良好习俗。在我国现阶段，姓氏的传承对增强中华民族的凝聚力，弘扬中华民族的传统文化具有重要意义。同时，姓氏体现了父母子女间的血缘家族的联系，有利于人口的优生，也体现了社会主义男女平等的原则。在相当长的历史时期内，这样的用姓制度符合我国民族和文化的特点。今后，公安机关再遇到要求登记姓名为"北雁云依""萧清扬""上官一剑"之类的，可以依据《民法典》第一千零一十五条的规定明确予以拒绝，并要求公民依法选择其直系长辈血亲的姓氏；被直系长辈血亲以外的人扶养的，才可以选择扶养人、收养人的姓氏。

二、公民起名的纠纷及典型案例分析

在《民法典》颁布以前，对于公民起名字，法律没有明确具体的规范，以致在户籍登记中，有些怪异的名字也被登记在户籍中。例如，江西律师赵某的儿子出生后登记姓名为"赵C"，这个名字使用了20多年后，2006年8月，赵C到鹰潭市公安局月湖分局江边派出所换发第二代身份证时，民警才告诉他要改名。尔后，鹰潭市公安局月湖分局户籍科也告之，"赵C"录入不了公安部户籍网序。为了捍卫自己的姓名权，2008年1月，赵C将鹰潭市公安局月湖分局告上法庭。2008年6月6日，鹰潭市月湖区人民法院对此案作出一审判决，赵C胜诉。鹰潭市公安局月湖分局于2008年6月提起上诉。在法院的反复协调下，当事双方在庭外都表示愿意妥协，双方最后达成和解。法院对"赵C姓名权"官司当庭作出二审裁定，裁定撤销鹰潭市月湖区人民法院一审判决；赵C将用规范汉字更改名字，鹰潭市公安局月湖分局免费为赵C办理更名手续。①

---

① 《"赵C"姓名权官司二审判决要求更改名字》，新浪新闻，http：//news. sina. com. cn/c/2009-02-26/235717296299. shtml，2009年2月27日访问。

这个案件的审理，当年的确无法可依，法院采取调解的方式，让赵C同意改名，较好地解决了纠纷。随着《民法典》的颁布和施行，今后，公民起名必须符合法律规范，遵守公序良俗，使用规范的文字。《民法典》第一千零一十二条规定：“自然人享有姓名权，有权依法决定、使用、变更或者许可他人使用自己的姓名，但是不得违背公序良俗。”依照这项规定，公民有姓名权，有权依法决定、使用、变更自己的姓名，但公民起名字，名字的确定、用字，不得侵害公共秩序、社会公共利益和善良风俗。汉民族的公民起名字，必须遵守习俗，使用规范汉字，不使用字母、拼音及其他民族的文字，避免使用通用字库中没有收录的冷僻字；并且，名字一般不可超过两个汉字、加上姓氏不得超过四个汉字。人类已进入信息社会，信息社会很重要的一个特征就是各项事物规范化，这也需要现代汉字更加规范和标准，以便在生产、生活、教育、管理中获得最大效益。任何一种成熟的语言，都要有一系列的规范和标准作为支撑，以保证其规范化、标准化以及权威性。虽然起名是每个人的自由和权利，并以此表明自己的气质特点，但是姓名有其更重要的作用，那就是在社会中使用，代表个人身份，发挥它的交际功能。如果姓名用字毫无限制，大量使用自造字、数字、字母、冷僻字，就会给我们的社会管理带来诸多不便，这也和信息社会简捷、便利的特征不符，成为信息化的瓶颈，也容易造成人力、物力、财力的浪费。

三、公民更改姓名的纠纷及典型案例分析

在《民法典》颁布以前，对于公民更改姓名，缺乏全国统一的具体法律规范。2004年9月，上海市民徐某到上海市公安局浦东分局上钢新村派出所，申请在自己的户口本上添加一个曾用名——柴岗龙清（因其父亲是日本人）。他的妻子王徐英向上海市公安局浦东分局上钢新村派出所递交了改名申请，要求从夫姓，改名为“柴岗英子”。两个月后，派出所依据《上海市户口管理暂行规定》，驳回了王徐英的申请。王徐英随即将上钢新村派出所告上法庭，理由是派出所行政不作为，干涉和侵犯了她的姓名权。在12月6日的法院庭审中，王徐英说，《民法通则》第99条明确规定公民享有姓名权，有权决定、使用和依照规定改变自己的姓名，禁止他人干涉。对于派出所依据的《上海市户口管理暂行规定》，王徐英认为，《上海市户口管理暂行规定》及其实施意见是地方性法规，与国家的《民法通则》及《户口登记条例》在相关规定上有冲突。《民法通则》并未明确限制公民更改姓名的条件；而《上海市户口管理暂行规定》及《实施意见》

却规定，只有符合“姓名登记时错误，同名过多，姓名谐音有损人格等特殊情况”时才予更改。经过审理，浦东新区法院判决认为，派出所依法享有对其辖区内居民更改姓名作出决定的法定职权；公民依法享有姓名权，但姓名的更改必须符合本市的户籍政策和户口登记机关的相关规定。判决指出，王徐英以“柴岗家唯一的儿媳”作为更名的依据，不符合上海市相关规定；且王徐英认为本名谐音有损人格，是封建迷信，更不符合规定。另外，公民随意更改姓名，将对稳定的社会秩序造成不良影响，因此，驳回王徐英的诉讼请求。①

在这个案件中，法院的判决当时依据的是《上海市户口管理暂行规定》以及《关于执行〈上海市户口管理暂行规定〉的实施意见》，这两个文件是上海市公安机关系统内部的规范性文件。该文件是上海市公安机关的执法依据，但并不是法院审理案件的依据。法院在其所作的行政判决中可以援引规范性文件来解释自己所作的裁决，但并不必然需要依据它。而且，如果类似的案件发生在没有规范公民更改姓名的地方法规的地方，公安机关和法院处理公民更改姓名的申请，就缺乏具体明确的法律依据。

《民法典》的颁布和施行，对公民变更姓名作出明确的规范。《民法典》第一千零一十二条规定：“自然人享有姓名权，有权依法决定、使用、变更或者许可他人使用自己的姓名，但是不得违背公序良俗。”第一千零一十五条规定：“自然人应当随父姓或者母姓，但是有下列情形之一的，可以在父姓和母姓之外选取姓氏：（一）选取其他直系长辈血亲的姓氏；（二）因由法定扶养人以外的人扶养而选取扶养人姓氏；（三）有不违背公序良俗的其他正当理由。少数民族自然人的姓氏可以遵从本民族的文化传统和风俗习惯。”依照《民法典》的上述规定，公民有姓名权，有权依法决定、使用、变更自己的姓名，但公民变更姓名，不得违背公序良俗。再出现类似要求改名“柴岗英子”从夫姓的申请，或者为逃避债务、迷信改名可改命运等原因的改名申请，公安机关就可以明确以违背公序良俗为由予以拒绝。我国 1950 年颁布的《婚姻法》明确规定，妇女结婚后不再必须从夫姓，改变了流行数千年的旧习俗。《民法典》第一千零五十六条也规定：“夫妻双方都有各自使用自己姓名的权利。”在社会主义新中国，男女平等，妇女在结婚以后继续使用自己出生登记时的姓名，已经成为现在的习俗。虽然在我国港澳台地区仍然保留妇女婚后从夫姓的习俗，但这只适用于当地范围

---

① 《上海女子改日本名字风波想改日本名就是汉奸?》，国际在线新闻中心 2004 年 12 月 24 日报道，http：//news. cri. cn/gb/3821/2004/12/24/143@401743. htm，2020 年 1 月 9 日访问。

内，且我国实行一国两制，港澳特区的公民适用特区的法律。另外，按照《民法典》的相关规定，公民一般只可以选择自己直系长辈血亲的姓氏；未成年人被收养，包括继子女被继父或者继母收养的，经亲生父母同意，可以要求变更为收养人的姓氏、继父或者继母的姓氏。公安机关在办理姓名变更登记时，还需要注意，离婚后的一方，不可以在未经对方同意的情况下，单方变更未成年子女的姓名。子女成年后，有权自行决定选择父亲或者母亲的姓氏。

公民不改变姓氏，仅变更自己的名字，也必须符合法律的规定。在此引用一个《民法典》施行后的典型案例。家住辽宁省沈阳市和平区的刘某某，因喜欢丰田“霸道”汽车（现已更名为丰田“普拉多”），想要改名为“刘霸道”，但被当地派出所拒绝。于是该男子将派出所告上法庭。在这起纠纷中，刘某某向沈阳市沈河区人民法院起诉称，公民享有修改自己名字的权利，有权依法变更自己的姓名。公安机关认为，2013 年丰田“霸道”汽车因涉辱华广告，引起了中国网民的强烈不满，迫于舆论压力道歉并更名为丰田“普拉多”。原告采用自己喜欢的，但曾涉辱华问题的车名作为自己的名字，有悖公序良俗，因此不予改名。经审理，法院驳回了刘某某的诉讼请求。法院认为，《民法典》第一千零一十二条规定：“自然人享有姓名权，有权依法决定、使用、变更或者许可他人使用自己的姓名，但是不得违背公序良俗。”法律赋予公民使用、变更姓名的自由，但同时也对于该权利的行使作出限定。故姓名的变更权并非一种无限制的自由权，而是一种有限制的权利。法院指出，公民户籍登记制度的确立除了是自然人从事民事活动法律身份的确认，同时也是国家进行社会公共管理的手段。公民户籍姓名的变更特别是 18 岁以上成年人户籍登记姓名的变更会给社会管理带来诸多不便。考虑到户籍登记姓名的变更对社会公共秩序的影响，各级公安机关均出台了相关的规范性文件以规范户籍登记姓名的管理。辽宁省公安厅下发的《关于进一步严密户口登记管理工作的通知》第二项（五）规定：“成年人原则上不予变更姓名、民族、出生日期，确因公安机关登记错误等特殊原因需要变更的，需本人申请，出具有关证明，经派出所调查核实，县（市）、区公安机关审核，由市一级公安机关户政部门批准更正；受过刑事处罚的人员，一律不予变更姓名、出生日期。”根据上述规定，仅出于特殊原因或有正当理由的，行政机关才能对成年人的户籍登记姓名予以变更。本案中，原告申请变更户籍登记姓名为“刘霸道”的理由是：“霸道”系其喜欢的一款汽车的名称，变更后的姓名听起来更有气势。上述理由均不是需要变更户籍登记姓名的特殊原因或正当理由。如果人人都因个人喜好而变更户籍登记姓名，则会给社会公共管理带来巨大成本，亦会增加社会管理的风险性和不确定性。故被告依据上述规定对其变更姓名的请求不予准许并无不当。故判决驳回原告刘某某的诉讼请求。[①] 法院的判决，不仅符合《民法典》的有关规定，也符合当地行政法规的相关规定。公民变更姓名，不得违背公序良俗。刘某某自称改名的原因是“霸道”系其喜欢一款汽车的名称，但仅因个人喜好而变更户籍登记的姓名，是对权利的滥用；而且“霸道”一词有做事专横、以势压人的含义，用其作为人的名字，不符合善良风俗。

第二节 家庭暴力纠纷调解中的疑难问题及案例分析

一、家庭暴力的性质

（一）家庭暴力的现状

家庭暴力是世界范围内的社会公害。无论发达国家还是不发达国家，大约1/5到2/3的妇女一生中都遭遇过家暴侵害。据我国第三期妇女社会地位调查，2010年仅在24-60岁已婚妇女中，就有24.7%面临过配偶不同形式的家庭暴力。家庭暴力会造成生命危害，据最高人民法院2015年公布，近10%的故意杀人案件涉及家庭暴力。有记者通过网络检索发现，自2016年3月1日我国《反家庭暴力法》生效后至9月30日的214天中，经媒体报道的家暴致死女性案例为253例，平均每天1.18起。被家暴致死的女性和女童超过270人，其中还有被殃及的邻居、路人。[②] 据中国司法大数据研究院于2018年制作的一份有关离婚纠纷的专题报告中指出，在2016年至2017年的两年中，全国离婚纠纷涉及家暴的一审审结案件中，有91.43%的案件是男性对女性实施家暴。中国裁判文书网的公开数据显示，2016-2017年全国各级法院受理的家暴案件中，家庭琐事、酒后施暴、怀疑被家暴对象出轨和离婚，是家庭暴力最常见的直接导火索。14.86%的

① 《理由太奇葩！男子改名“刘霸道”不成，居然把派出所告了》，《西安日报》，https：//baijiahao.baidu.com/s？id=1703168976872250258&wfr=spider&for=pc，2021年6月28日访问。

② 《反家暴法实施一年记录》，网易公益，http：//gongyi.163.com/17/0302/15/CEHHOI4B00933KC8.html，2017年3月2日访问。

夫妻因家庭暴力向法院申请解除婚姻关系。①

2019年12月，在我国湖北省武汉市爆发新型冠状病毒（世界卫生组织正式将其命名为2019-nCoV）疫情，导致人们被迫减少外出，甚至居家隔离。由于居家时间长，导致家庭成员间的纠纷增加，其中家庭暴力纠纷也相应增加很多。有媒体报道，湖北省监利县的公安派出所仅在2020年2月就收到162起家庭暴力相关报警，上年同月仅为47起；湖北省潜江市2020年2月家暴报警83起，是上年同期的两倍。国外也存在同样的情况。在黎巴嫩和马来西亚，疫情期间遭受家暴女性的求助电话，比2019年同期增加了1倍。澳大利亚一搜索引擎公司表示，检索“遭遇家暴如何求助”的妇女数量正在激增。英国内政大臣曾在2020年4月的一次会议上透露：过去24小时，英国家暴求助热线接到的电话数增长了120%。2020年4月5日，联合国秘书长古特雷斯发表声明，封锁和隔离引发了恐惧和压力，“几乎所有国家”都亟须关注持续增长的家暴案情。②

（二）家庭暴力的定义和性质

家庭暴力，是指家庭成员之间以殴打、捆绑、残害、限制人身自由以及经常性谩骂、恐吓等方式实施的身体、精神等侵害行为。

2008年全国妇联等七部门联合制定的《关于预防和制止家庭暴力的若干意见》第一条将“家庭暴力”定义为：“行为人以殴打、捆绑、残害、强行限制人身自由或者其他手段，给其家庭成员的身体、精神等方面造成一定伤害后果的行为。”

2015年颁布的《中华人民共和国反家庭暴力法》第二条规定：“本法所称家庭暴力，是指家庭成员之间以殴打、捆绑、残害、限制人身自由以及经常性谩骂、恐吓等方式实施的身体、精神等侵害行为。”

从上述定义，可以得出这样的结论：家庭暴力是发生在家庭成员之间的暴力侵害行为；家庭暴力严重侵犯了公民的人身权利，是违法行为，绝不是个人或者家庭的私事；家庭暴力中的大多数行为属于民事侵权，少数严重的，则构成刑事犯罪。

从性质上说，除极少数构成犯罪的，大多数家庭暴力属于民事侵权行为，虽

---

① 《司法大数据专题报告之离婚纠纷》，司法大数据研究院，2018年3月，http：//data. court. gov. cn/pages/reportshow. htm，2020年7月15日访问。

② 《打开“家”锁》，《中国青年报》2020年5月13日报道，https：//baijiahao. baidu. com/s？id=1666521217957211502&wfr=spider&for=pc，2020年7月15日访问。

然受害人可以直接请求人民法院裁决离婚和要求侵权人赔偿损失，但更为迅速和便利的是请求公安机关运用行政权力介入并制止。因而，家庭暴力是基层公安机关接警的民间纠纷中较常见的一类家庭纠纷。

二、家庭暴力的出警问题

（一）各地公安机关对家庭暴力的出警处置情况

家庭成员之间，尤其是夫妻之间，有家庭暴力发生的，许多人会报警求助。基层公安机关接警的家庭纠纷中，家庭暴力居多。

是否将家庭暴力案件纳入出警范围，在颁布《反家庭暴力法》以前，各地公安机关曾对此做法不一。

北京地区较长时间没有出台具体的实施规则，由此导致公安民警对家庭暴力是否出警认识混乱。不少公安民警认为这是“家务事”，不好干预；或者认为，如果接到举报出警后，人家两口子又和好了，警察岂不是多管闲事。北京市人大常委会审议《北京市实施〈中华人民共和国妇女权益保障法〉办法》，在修改稿中专门增加了一条新规定，即“公安机关应当将家庭暴力案件纳入出警工作范围，并按照有关规定对家庭暴力求助投诉及时进行处理”。2009 年 9 月 25 日，修订后的《北京市实施〈中华人民共和国妇女权益保障法〉办法》颁布，并于 2009 年 11 月 1 日起施行。该办法的第三十九条第一、二款明确规定：“居民委员会、村民委员会和有关单位对正在实施的家庭暴力应当及时予以制止，参与对家庭暴力的调解，并可以根据受害妇女的请求出具证明或者提供帮助。公安机关应当将家庭暴力报警纳入出警工作范围，并按照有关规定对家庭暴力求助投诉及时进行处理。”此后，北京公安机关将家庭暴力案件正式纳入出警工作范围，遭受家庭暴力的妇女可以向公安机关、居委会、各级民政机构等部门寻求救助。

也有一些地方的公安机关，在 2015 年《反家庭暴力法》颁布以前，即明确要求对家庭暴力纠纷正式受理和处置。据《西安日报》2008 年 9 月 7 日报道：早在 2004 年，西安市公安局 110 指挥中心已开始正式受理家庭暴力案件的报警、投诉等相关问题。截至 2008 年 9 月 7 日，110 指挥中心的统计数据显示，2008 年共接到家庭暴力报警数为 200 起。在这 200 起家庭暴力报警中，竟然有相当一部分是未成年人在亲眼目睹家庭暴力实施过程中向 110 报警。根据近 5 年来的接警情况来看，女方在家庭暴力中明显处于弱势地位，最令出警的民警感到心痛的是，在许多起家庭暴力报警中，报警人是家中的孩子，电话听筒里清晰可辨家庭暴力的严重程度，可见施暴人甚至丝毫不顾及未成年人的感受和承受能力，当着孩子的面实施家庭暴力。遇到此类情况，西安市公安局110指挥中心在通知出警单位地点的同时，还会特别提醒家庭暴力的严重程度和未成年人在场的情况，紧急时出警人员可采取破门而入的方式及时制止家庭暴力。

（二）公安机关出警处置家庭暴力的法律依据

在2015年颁布《反家庭暴力法》以前，2001年修订的《婚姻法》是公安机关出警处置家庭暴力的法律依据。该法第四十三条规定："实施家庭暴力或虐待家庭成员，受害人有权提出请求，居民委员会、村民委员会以及所在单位应当予以劝阻、调解。对正在实施的家庭暴力，受害人有权提出请求，居民委员会、村民委员会应当予以劝阻；公安机关应当予以制止。实施家庭暴力或虐待家庭成员，受害人提出请求的，公安机关应当依照治安管理处罚的法律规定予以行政处罚。"笔者当年曾为此特别撰文《浅议公安机关防治家庭暴力的职责》（详见《中国人民公安大学学报》2001年第6期）提出，依据《婚姻法》第四十三条的规定，公安机关依法负有防治家庭暴力的职责，公安机关接到家庭暴力的受害人的请求后，应当予以制止。对正在实施的家庭暴力，制止的首要措施就是必须出警，不出警如何制止？

许多地方的人大或者政府依据《婚姻法》《妇女权益保障法》等法律对此作出规定，遭受家庭暴力的妇女可以向公安机关、居委会、各级民政机构等部门寻求救助，公安机关将家庭暴力案件纳入出警工作范围。我国许多省市制定了防治家庭暴力的地方性法规文件，分别对"家庭暴力"进行了界定，明确了公安、司法、民政、卫生、法院、检察院等部门的反家庭暴力职责。

2005年9月28日，海南省第三届人民代表大会常务委员会第十九次会议通过《海南省预防和制止家庭暴力规定》，其第十条规定："公安机关受理对家庭暴力的控告、举报，应当记录，做好调查取证工作，并对家庭暴力行为人进行法制教育。对构成违反治安管理的行为，受害人请求处理的，应当依法给予治安管理处罚。对正在实施的家庭暴力，公安机关发现或者接到报警后，应当及时出警予以制止。"

2006年5月19日，重庆市人大常委会颁布《重庆市预防和制止家庭暴力条例》，其第八条规定："家庭暴力受害人所在单位或者基层自治组织对正在发生的家庭暴力行为，有劝阻、制止或者向公安部门报警的义务。公安部门对家庭暴力行为的报警应及时出警处置。对家庭暴力行为，有关单位或者组织接到投诉后应及时妥善处理，不得推诿。”

2006 年 11 月 15 日，温州市政府出台了《温州市预防和制止家庭暴力规定》，明确要求凡家庭暴力的受害者拨打 110，民警必须及时出警救助并做好调查取证工作。干预、制止家庭暴力被列入基层派出所社区民警工作考核内容。

2008 年 12 月 3 日，义乌市政府颁布《义乌市预防和制止家庭暴力实施意见》，其第十五条规定：“公安机关要进一步规范家庭暴力 110 的受理范围和处置程序，应当依法受理家庭暴力受害者的投诉，认真调查处理，不得以‘家庭纠纷’为由拒绝、推诿，接到家庭暴力报警后，应当迅速出警，及时制止，并做好出警记录和调查取证工作，必要时及时委托法医对受害人进行伤情鉴定。在各派出所、社区警务室设立家庭暴力投诉点，把社区民警干预家庭暴力工作列入警务工作考核内容。”

从 2009 年 3 月 8 日起，山东省的家庭暴力受害妇女可以通过拨打 110，向公安机关求助。这是《山东省实施〈中华人民共和国妇女权益保障法〉办法》的一项规定。

据 2009 年 2 月 5 日《东亚经贸新闻》报道，《长春市预防和制止家庭暴力条例》正式获得通过，自 2009 年 3 月 1 日起施行。该条例规定，公安机关应当将家庭暴力报警纳入 110 出警工作范围，构成犯罪的，依法立案侦查，做好调查取证工作，追究其刑事责任。此外，还增加了对符合法律援助条件的委托人申请司法鉴定的，司法鉴定机构应当按照司法鉴定法律援助的有关规定，减收或者免收司法鉴定费用等规定。2006 年，“长春市家庭暴力验伤中心”在长春市妇联、长春市司法局、长春市卫生局的联合运作下，在长春市中心医院正式挂牌，为受暴妇女提供受保护的有效证据。

除地方性法规有关于公安机关对家庭暴力出警的规定，国家层面在 2008 年也出台了全国性的法规。2008 年 7 月 31 日，全国妇联、中宣部、最高人民检察院、公安部、民政部、司法部、卫生部七部门联合印发《关于预防和制止家庭暴力的若干意见》。《关于预防和制止家庭暴力的若干意见》第八条明确规定：“公安机关应当设立家庭暴力案件投诉点，将家庭暴力报警纳入‘110’出警工作范围，并按照《‘110’接处警规则》的有关规定对家庭暴力求助投诉及时进行处理。公安机关对构成违反治安管理规定或构成刑事犯罪的，应当依法受理或立案，及时查处。公安机关受理家庭暴力案件后，应当及时依法组织对家庭暴力案件受害人的伤情进行鉴定，为正确处理案件提供依据。对家庭暴力案件，公安机关应当根据不同情况，依法及时作出处理……” 自七部门联合颁布上述意见之后，全国各地公安机关在接到家庭暴力的报警后，基本上都能够做到出警干预。

对于家庭暴力这样的违法行为，国家法律是明确予以干预和制止的。2001年修订的《婚姻法》第四十三条，早已明确公安机关负有防治家庭暴力的职责，家庭暴力案件属于公安机关出警范围。公安机关是家庭暴力公力救济中救助能力最强的，能够起到防治家庭暴力的重要作用。与居委会、妇联对家庭暴力的干预相比，警察的干预对施暴人更有震慑力，可以对家庭暴力的继续和升级起到阻止和预防的作用。从实际情况看，许多家庭暴力的受害人已经从向妇联、工作单位寻求救助，更多地转向报警。有媒体报道，西安市公安局 110 指挥中心在 2008 年上半年共接到家庭暴力报警数为 200 起。温州市公安局鹿城分局 110 指挥中心 2008 年 9 月的统计数据显示，自温州市政府 2006 年 11 月 15 日出台的《温州市预防和制止家庭暴力规定》实施以来，该中心因家暴力案件出警救助达 2000 余次。

2015 年颁布的《反家庭暴力法》再次以法律的形式，明确规定了公安机关接到家庭暴力报案后应当及时出警的职责。这部法律，在《民法典》颁布和实施后仍然有效，并与《民法典》配套防治家庭暴力。《反家庭暴力法》第三条规定：“家庭成员之间应当互相帮助，互相关爱，和睦相处，履行家庭义务。反家庭暴力是国家、社会和每个家庭的共同责任。国家禁止任何形式的家庭暴力。”第十三条规定：“家庭暴力受害人及其法定代理人、近亲属可以向加害人或者受害人所在单位、居民委员会、村民委员会、妇女联合会等单位投诉、反映或者求助。有关单位接到家庭暴力投诉、反映或者求助后，应当给予帮助、处理。家庭暴力受害人及其法定代理人、近亲属也可以向公安机关报案或者依法向人民法院起诉。单位、个人发现正在发生的家庭暴力行为，有权及时劝阻。”第十五条规定：“公安机关接到家庭暴力报案后应当及时出警，制止家庭暴力，按照有关规定调查取证，协助受害人就医、鉴定伤情。”

国家颁布《反家庭暴力法》以后，各地方政府为贯彻执行此部法律，陆续颁布了一些地方条例。例如，2018 年 11 月 30 日，山东省十三届人大常委会第七次会议审议通过了《山东省反家庭暴力条例》，于 2019 年 1 月 1 日起实施。这是一部关于预防、处置家庭暴力的综合性的地方性法规。按照该条例的规定，山东省县级以上人民政府应当将反家庭暴力工作纳入国民经济和社会发展规划，所需经费列入本级财政预算。乡镇人民政府、街道办事处应当将预防和制止家庭暴力工作纳入工作规划，提供经费保障。县级以上人民政府公安、民政、司法行政、教育、文化、广播电视等有关部门和人民法院、人民检察院，应当在各自职责范围内做好反家庭暴力工作。全省的人民法院、人民检察院和公安、民政等部门以及妇女联合会应当将预防和制止家庭暴力纳入业务培训和统计工作，开展对家庭暴力趋势特点的分析研判，提高全社会预防、应对家庭暴力的意识和能力。公安、民政、司法行政等部门和工会、共青团、妇女联合会、残疾人联合会、志愿服务组织等单位，应当对反家庭暴力社会工作者、志愿者和人民调解员进行指导、培训，为其参与反家庭暴力工作提供必要的便利条件。

我国《民法典》第一千零四十二条明确规定："禁止家庭暴力，禁止家庭成员间的虐待和遗弃。"《民法典》第一百二十八条还规定："法律对未成年人、老年人、残疾人、妇女、消费者等的民事权利保护有特别规定的，依照其规定。"此规定意味着，《妇女权益保障法》《反家庭暴力法》仍然有效，并作为特别法优先于《民法典》，适用在反家庭暴力、妇女权益保护领域。并且，根据《民法典》第一千零七十九条和第一千零九十一条的规定，人民法院审理离婚案件，对实施家庭暴力或者虐待、遗弃家庭成员导致夫妻一方要求离婚的，可以进行调解，调解无效的，应当准予离婚。因家庭暴力导致离婚的，无过错方有权请求损害赔偿。

三、公安机关对家庭暴力纠纷的处置

（一）对构成民事侵权的家庭暴力的处置

公安机关对构成民事侵权的家庭暴力的处置，具有法律意义。人民法院审理涉及家庭暴力的民事案件，通常需要根据公安机关出警记录、告诫书和有关鉴定机构伤情鉴定意见、医疗机构诊疗记录等证据，认定家庭暴力事实。

根据《反家庭暴力法》第十五条规定："公安机关接到家庭暴力报案后，应当及时出警，制止家庭暴力，按照有关规定调查取证，协助受害人就医、鉴定伤情。"公安机关对家庭暴力纠纷的处置措施，主要包括出警、调查取证、协助受害人就医、鉴定伤情、对加害人予以批评或者训诫、纠纷调解、出具治安处罚告诫书。

具体来说，公安机关防治家庭暴力可采取下列具体处置措施：（1）立即出警制止正在发生的家庭暴力。公安机关接到家庭暴力报案后，应当及时赶赴现场，制止暴力行为，控制加害人。（2）及时调查取证。出警的民警要及时询问加害人、受害人和目击证人，并使用录音、录像、拍照等方式固定证据，制作询问笔录。(3) 救助受害人和进行伤情鉴定。对需要紧急救治的受害人，协助联系医疗机构组织救治；有伤情的，依法进行伤情鉴定，留存有关鉴定机构伤情鉴定意见、医疗机构诊疗记录等证据。(4) 对无民事行为能力人、限制民事行为能力人因家庭暴力身体受到严重伤害、面临人身安全威胁或者处于无人照料等危险状态的，通知并协助民政部门将其安置到临时庇护场所、救助管理机构或者福利机构。(5) 对家庭暴力纠纷进行调解。在当事人双方自愿的前提下，对纠纷进行调解。(6) 对加害人予以批评或者训诫，根据具体情况，出具告诫书或者给予治安处罚。

家庭暴力行为具有下列情形之一，依法不给予治安管理处罚的，由公安机关对加害人予以批评教育或者出具告诫书：(1) 情节特别轻微的；(2) 加害人主动消除或者减轻危害后果，并取得受害人谅解的；(3) 当事人自行和解并履行和解协议，双方当事人书面申请并经公安机关认可的；(4) 经公安机关调解处理，当事人达成协议的；(5) 其他依法不予治安管理处罚的家庭暴力行为。

公安机关应当在依法查清双方当事人身份关系、查明家庭暴力事实的情形下，对加害人出具告诫书，并向加害人宣读告诫书内容，要求其在告诫书上签名。加害人拒绝签收的，不影响告诫书的效力。告诫书应当包括加害人的身份信息、家庭暴力的事实陈述、禁止加害人实施家庭暴力、再次实施家庭暴力行为的后果等内容。告诫书至少应制作三份，一份由公安机关存档备查，另外两份分别交给双方当事人。

公安机关将告诫书送交受害人，还可以根据实际需要，通知其居住地的居民委员会、村民委员会和妇女联合会等有关组织。居民委员会、村民委员会、公安派出所应当对收到告诫书的加害人、受害人进行定期查访，检查告诫书的落实情况，监督加害人不再实施家庭暴力。

加害人不听从批评教育或者违反告诫书的禁止内容，再次实施家庭暴力的，由公安机关依法予以处理，可以采取行政拘留措施。如果构成犯罪，则予以刑事立案。

自我国颁布《反家庭暴力法》以来，截止到 2017 年，至少有 13 个省、市出台了关于警察处置家暴和实施告诫制度的具体措施。越来越多的公安机关能及时回应日益增加的受暴者求助，并出具告诫书。有媒体报道，广东省广州市于 2011–2016 年，全市公安机关平均每年处理家暴案件 1800 多宗；2016 年，山东省济南市全市公安机关共接报家庭暴力纠纷警情570多起，出具告诫书223份；浙江省温州市公安机关于2015-2016年10月，共发出家庭暴力告诫书754份，制发人身保护令67起；2016年，新疆伊宁市共发出24份家庭暴力告诫书。①

（二）对构成刑事犯罪的家庭暴力的处置

有些家庭暴力涉嫌伤害罪、虐待罪等刑事犯罪，公安机关要按照刑事法律立案处理。例如，东莞市公安局凤岗分局微信公号“凤岗公安分局”在2020年9月10日发布警情通报：2020年9月7日，东莞市公安局凤岗分局接群众报警称：在凤岗镇蓝山锦湾小区有一名8岁男童疑似被家暴。接到报警后，凤岗分局高度重视，立即组织警力赶赴现场处置调查，当场带回男童余彦某某（男，8岁）及其父母到公安机关接受调查。经查，男童父亲谢某某（男，50岁，原姓余）因余彦某某在学校表现不好等原因对余彦某某多次实施殴打。当日，余彦某某为躲避其父跑出家门，被邻居发现并报警。公安机关、妇联、教委等部门随即对余彦某某进行安抚和心理辅导，并对谢某某进行教育训诫。谢某某认识到错误并签写保证书，保证不再殴打孩子。经审讯，谢某某对其多次殴打余彦某某的犯罪事实供认不讳，凤岗分局已依法对谢某某采取刑事强制措施。②

家庭暴力，经医学鉴定，如果造成受害人轻伤以上级别的伤害，公安机关应当对施暴人按照伤害罪立案处理。如果受害人的伤情虽然不构成轻伤以上的伤害级别，但施暴人的暴力行为持续且有再发生的可能，对受害人的身心造成较大影响，受害人提出虐待指控的，应当按照虐待罪处理。受害人是未成年人或者不具有完全行为能力的成年人的，其监护人可以代理其提出指控。上述东莞市公安局凤岗分局发布的案情，就属于虐待罪的情形。

四、警察调解家庭暴力纠纷工作中的问题

对警察调解家庭纠纷、介入家庭暴力的防治，笔者在已就职于基层公安机关工作的学生中进行调研，归纳总结出实践中的一些问题。

（一）部分基层民警对制止家庭暴力持消极敷衍的态度

目前，公安机关虽然在接到家庭暴力的报警后，能够做到出警干预，但即使

---

① 《反家暴法实施一年记录》，网易公益，http：//gongyi.163.com/17/0302/15/CEHHOI4B00933KC8.html，2017年3月2日访问。

② 《父亲多次殴打8岁男童广东东莞警方通报来了》，新浪网，http：//baby.sina.com.cn/news/2020-09-11/doc-iivhvpwy5971221.shtml？cre=tianyi&mod=pchp&loc=26&r=0&rfunc=89&tj=none&tr=12，2020年9月11日访问。

在2015年《反家庭暴力法》颁布后，对于家庭暴力的处理，在基层民警中仍然没有统一认识。近些年，笔者在就职于基层公安机关的公安大学毕业生中调研发现，有些基层民警把家庭暴力当作“家务事儿”、不知应依据法律处理的现象仍然存在；也有些民警将家庭暴力与钥匙锁在门内、猫上树下不来等，一同归类为求助类报警、非警务纠纷，对家庭暴力的性质缺乏正确认识，没有认识到家庭暴力是侵犯公民人身权利的违法行为。从性质上说，家庭暴力中的大多数行为属于民事侵权行为，少数严重的，则构成刑事犯罪行为。但一些基层民警仍然认为，家庭暴力这样的民事纠纷往往不构成刑事案件，并不危及社会公共秩序，属于非警务纠纷，本应当由街道办事处、居委会、村委会及基层调解组织处理；群众由于形成了“有困难找警察”的思维模式和习惯做法，有了纠纷不去找基层调解组织，而是直接打110报警，希望公安机关介入解决。有些民警更是认为，家庭纠纷、服务纠纷、劳资纠纷、债务纠纷等，很多并不属于公安机关职责范围内的事项，这些非警务纠纷，使得公安机关要耗费大量的警力去调解，一定程度上影响了公安机关打击刑事犯罪和治安管理的效能。

由于存在种种错误认识，在公安实际工作中，对家庭暴力的介入，多数情况是这样的：接到报警后，虽然基本上能够做到出警，但在纠纷处理上是否认真负责、是否能妥善解决纠纷，就因人因事而定。其他工作不忙时，出现场的民警就对当事人做做调解，对加害人予以批评教育；工作忙时，就直接告知当事人去法院处理。

（二）家庭暴力的报警率不足

在警察介入家庭暴力防治中，有的问题不是警察方面的。笔者在调研中发现，家庭暴力的受害人有许多不向警察求助，报警率不足。许多遭受家庭暴力侵害的人，仍然认为家丑不可外扬，不愿意报警。以笔者调研的北京市某基层公安派出所的统计为例。2016年，该派出所辖区因家庭暴力报警的“110”警情约170件。其中，丈夫对妻子实施的155件，占总数的91%；子女对父母实施的9件，占总数的0.53%；父母对未成年子女实施的6件，占总数的0.35%。但社区民警通过走访群众，发现辖区内家庭暴力的实际发生量远远高于报警数量，大多数人在家庭暴力发生后选择隐忍，不愿意报警。

在发生家庭暴力后，不仅一些受害人不报警，一些知情人也缺乏报警的意识，更没有去直接制止暴力、救助受害人。有媒体报道，一个女孩半夜被男友打得惨叫，整层楼住着她的同事，大家都听到了，却没人敢去阻止，甚至没有人帮助受害人向警方求助。[1] 一些学校、社工机构不了解强制报告的义务，发现家暴后犹疑不决，错失良机。2016年清明节当天，陕西汉中11岁女孩雯雯（化名）被父亲殴打两小时后去世。事后记者了解到，悲剧发生前，邻居、物业、学校等都发现雯雯时常遭到家暴，并且都有劝告过施暴的父亲，但最终女孩还是被家暴致死。[2]

（三）警察介入家庭暴力防治的成效有待提高

除了极少数构成犯罪转为刑事案件的，基层公安机关的民警对家庭暴力纠纷的处理方式一般仅为调解，且调解的效果不理想。调解的方式，一般是对双方当事人进行劝解，对侵害人予以批评教育。劝解、批评教育等方法，大多数只能暂时见效，并不能真正预防和制止家庭暴力的发生。而且，基层公安机关的民警大多数很年轻，有些还未婚，让其处理家庭暴力纠纷，普遍感到棘手，调解工作不知如何展开。大多数民警接到报警出警后，一般通过劝解、批评教育等方式当场处理。如果当事人对民警的处理不满意，民警往往告知其去法院解决。有专职治安调解员的派出所，情况好些，有些民警在出警现场调解不成功，就将双方当事人带回所里，由治安调解员进行调解。治安调解员调解不成功的，告知当事人去法院解决。

有媒体报道，2019年，多位长期关注反家庭暴力的学者在接受《半月谈》采访时总结，当下反家暴工作有三大难题待解决：受害者调查取证难；施暴者惩治震慑难；预防矫治难。虽然《反家庭暴力法》已颁布，也明确提出公安机关应该下发告诫书训诫施暴者。但在实践中，很多基层民警遇到家暴案件，仍习惯口头告诫，甚至“各打五十大板”。有法官在重庆市巴南区派出所走访，与基层民警聊天，发现他们最头疼的就是家事纠纷。有人说，2019年上半年，30%的出警原因属家庭纠纷。还有的派出所指导员称，自己辖区内某户人家，一年报了4次警，每次处理至少半天。对于告诫书的作用，有民警为难地表示，实际操作并不简单。当地虽然有了相关制度，但告诫书的发放权限目前并不在基层派出所；完成细致的取证工作后，要上报分局，分局批准后才可以发出告诫书。这样的操作，耗费人力和时间，警力跟不上，有时调查完毕，当事人的家庭情况可能又发

① 《女孩半夜被男友打得惨叫整层楼住着同事没人敢阻止》，网易新闻，https：//news.163.com/19/0310/04/E9SOBPCD0001875P.html，2019年3月10日访问。

② 《反家暴法实施一年记录》，网易公益，http：//gongyi.163.com/17/0302/15/CEHHOI4B00933KC8.html，2017年3月2日访问。

生了变化，告诫书不需要了。[①]

（四）家庭暴力处理程序需要规范

笔者在调研中发现，一些民警认为家庭暴力往往都是因日常琐事引起的家庭纠纷，因而对调解工作准备不积极、不充分，对事实不进行必要的调查，不注意收集证据，调解操作过程不规范、走过场，“和稀泥”式完成调解。目前，仅有部分省市率先出台了适用于本地的公安机关涉家庭暴力警情的处理流程，颁布了地方法规，公安机关尚未出台统一且明确的处理家庭暴力纠纷的流程，基层民警处置家庭暴力纠纷尚有不少困难。有些民警提出，本地公安机关的办公系统里没有告诫书的模板，告诫书没有规范的形式，办案民警不知道如何规范地制作和发出告诫书，即使发出告诫书，很可能在形式上和内容上都存在问题。

有媒体采访法院的法官，得知该法官多年来承接了许多离婚案件，其中曾经报警的家暴受害者却从未收到从公安机关发出的防治家庭暴力的告诫书。该法官认为，“公安的告诫书，震慑作用很大。收到告诫书的施暴者鲜少再犯”。[②]

五、对家庭暴力案件的处警和案件处理规范化的建议

对家庭暴力案件的出处警和案件处理的规范化，笔者提出下列几点建议：

（一）健全家庭暴力出警和处警制度

各地公安机关均应设立专门的家庭暴力案件投诉点。按照2015年颁布的《反家庭暴力法》第十三条和2008年七部门联合颁布的《关于预防和制止家庭暴力的若干意见》第八条的规定，各地公安机关都应当设立家庭暴力案件投诉点，将家庭暴力报警纳入110出警工作范围，并按照公安部2003年颁布的《110接处警工作规则》的有关规定对家庭暴力求助投诉及时进行处理。各地公安机关还应当制定完善的家庭暴力接、处警工作机制，规范告知、教育、调解、登记、移交、回访等工作流程。最好在各个公安分局成立制止家庭暴力处警领导机构，强化服务宗旨，并对全体民警进行相关法律知识培训，尤其是民事法律知识的培训，提高广大110民警应对和处置家庭暴力案件的能力。

公安部等七部委联合制定的《关于预防和制止家庭暴力的若干意见》中，

① 《打开“家”锁》，《中国青年报》2020年5月13日报道，https：//baijiahao. baidu. com/s？id=1666521217957211502&wfr=spider&for=pc，2020年7月15日访问。

② 《打开“家”锁》，《中国青年报》2020年5月13日报道，https：//baijiahao. baidu. com/s？id=1666521217957211502&wfr=spider&for=pc，2020年7月15日访问。

公安机关将110报警受理中心的家庭暴力案件，要求作为单列案件统一备查。各地公安机关均应当根据此意见的规定，将家庭暴力作为单列案件，不应与求助类报警归为一类。有些地方公安机关对此意见贯彻执行较好，还专门成立110家庭暴力报警中心。家庭暴力的受害人或者知情人报警的，辖区的基层公安机关一律要出警，并在现场或者派出所对纠纷依法及时处理，不应推诿给居委会等民间调解组织或者法院。

公安机关受理家庭暴力案件后，应当及时依法组织对家庭暴力案件受害人的伤情进行鉴定，明确各个具体家庭暴力案件的性质，为正确处理案件提供依据。

公安机关对家庭暴力案件应当根据下列情况分别作出处理：（1）对情节轻微的家庭暴力案件，应当遵循既要维护受害人的合法权益，又要维护家庭团结，坚持调解的原则，对施暴者予以批评、训诫，根据需要，出具告诫书，并告知其应承担的法律责任及相应的后果，防范和制止事态扩大；（2）对违反治安管理规定，受害人明确要求处罚的，依据《治安管理处罚法》予以处罚；（3）对构成犯罪的，依法立案侦查，做好调查取证工作，追究其刑事责任；（4）对属于告诉才处理的虐待案件和受害人有证据证明的轻伤害案件，应当告知受害人或其法定代理人、近亲属直接向人民法院起诉，并及时将案件材料和有关证据移送有管辖权的人民法院。

（二）明确警察介入家庭暴力防治的法律依据、加强公安民警的法律培训

应在公安机关加强全面的法治教育，强调公安机关以全心全意为人民服务为宗旨，贯彻依法治国、“以人为本”的法治理念，将宪法和民法中的尊重和保障人权的规定转化为实践，保护公民的权利，尤其是民事权利，使法律的秩序价值和人性价值在现实中得到统一，促进建立公民社会和建设社会主义市场经济，建立良好的社会秩序。

按照我国现行的法律法规，警察介入家庭暴力的防治有充分的法律依据。根据《人民警察法》第二条的规定，“保护公民的人身安全、人身自由和合法财产”是人民警察的任务之一。《人民警察法》第二十一条还规定：“对公民提出解决纠纷的要求，应当给予帮助。”这条规定进一步明确，公安机关及其工作人员调解民事纠纷是其应负的法定义务，这也是对我国公安机关的一项法律职能的定位。因为此条法律规定使用的是“应当”这样的措辞，说明公安机关及公安民警帮助公民解决纠纷，包括家庭暴力引发的纠纷，是其一项法定义务。《反家庭暴力法》第十五条明确规定：“公安机关接到家庭暴力报案后应当及时出警，

制止家庭暴力，按照有关规定调查取证，协助受害人就医、鉴定伤情。”

在公安法规中，也规定了公安机关对民间纠纷有进行调解的法定义务。根据《治安管理处罚法》第九条的规定，对因民间纠纷引起的打架斗殴或者损毁他人财物的行为，情节较轻的，公安机关可以调解处理。家庭暴力也属于打架的范围，不因当事人之间有亲属关系而改变行为性质。

2015 年《反家庭暴力法》颁布后，有些地方的公安机关开展了反家庭暴力业务培训工作。一个良好的实践做法是，2016 年 11 月 22 日，温州市妇联联合市警察学校举办《警察如何贯彻落实反家暴法》专题培训，有 200 多位新任民警参与。①

鉴于部分民警对家庭暴力的性质和处理此类民间纠纷的法律依据认识不足，有必要在公安高等院校的法学教学和民警培训中，加强民事法律知识方面的教育。家庭暴力构成刑事犯罪的，按照刑事案件处理；构成违反治安管理行为的，按照《治安管理处罚法》对行为人进行处罚；家庭暴力不构成刑事犯罪的，也不构成违反治安管理行为的，则属于夫妻之间或者其他家庭成员之间的、涉及人身权益的民间纠纷。对属于民间纠纷的家庭暴力，公安机关应当依据法律的有关规定进行调解，依法妥善处理，可以根据需要，对加害人出具告诫书。若当事人不接受调解，或者对公安机关的处理不服的，应当告知当事人向人民法院申请处理，特别需要告知受害人，公安机关出具的告诫书可以作为发生过家庭暴力的有力证据。

国外对警察介入家庭暴力问题，也有在反家庭暴力法和警察法中作出规定。例如，日本《配偶暴力防止及被害人保护法》第八、九条专门规定了“警察官实施的被害防止”和“为保护被害人的相关机关的相互协作”。② 域外的经验可供我们借鉴，对警察介入家庭暴力的具体措施、相关机关的相互协作等，还应在法律法规中再补充具体规定。人民法院对家庭暴力的受害人发出的人身保护令，当地基层公安机关可以协助执行。

（三）明确各类家庭暴力的不同性质依法处理

公安机关受理家庭暴力案件后，应当及时依法组织对家庭暴力案件受害人

---

① 《反家暴法实施一年记录》，网易公益，http：//gongyi. 163. com/17/0302/15/CEHHOI4B00933KC8. html，2017 年 3 月 2 日访问。

② 参见陈明侠等：《家庭暴力防治法基础性建构研究》，中国社会科学出版社 2006 年版，第 442、443 页。

的伤情进行鉴定，明确各个具体家庭暴力案件的性质，为正确处理案件提供依据。

公安机关对家庭暴力案件应当根据下列情况分别作出处理：（1）对情节轻微的家庭暴力案件，应当遵循既要维护受害人的合法权益，又要维护家庭团结，坚持调解的原则，对施暴者予以批评、训诫，告知其应承担的法律责任及相应的后果，防范和制止事态的持续和扩大，促成当事人达成和解协议；如果不能达成调解协议，应当对加害人出具告诫书。（2）对违反治安管理规定，受害人明确要求处罚的，依据《治安管理处罚法》对加害人予以治安处罚。（3）对构成犯罪的，依法立案侦查，做好调查取证工作，追究加害人的刑事责任。（4）对属于告诉才处理的虐待案件和受害人有证据证明的轻伤害案件，应当告知受害人或其法定代理人、近亲属直接向人民法院起诉，并及时向审理案件的人民法院提交案件材料和伤情鉴定、出警记录等有关证据。

（四）规范家庭暴力的调解工作

2007 年颁布的《公安机关治安调解工作规范》第五条规定："治安调解应当依法进行调查询问，收集证据，在查明事实的基础上实施。"第六条还规定了治安调解应当遵循合法、公正、公开、自愿、及时、教育原则。

民警调解家庭暴力纠纷，应当按照《公安机关治安调解工作规范》规定的程序进行。调解应当在当事人双方自愿的基础上进行，应当通过查清事实，讲明道理，指出当事人的错误和违法之处，教育当事人自觉守法并通过合法途径解决纠纷。调解应当分清责任，实事求是地提出调解意见，不得偏袒任何一方。达成调解协议的内容，必须是双方当事人真实意思表示。调解一般应当及时、公开进行，双方当事人都要求不公开的除外。公开调解的，可以邀请当地居（村）民委员会的人员或者双方当事人熟悉的人员参加。

家庭暴力纠纷，经民警调解达成协议的，应制作《治安调解协议书》，双方当事人应当在协议书上签名，并履行协议。

根据《公安机关治安调解工作规范》第十一条的规定，《治安调解协议书》应当包括以下内容：治安调解机关名称，主持人、双方当事人和其他在场人员的基本情况；案件发生时间、地点、人员、起因、经过、情节、结果等情况；协议内容、履行期限和方式；治安调解机关印章、主持人、双方当事人及其他参加人签名、印章（捺指印）。

《治安调解协议书》一式三份，双方当事人各执一份，公安机关留存一份备查，并根据案卷装订要求建立卷宗。现场治安调解结案的治安案件，可以不制作卷宗，但应当制作《现场治安调解协议书》，办案民警应当将《现场治安调解协议书》按编号装订存档。

（五）规范对家暴施暴人的告诫和行政处罚制度

如果调解未能达成一致，受害人要求公安机关对施暴人出具告诫书，公安机关应当根据调查确认的家暴事实，对施暴人出具告诫书。

各省、自治区、直辖市的公安机关，应当制作告诫书的模板，供基层民警下载使用，以规范告诫书的形式和内容。

告诫书至少制作三份，一份公安机关存档，一份给施暴人，一份给受害人。

告诫书出具后，施暴人拒绝接收，不签字，也是公安机关处理家庭暴力纠纷中遇到的难题。例如，华北某县一位妇女自 2016 年春以来多次报警求助，请求公安机关对施暴人出具告诫书，屡遭拒绝。一年多以后，公安机关终于出具了告诫书。但要求施暴人签收时，施暴人拒绝接收告诫书，出处警的民警不知如何处理，还对受害人说："你看他不签字！"① 对于这种情况，公安机关应当制定具体的制度，规范对家暴纠纷的处理，在有必要时可以对施暴人予以行政处罚。在施暴人拒绝接收告诫书的情况下，办案民警应当将此记录，与告诫书一同存档。加害人拒绝签收，不影响告诫书的效力。公安机关应向加害人宣读告诫书内容。告诫书应当包括加害人的身份信息、家庭暴力的事实陈述、禁止加害人实施家庭暴力、再次实施家庭暴力行为的后果等内容。如果有需要，公安机关还可以把告诫书发放给施暴人所在地的居委会或者村委会，请求居委会或者村委会协助制止家庭暴力、保护受害人。对告诫书已经发出后继续实施家庭暴力的人，可以给予治安处罚。

（六）与法院的反家庭暴力案件的执行相配合

反家庭暴力案件的执行，困扰也在法院出现。人民法院发出人身安全保护令后，执行保护令以保护家庭暴力的受害人，一直是法院的民事案件执行中的疑难问题。依据目前的法律规定，对家庭暴力受害人的人身保护令，执行主体是签发保护令的法院，公安机关和村、居委会承担协助职责。但协助的职责究竟是什么，没有履行该职责又如何问责，法律均未予以规定。人民法院仅依靠自身的执

① 《反家暴法实施一年记录》，网易公益，http：//gongyi.163.com/17/0302/15/CEHHOI4B00933KC8.html，2017 年 3 月 2 日访问。

行机构，很难保证保护令的执行，进而使得部分法官担心保护令发出后执行不力、影响考核，因而有的法官不愿签发。

对家庭暴力受害人的人身保护令的执行，实践中也有一些好的经验值得推广和借鉴。例如，重庆市巴南区人民法院联合公安机关、妇联、居委会、村委会，监督人身保护令的实施。重庆市巴南区人民法院副院长刘秀荣告诉中青报·中青网的记者，巴南区法院与公安机关、妇联建立了执行人身保护令、反家庭暴力的“联盟”。巴南区法院下发人身安全保护令，申请、举证等均可通过网络平台办理。法院受理申请后，承办法官会在一个工作日内查阅完证据。法院和公安、妇联在反家暴工作上可以“互补”：法院签发“人身安全保护令”文件，但受害者遭遇家暴后，往往不会第一时间向法院求助，而公安、妇联倒可能在早期接触到大量案情。受害人一般到忍无可忍提出离婚时，才会在法庭审理时反映存在家暴问题。到此时，受害者已饱受摧残，施暴者也已很难被矫正。法院与公安机关、妇联的“联盟”建立，通过法院网络平台申请人身保护令的方法普及给了基层民警和妇联干部。假设一位民警接到家暴警情，出警时便可询问受害者是否需要申请法院人身保护令。倘若需要，民警会手把手教其用智能手机操作提出申请。与此同时，作为法院判断案情的关键，民警会将自己手中的报警回执、案情记录拍照发给法院。一旦资料齐全，值班法官平均用20分钟即可完成审核，签发保护令；当事人双方都在民警面前，即使还有细节需要核实，也可由民警代理法院当场询问。“人身保护令签发后，派出所民警当场送达，和施暴者谈话；我们也会致电，告诉当事人人身保护令的法律效力。妇联等单位会定期回访。”刘秀荣法官说。2019年，整个巴南区人民法院共签发了160份人身安全保护令。人身保护令下发后，暴力终止率达到90%以上。人民法院联合公安机关执行人身保护令的另一个好的经验是江苏省徐州市贾汪区家事审判庭的做法，法院发出人身安全保护令，当事人如果违反人身保护令，警方直接将其拘留。法院发出保护令时，法官会严肃告知当事人双方人身保护令的法律效力和违反后果。①

实践经验表明，公安机关如果协助法院执行人身保护令，能够有效制止家庭暴力的再继续，保护受害人。

① 《打开“家”锁》，中国青年报社，https：//baijiahao.baidu.com/s？id=1666521217957211502&wfr=spider&for=pc，2020年7月15日访问。

（七）建立有助于提高家庭暴力防治效果的举措

1. 所有基层派出所均应设有专职治安调解员

家庭暴力等家庭纠纷处理的成功，需要接处警的民警有较丰富的生活阅历和社会经验。目前大多数地方的基层派出所设有专职治安调解员，安排已婚且年龄较大的民警担任治安调解员。有些地方的基层公安机关，聘请一些退休法官和退休民警担任治安调解员，取得了很好的效果。这些经验值得推广。

2. 民警干预家庭暴力纳入考评体系

根据《公安机关治安调解工作规范》第十五条的规定，经治安调解结案的治安案件应当纳入公安工作的统计范围。有些地方，不仅家庭纠纷处理率、家庭暴力预防制止率以及家庭暴力打击处理率等均作为工作考核的主要内容，而且社区民警对已制止的家庭暴力的回访率，同样要列入考评项目。例如，山西的一些基层公安机关，已经将家庭暴力作为单列案件列入民警考核内容。不仅将调解率列入考评内容，还将家庭回访也列入考评内容。将社区民警干预家庭暴力的工作内容纳入考评体系，110 出警以预防、介入、惩处、救助、服务的工作流程全面展开。把家庭暴力作为案件单列考核的好处是，有助于一线民警明确具体家庭暴力行为是否构成犯罪，可利用法医等专门机构对家庭暴力行为的性质进行鉴定，区分不同类型案件，在接处警、案件处理、法医鉴定、庇护措施，以及公安机关与其他相关部门实施联动等方面更有针对性地开展预防和制止工作。又如，山东省也将干预家庭暴力的工作内容纳入公安机关的工作考评体系。《山东省反家庭暴力条例》第十七条规定：“人民法院、人民检察院和公安、民政等部门以及妇女联合会应当将预防和制止家庭暴力纳入业务培训和统计工作，开展对家庭暴力趋势特点的分析研判，提高全社会预防、应对家庭暴力的意识和能力。”

3. 与其他家庭暴力防治措施相互配合

现在，家庭暴力问题越来越受到全社会的关注，维护妇女权益协调机构、家庭暴力伤残鉴定中心、妇女庇护所等社会干预和救助机制纷纷建立。公安机关也要与各级政府、民间组织对家庭暴力提供的法律救助相配合。

在家庭暴力的防治中，公安机关还应特别注重与法院的配合。按照我国《民法典》的相关规定，家庭暴力是法定离婚条件之一。但是，因遭受家庭暴力到法院起诉离婚的受害人，一般情况下，很难提供此方面的证据。如果当事人在家庭暴力发生后，曾向公安机关报警，那么公安机关的出处警人员和纠纷处理的书面材料，可以为受害人提供证据。公安机关的接处警登记、受案登记表、询问笔录、对受害人的伤害部位拍照和法医鉴定、治安调解协议书、告诫书等书面材料，均应立卷归档，并且为当事人日后的离婚诉讼或损害赔偿诉讼提供证据。

在人民法院颁发了对家暴受害人的人身安全保护令后，受害人经常居所所在地的公安派出所和加害人经常居所所在地的公安派出所，都应当积极协助法院执行人身安全保护令。人民法院在下达人身安全保护令时，通常也会对受害人经常居所所在地的公安派出所和加害人经常居所所在地的公安派出所发出协助执行通知书。

总之，公安机关应当针对在家庭暴力防治工作中存在的问题进行整改，切实提高警察介入家庭暴力防治的成效，为预防和制止家庭暴力发挥更加重要的作用。

第三节　财产继承纠纷中的疑难问题及案例分析

基层公安机关接警的财产继承纠纷，主要是确定继承人以及就共同继承的遗产的分割引起的纠纷，尤其是遗产中的房产的分割产生的纠纷。原本这类纠纷应当到法院通过诉讼裁决，但近十余年，由于我国许多大城市房产价格大幅增长，法院受理此类案件的诉讼费也随之增加，有些纠纷当事人为避免缴纳诉讼费，又对人民调解委员会调解的权威性存在疑虑，故来到公安机关，希望民警调解解决继承纠纷。在农村，子女成年后与父母分家、兄弟分家，也经常发生与财产继承有关的家庭纠纷。尤其是兄弟分家，往往涉及对父母财产的继承问题。这些分家析产纠纷，有些当事人也找警察调解。基层公安机关调解分家析产纠纷和财产继承纠纷，以前适用的法律主要是《民法总则》《民法通则》《物权法》《继承法》。2020 年颁布《民法典》后，自 2021 年 1 月 1 日起，财产继承纠纷和分家析产纠纷的调解，统一适用《民法典》。

一、法定继承纠纷

（一）财产继承人的确定

如果继承纠纷是由于对谁是财产继承人产生争执，社区民警应当依据《民法典》的有关规定确定法定继承人，调解纠纷。例如，一起伯父抢占侄女继承的房产的纠纷。2008 年，广州 19 岁女孩阿君的父亲离世。原本住在一墙之隔、共用一条走廊的大伯，居然想方设法把她和母亲赶出了父亲的房子。阿君一家和大伯一家都住在海珠区南福安街一套房子里。这套房子原先是阿君爷爷单位分配的宿舍，爷爷 1966 年去世后，阿君奶奶向广州市房管局买下房子，两个儿子结婚后，就把这套 55.67 平方米的房子隔成两个独立的套间，分别给两个儿子居住。同时，奶奶在 1996 年就立下遗嘱，载明其去世后由两个儿子继承。但阿君的父亲在 2008 年去世后，大伯常常穿着暴露、借醉拍门，阿君母女不堪骚扰只能搬家。随后大伯借机霸占房屋长达 9 年。2017 年，阿君要求收回自己父亲的房产。面对上门伸张权利的阿君，大伯声称，这房子是奶奶留给他儿子的，因为他儿子是男孙，而阿君是女孩，没资格继承。第二次上门理论时，大伯甚至拿出菜刀作势追打阿君。无奈之下，阿君只得把大伯一家告上法院要求返还房屋，并于案件胜诉后向法院申请强制执行。2018 年 6 月 7 日，广州市海珠区人民法院执行局组织 21 名干警和工作人员，对该起拒不搬迁案件进行强制执行，对坐地撒泼、妨碍法院强制执行的邵某滨（阿君的大伯）决定予以司法拘留 15 日，并在 3 小时内强制打开房屋门锁，清点财物清空房间，辅助申请执行人阿君另开新门。[①] 在此案中，阿君的父亲和大伯按照奶奶的遗嘱，分别继承了已分割为独立两套的房产。阿君的父亲去世后留下的那套房产，阿君和她的母亲，作为被继承人的女儿和配偶，有权继承。按照我国法律的规定，继承权男女平等，配偶和子女是第一顺序的法定继承人，被继承人的兄弟姐妹属于第二顺序的继承人，在有第一顺序继承人的情况下，第二顺序的继承人不能参与继承。

根据我国《民法典》第一千一百二十七条的规定，法定继承人包括：

1. 配偶

作为法定继承人的配偶，应当与死者的婚姻关系存续至死者死亡时。凡是在死者死亡以前已经与之解除婚姻关系的前夫或前妻，均无权以配偶的身份继承遗产。我国《民法典》的婚姻家庭编中无判决分居制度，因而实际分居但并未在法律上解除夫妻关系的，仍互为配偶，相互间有继承权。配偶是有合法婚姻关系的夫妻之间的对称。非法同居的男女，相互间不能以配偶的身份继承对方的遗产。我国司法实践中长期以来对事实婚姻是予以承认的，尤其注重保护其所涉及的妇女和儿童的利益。但自 2001 年修订《婚姻法》后，对事实婚姻，从法律上否认其有婚姻效力。《婚姻法》第八条规定：“取得结婚证，即确立夫妻关系。未办理结婚登记的，应当补办登记。”《民法典》第一千零四十九条规定：“要求

① 《男子霸占亡弟的房屋 9 年，叫嚣侄女是女孩没有继承权》，网易新闻，2018 年 6 月 8 日报道，http：//news.163.com/18/0608/15/DJPQD7N00001875P.html，2018 年 6 月 8 日访问。

结婚的男女双方应当亲自到婚姻登记机关申请结婚登记。符合本法规定的，予以登记，发给结婚证。完成结婚登记，即确立婚姻关系。未办理结婚登记的，应当补办登记。”因此，如今在我国大陆，事实婚姻关系中的男女如果不补办登记，相互间不能以配偶的身份继承对方的遗产。

2. 子女

在我国，继承权男女平等，女儿和儿子都是第一顺序的法定继承人，女儿无论是否出嫁，均有权与儿子平等地继承父母的遗产。作为法定继承人的子女不仅包括亲生子女，还包括养子女、有扶养关系的继子女。《民法典》“继承编”第一千一百二十七条规定：“本编所称子女，包括婚生子女、非婚生子女、养子女和有扶养关系的继子女。”亲生子女中，包括婚生子女和非婚生子女。按照我国民法的规定，不论是儿子还是女儿，不论女儿是否出嫁，不论是婚生子女还是非婚生子女，对其父亲和母亲的遗产，都有平等的继承权。收养必须按照法律规定的程序办理收养登记，才能产生法律效力。养子女因其被收养而取得与养父母的亲生子女同等的法律地位。养子女与养父母之间的权利义务关系，与亲生子女和亲生父母之间的权利义务关系相同。因此，养子女与亲生子女一样，享有同等的继承权，他们都属于法定继承人的范围。继子女是指配偶的一方对于另一方与其前夫或前妻所生的子女而言。继子女与继父母之间的关系是由于父母一方死亡，另一方与他人再婚，或者父母离婚后一方或者双方与他人再行结婚而形成的。我国民法对继子女与继父母之间是否有相互继承遗产的权利，是区别对待的。如果继子女与继父或继母之间形成了扶养、赡养关系，就应当享有相互继承遗产的权利，属于法定继承人的范围；如果继子女与继父母之间没有扶养、赡养关系，当然也就没有相互继承遗产的权利，不应当属于法定继承人的范围。例如，某人的生父亡故，其生母与他人再婚，如果某人与其生母的后夫，即其继父没有扶养、赡养关系，那么当其继父死后，则没有继承其继父遗产的权利。反之，如果某人与其继父长期共同生活，有扶养、赡养关系，则应当属于继承人的范围。需注意的是，在财产继承问题上，虽然有扶养关系的继子女与养子女都有继承遗产的权利，但是养子女只能成为养父母遗产的继承人，不能成为亲生父母的遗产的继承人。而有扶养关系的继子女，不仅可以继承继父母的遗产，还可以继承亲生父母的遗产。也就是说，与继父母有扶养关系的继子女，享有双份继承权。

3. 父母

父母作为直系血亲尊亲属，列入法定继承人。在我国，有法定继承权的父母包括亲生父母、养父母、有扶养关系的继父母。亲生父母子女之间的关系，是自然血亲关系，它不以人们的主观意志而转移，也不因人的行为而改变。父母离异和婚姻变化，不影响亲生父母子女之间关系的性质。他们之间的自然血亲关系绝不会因离婚而断绝，他们仍然有相互继承遗产的权利，仍然属于法定继承人的范围。在实际生活中，有人宣称与父母决裂、脱离父母子女关系，这在法律上是无效的，这种行为不能斩断父母子女间的权利义务关系，他们相互间仍然有继承权。养父母基于收养行为，与养子女形成父母子女关系，相互间也有继承权。养父母与亲生父母处于同等的继承地位。养父母与养子女，只要他们之间的收养关系没有解除，权利义务关系就仍然存在，其财产继承权也不因养父母离婚而变化。不过，养父母子女之间的关系毕竟不像亲生父母子女之间的自然血亲关系那样，如果养父母离婚后，未成年的养子女归养父或养母一方扶养，另一方不再继续扶养未成年的养子女，则不再继续扶养未成年的养子女这一方养父或养母，因扶养关系发生变化，也就视同解除了收养关系，相互间不再有继承权。但是，如果养子女受养父母抚养长大，养父母在养子女已经成年后离婚，则养父母之间婚姻的变化，不影响养父母子女之间关系的性质，他们相互间仍然有继承权。我国民法对继子女与继父母之间是否有相互继承遗产的权利，是区别对待的。如果继子女与继父或继母之间形成了扶养、赡养关系，就应当享有相互继承遗产的权利，属于法定继承人的范围；如果继子女与继父母之间没有扶养、赡养关系，双方相互间也就没有相互继承遗产的权利，不应当属于法定继承人的范围。

4. 兄弟姐妹及其子女

兄弟姐妹是旁系血亲中最亲近的人。按照我国《民法典》的规定，有继承权的兄弟姐妹，包括亲兄弟姐妹、养兄弟姐妹和有扶养关系的继兄弟姐妹。《民法典》第一千一百二十七条规定："本编所称兄弟姐妹，包括同父母的兄弟姐妹、同父异母或者同母异父的兄弟姐妹、养兄弟姐妹、有扶养关系的继兄弟姐妹。"亲兄弟姐妹，包括全血缘的即同父同母的兄弟姐妹，还有半血缘的兄弟姐妹，即同父异母的兄弟姐妹和同母异父的兄弟姐妹。在我国，无论是全血缘还是半血缘，他们都是亲兄弟姐妹，法律地位平等。在我国，无论是亲兄弟姐妹，还是养兄弟姐妹、有扶养关系的继兄弟姐妹，他们相互之间都有平等的继承权，都属于法定继承人的范围。需注意的是，继兄弟姐妹之间的继承权的取得，不仅取决于其与继父或继母有扶养关系，还取决于继兄弟姐妹之间也有扶养关系，继兄弟姐妹在一个家庭中共同生活过。只与继父或继母有扶养关系的，只与继父或继母相互间有继承权，继兄弟姐妹之间无继承权。根据《民法典》第一千一百二十八条第二、三款的规定，被继承人的兄弟姐妹先于被继承人死亡的，由被继承人的兄弟姐妹的子女代位继承。代位继承人一般只能继承被代位继承人有权继承的遗产份额。应当注意的是，被继承人的兄弟姐妹的子女的代位继承，有代数限制，兄弟姐妹的子女的晚辈直系血亲无代位继承权。也就是说，仅侄子女、外甥子女可以代位继承。

5. 祖父母、外祖父母

祖父母、外祖父母是隔代的直系血亲尊亲属。祖父母是父亲的父母，外祖父母是母亲的父母，他们在我国民法上的地位平等，均列为第二顺序继承人。不能因为外祖父母是母亲的血亲，习惯上被称为外亲，而认为其与父亲的血亲处于不同的法律地位。祖父母、外祖父母，不仅包括亲生父母的父母，还包括养父母的父母和有扶养关系的继父母的父母，他们都属于法定继承人的范围。养祖父母（外祖父母）包括养父母的亲生父母、养父母和亲生父母的养父母。有扶养关系的继祖父母（外祖父母），包括亲生父母的有扶养关系的继父母、养父母的有扶养关系的继父母和有扶养关系的继父母的亲生父母。

6. 孙子女、外孙子女及其晚辈直系血亲

在我国，孙子女、外孙子女及其晚辈直系血亲，一直是作为子女的代位继承人而参与继承的。在我国 2020 年颁布的《民法典》和 1985 年颁布的《继承法》中，孙子女、外孙子女及其晚辈直系血亲都没有作为本位继承人而被列入继承顺序。《民法典》第一千一百二十八条第一款规定："被继承人的子女先于被继承人死亡的，由被继承人的子女的直系晚辈血亲代位继承。"当某一子（女）先于被继承人死亡的，该子（女）的直系晚辈血亲，即孙子女（外孙子女）、曾孙子女（曾外孙子女）等，可以代位该子女继承其应继承的份额。代位继承人一般只能继承被代位继承人有权继承的遗产份额。按照我国《民法典》第一千一百二十五条的规定，在子女被剥夺继承权的情况下，如故意杀害被继承人、为争夺遗产而杀害其他继承人，其孙子女、外孙子女及其晚辈直系血亲既不能代位继承，也不能作为本位继承人继承被继承人的遗产。但子女因遗弃或者虐待被继承人、侵犯被继承人遗嘱自由权（伪造、篡改、隐匿或者销毁遗嘱，以欺诈、胁迫手段迫使或者妨碍被继承人设立、变更或者撤回遗嘱）而被剥夺继承权的，如果以后确有悔改表现，被继承人表示宽恕或者事后在遗嘱中将其列为继承人的，该继承人不丧失继承权，其孙子女、外孙子女及其晚辈直系血亲可以代位继承。代位继承不受代数的限制，孙子女、外孙子女及其晚辈直系血亲均可以代位继承。孙子女、外孙子女可以代位子、女继承，曾孙子女、曾外孙子女也可以代位孙子女、外孙子女继承，依此类推。

7. 对公婆尽了主要赡养义务的丧偶儿媳、对岳父母尽了主要赡养义务的丧偶女婿

根据我国《民法典》第一千一百二十九条的规定，对公婆尽了主要赡养义务的丧偶儿媳、对岳父母尽了主要赡养义务的丧偶女婿，作为第一顺序的法定继承人，与被继承人的配偶、子女、父母共同继承死者的遗产，有平等的继承权。我国民法将对公婆尽了主要赡养义务的丧偶儿媳、对岳父母尽了主要赡养义务的丧偶女婿列入法定继承人，一方面是对这种人予以鼓励和褒扬，另一方面也是对我国特有的儿媳赡养公婆、养老女婿赡养岳父母的传统习俗的一种肯定。这样做，不仅有利于充分发挥家庭的养老职能，减轻社会的负担，也体现了权利义务相一致和公平原则。

我国现行民法规定的法定继承人仅包括上述七种人。根据《民法典》第一千一百三十一条的规定，继承人生前扶养的缺乏劳动能力而又没有生活来源的人，或者继承人以外的对被继承人生前扶养较多的人，可以分配给他们适当的遗产。但是，这些人不是作为法定继承人去继承遗产的，他们不属于法定继承人的范围。

（二）法定继承人的继承顺序

调解继承纠纷，不仅要熟悉法定继承人包括上述七种人，还要知道继承人的继承顺序。法定继承人的继承顺序，在遗产继承中处于重要地位，它决定着谁有权继承，谁无权继承；谁是合法的继承人，谁是不当的继承人，从而可以避免遗产继承中许多不应当发生的争议和继承纠纷。

根据我国《民法典》第一千一百二十七条的规定，第一顺序遗产继承人包括：配偶、子女、父母，此外还有对公婆尽了主要赡养义务的丧偶儿媳、对岳父母尽了主要赡养义务的丧偶女婿。第二顺序遗产继承人包括：兄弟姐妹、祖父母、外祖父母。

继承开始后，由第一顺序继承人继承，第二顺序继承人不继承；没有第一顺序继承人继承的，由第二顺序继承人继承。本节开始提到的案例，哥哥强占弟弟留下的房产，赶走侄女，违反法律规定的继承顺序，也违反继承权男女平等原则。

二、遗嘱继承纠纷

目前，随着我国人民群众生活水平的提高，拥有的财产，尤其是房产的价值增大，不少人为防止子女在继承财产时发生纠纷，采用生前订立遗嘱的方式来预先处置自己留下的遗产。《中华遗嘱库白皮书（2013-2017）》数据显示，房产是老年人家庭财产的主要组成部分。在中华遗嘱库所登记的遗嘱中，处理房产的比例占到99.69%。白皮书显示，有99.93%的老年人选择中华遗嘱库范本中的“防儿媳女婿”条款。在遗嘱中规定继承人所继承的财产属于个人财产，不属于其夫妻共同财产。①

如果继承纠纷是由于继承人对于遗嘱是否有效和是否要执行遗嘱存在争议，那么基层民警在调解纠纷时要熟悉我国民法的相关规定。

（一）遗嘱的有效条件

遗嘱，是自然人所作的于死亡时发生法律效力的处分其遗产的一种民事法律行为。遗赠是遗赠人采用遗嘱的形式将其财产的一部分或者全部赠与国家、集体组织或者法定继承人以外的其他公民而于其死后发生法律效力的单方法律行为。我国《民法典》第一千一百三十三条规定：“自然人可以依照本法规定立遗嘱处分个人财产，并可以指定遗嘱执行人。自然人可以立遗嘱将个人财产指定由法定继承人中的一人或者数人继承。自然人可以立遗嘱将个人财产赠与国家、集体或者法定继承人以外的组织、个人。自然人可以依法设立遗嘱信托。”在遗嘱继承中，遗嘱人是被继承人，被遗嘱指定的继承人，是遗嘱继承人。在遗赠中，遗嘱人就是遗赠人，被遗嘱指定接受遗赠利益的人，是受遗赠人。在遗嘱信托中，被继承人将自己的遗产委托给受托人管理，并指定自己的继承人为信托财产的收益的受益人。

遗嘱必须具备下列条件，才具有法律效力并得到法律保障的执行。

1. 遗嘱人必须具有遗嘱能力

遗嘱能力的有无以是否具有行为能力为基准。在我国，只有具有完全行为能力的人才有遗嘱能力，行为能力与遗嘱能力是一致的。以一般的民法原理而论，无行为能力的人所作的意思表示应当无效，因此，必须由他的法定代理人代为意

① 《超过99%的老人立遗嘱选择了这项条款！网友炸锅》，新浪看点，2018年3月23日，http://k.sina.com.cn/article_6055881095_168f56987027004nwl.html?cre=sinapc&mod=g&loc=14&r=0&doct=0&rfunc=89&tj=none，2018年3月23日访问。

思表示。但是，这条原则不适用于遗嘱，因为遗嘱必须由遗嘱人自己做出意思表示，不得由他人代理，不适用民法上的一般代理制度，因此，无行为能力的人不能成为遗嘱人。

有些国家的民事立法，遗嘱能力获得的年龄标准，与自然人的完全行为能力获得的年龄标准不一致。往往其遗嘱能力获得的年龄标准，低于完全行为能力获得的年龄标准。这种立法例导致的结果是，有遗嘱能力的人不一定有完全行为能力，而某些行为能力受限制的人，其遗嘱能力不一定受限制。例如，《日本民法典》第九百六十一条规定，年满十五岁的人具有遗嘱能力，可以订立遗嘱。根据《日本民法典》第三条、第四条规定的精神，只有年满二十岁的人，才是成年人，才具有完全行为能力，未成年人、无行为能力或行为能力受限制的人，要进行法律行为需得到法定代理人的同意，但仅得到权利而又免去义务的行为不在此限。可见，日本的民法所规定的遗嘱能力和行为能力是不一致的。又如，《法国民法典》第三百八十八条规定，男女未满十八岁为未成年人，十八岁以上为成年人。该法典第九百零四条规定，满十六岁而未解除亲权的未成年人仅得以遗嘱处分财产，且其处分的限度仅为法律准许成年人处分财产的半数。很明显，法国民法中的行为能力与遗嘱能力也是不同的。我国《民法典》没有规定未成年人有订立遗嘱的能力。并且，我国《民法典》第一千一百四十三条第一款规定："无民事行为能力人或者限制民事行为能力人所立的遗嘱无效。"

2. 遗嘱必须是遗嘱人的真实意思表示

为了确保遗嘱是遗嘱人真实的意思表示，遗嘱必须由遗嘱人亲自订立，任何人不得代替。因此，遗嘱不适用民法上的代理制度。法定代理人也不得代理无行为能力的人订立遗嘱。尽管遗嘱人可以采用多种方式订立遗嘱，既可以自书，也可以请他人代书，还可以经公证机关办理遗嘱公证，也可以订立录音遗嘱和在危急情况下的口头遗嘱。但是，不论采取何种形式订立遗嘱，都必须是遗嘱人真实的意思表示，不是别人代替包办的。有的法学著作把遗嘱所具有的这一特征称为遗嘱的专属性，以与其他法律行为相区别。[①] 我国《民法典》第一千一百四十三条第二至四款规定："遗嘱必须表示遗嘱人的真实意思，受欺诈、胁迫所立的遗嘱无效。伪造的遗嘱无效。遗嘱被篡改的，篡改的内容无效。"

---

① 刘春茂主编：《中国民法学·财产继承》，中国人民公安大学出版社 1990 年版，第 326 页。

3. 遗嘱的内容必须符合法律和社会公共道德、善良风俗

作为一项民事法律行为，遗嘱在内容上必须符合法律和社会公共道德、善良风俗，否则不能发生法律效力。例如，许多国家的法律都要求遗嘱人不得处分某些法定继承人的特留份、必要的遗产份额，否则遗嘱无效。我国《民法典》第一千一百四十一条规定："遗嘱应当为缺乏劳动能力又没有生活来源的继承人保留必要的遗产份额。"

4. 遗嘱的形式必须符合法律要求

遗嘱这种处分死后财产的行为，法律后果重大，为规范遗嘱人的意思表示，法律对遗嘱规定形式要求，详见下文。

（二）遗嘱的形式

根据我国《民法典》的相关规定，遗嘱的方式有六种：自书遗嘱，又称亲笔遗嘱；代书遗嘱，又称代笔遗嘱；打印遗嘱；录音录像遗嘱；公证遗嘱；口头遗嘱，又称口授遗嘱。

对这六种遗嘱，法律还有形式要求。根据《民法典》第一千一百三十四条至一千一百三十九条的规定，自书遗嘱由遗嘱人亲笔书写，签名，注明年、月、日。公证遗嘱由遗嘱人经公证机构办理。代书遗嘱应当有两个以上见证人在场见证，由其中一人代书，并由遗嘱人、代书人和其他见证人签名，注明年、月、日。打印遗嘱应当有两个以上见证人在场见证。遗嘱人和见证人应当在遗嘱每一页签名，注明年、月、日。以录音录像形式立的遗嘱，应当有两个以上见证人在场见证。遗嘱人和见证人应当在录音录像中记录其姓名或者肖像，以及年、月、日。遗嘱人在危急情况下，可以立口头遗嘱。口头遗嘱应当有两个以上见证人在场见证。危急情况消除后，遗嘱人能够以书面或者录音录像形式立遗嘱的，所立的口头遗嘱无效。

按照《民法典》第一千一百四十条的规定，下列人员不能作为遗嘱见证人：（1）无民事行为能力人、限制民事行为能力人以及其他不具有见证能力的人；（2）继承人、受遗赠人；（3）与继承人、受遗赠人有利害关系的人。

遗嘱人立有数份遗嘱，内容相抵触的，以最后的遗嘱为准。

三、遗产分割阶段发生的纠纷

（一）确定遗产管理人

被继承人死亡后，遗产由谁管理，如果为此发生纠纷，接处警的民警可以依

据法律的规定调解纠纷。根据《民法典》第一千一百四十五条至一千一百五十六条的规定，继承开始后，遗嘱执行人为遗产管理人；没有遗嘱执行人的，继承人应当及时推选遗产管理人；继承人未推选的，由继承人共同担任遗产管理人；没有继承人或者继承人均放弃继承的，由被继承人生前住所地的民政部门或者村民委员会担任遗产管理人。被继承人死亡，继承开始。知道被继承人死亡的继承人应当及时通知其他继承人和遗嘱执行人。继承人中无人知道被继承人死亡或者知道被继承人死亡而不能通知的，由被继承人生前所在单位或者住所地的居民委员会、村民委员会负责通知。存有遗产的人，应当妥善保管遗产，任何组织或者个人不得侵吞或者争抢。

（二）遗产分割

如果继承纠纷是由于如何分割共同继承的财产引起的，社区民警应当依据《民法典》的有关规定调解纠纷。遗嘱执行人或者遗产管理人确定后，继承人可以提出执行遗嘱、分割遗产。遗产分割是各共同继承人按其应继份额进行分配用以消灭遗产的共同共有关系（共同共有或分别共有）为目的的一种法律行为。遗产分割发生在复数继承人共同继承的场合，遗产分割的结果是各共同继承人的共同共有关系的消灭，也是分家析产的一种情况。遗产上的权利义务分别归属于各个继承人，各继承人之间的连带债务责任，也因遗产的分割而终止。在有几个继承人的情况下，被继承人的遗产一般会经过一个短暂的共同所有的时期。这时，原财产的主人已经死亡，原财产的主体已经消失，遗产已转归为共同继承人所有。由于各继承人对被继承人所留下的全部遗产共同所有，因而，不能不有一个结束这种遗产共同所有的方法。也就是说，不能不发生遗产的分割问题。遗产的分割必须在各继承人的地位及应继份额确定以后，才能着手进行。如果共同继承人中有一人或数人下落不明，则非经死亡宣告程序，不得进行遗产分割。如果继承人中的一人或数人背着其他共同继承人私自分割遗产，则属于非法的侵权行为，此种遗产分割没有法律效力。被侵害的继承人有权向人民法院提起诉讼，要求恢复自己被侵害了的继承权从而重新分割遗产。

在一般情况下，遗产由继承人平均分割。继承人中有缺乏劳动能力和生活来源的，则在分割遗产时，应当给予适当照顾。分割遗产时，也可以考虑各继承人对被继承人所尽义务的多少而实行不等额分割。继承人分割遗产，应以分割时现存的财产为限。对于未分割以前因办理丧事、清偿债务等已经消费了的遗产，当然不在分割之列。继承人不得以继承开始时的遗产状况作为分割遗产的标准。但是，如果不是出于共有关系而消费，而是某个继承人私自消费或据为己有的，当然该继承人应当承担返还原物或赔偿损失的责任。

法律允许共同继承人中的任何一人可以随时请求分割共同继承的遗产，这是共有关系的一种例外。按照一般的民法理论，在共同共有关系存续期间，各共有人不得单独请求分割。但继承与此不同。这是因为，如果法律不赋予继承人以随时请求分割遗产的自由权利，则继承遗产的权利将因个别继承人不同意分割而落空；遗产长期保持共有状态，不利于遗产的使用和处分；况且继承人中难免有经济困难、急需使用和处分遗产的人，遗产的长期共有也不利于保护经济困难的继承人的利益。

根据《民法典》的有关规定，遗产分割应当有利于生产和生活需要，不损害遗产的效用。不宜分割的遗产，可以采取折价、适当补偿或者共有等方法处理。同一顺序继承人继承遗产的份额，一般应当均等。继承人协商同意的，也可以不均等。对生活有特殊困难又缺乏劳动能力的继承人，分配遗产时，应当予以照顾。对被继承人尽了主要扶养义务或者与被继承人共同生活的继承人，分配遗产时，可以多分。有扶养能力和有扶养条件的继承人，不尽扶养义务的，分配遗产时，应当不分或者少分。遗产分割时，应当保留胎儿的继承份额。胎儿娩出时是死体的，保留的份额按照法定继承办理。分割遗产，应当清偿被继承人依法应当缴纳的税款和债务；但是，应当为缺乏劳动能力又没有生活来源的继承人保留必要的遗产。继承人应当本着互谅互让、和睦团结的精神，协商处理继承问题。遗产分割的时间、办法和份额，由继承人协商确定；协商不成的，可以由人民调解委员会调解。向当地公安机关请求调解的，警民警可以作为家庭纠纷予以调解；调解不成的，告知当事人向人民法院提起诉讼。

第四节　扶养和监护纠纷中的疑难问题及案例分析

一、未成年子女的抚养和监护问题

（一）未成年子女抚养和人身权益保护问题

按照我国民法的有关规定，不满十八周岁的人是未成年人，应当由其父母担任监护人，父母对未成年子女负有抚养、教育和保护的义务。在实际生活中，会发生因子女抚养或者因履行对未成年子女人身权益保护的监护职责的纠纷。例如，最高人民法院公布的一个典型案例。原告胡某、被告张某于2000年经法院判决离婚，女儿张某某（1996年出生）由父亲张某抚养。离婚后，张某经常酗酒、酒后打骂女儿张某某。2005年，张某因犯抢劫罪被判处有期徒刑三年。刑满释放后，张某酗酒恶习未改，长期对女儿张某某实施殴打、谩骂，并限制张某某的人身自由，不允许其与外界接触，严重影响了张某某的身心健康。2011年3月19日深夜，张某酒后将熟睡中的张某某叫醒实施殴打，张某某左脸受伤，自此不敢回家。同月26日，不堪忍受家庭暴力的张某某选择不再沉默，向司法部门写求救信，揭露其父的家暴恶行，态度坚决地表示再不愿意跟随父亲生活，要求跟随母亲胡某生活。胡某遂向法院起诉，请求变更抚养关系。鉴于被告长期存在严重家暴行为，为防止危害后果进一步扩大，经法官释明后，原告胡某向法院提出了保护张某某人身安全的申请。法院经审理认为，被告张某与其女张某某共同生活期间曾多次殴打、威胁张某某，限制张某某人身自由的情况属实，原告的申请符合法律规定。依法裁定：（1）禁止张某威胁、殴打张某某；（2）禁止张某限制张某某的人身自由。裁定作出后，法院向市妇联、区派出所、被告所在村委会下达了协助执行通知书，委托上述单位监督被告履行裁定书确定的义务。后该案以调解方式结案，张某某自2011年4月28日起由胡某抚养。[①] 此案的典型意义在于，发出了全国第一道针对未成年人的“人身安全保护令”，为加强对未成年人的保护作了有益探索，为推动“人身安全保护令”写入其后的《反家庭暴力法》积累了实践素材，为少年司法事业作出了巨大贡献。数十家媒体和电视台对该案进行了宣传报道，产生了良好的社会效果。该案还引起联合国官员及全国妇联相关领导的关注，他们对这份“人身安全保护令”作出了高度评价。并且，本案调解过程中，人民法院还邀请当地妇联干部、公安民警、村委会干部、村调解员共同参与对被告的批评教育，促使被告真诚悔悟并当庭保证不再实施家暴行为。在法院发出对张某某的人身安全保护令后，当地公安机关协助法院执行保护令。本案是多元化解纠纷机制、社会联动机制在未成年人司法中的恰当运用，同时也为充分发扬“枫桥经验”、处理未成年人保护案件作出了良好示范。

（二）未成年子女的教育和财产权益保护问题

在社区警务工作中，会遇到涉及未成年人监护产生的纠纷。实际生活中，个

① 《胡某诉张某变更抚养关系案全国第一道未成年人“人身安全保护令”》，中国法院网，https://www.chinacourt.org/article/detail/2019/05/id/3988148.shtml，2020年2月2日访问。

别父母在对孩子进行教育中，因孩子不服从管教而将孩子带到派出所，希望民警帮助教育孩子。例如，2016 年 9 月 14 日，渝北区双龙派出所来了一对父母，牵着一个十来岁的男孩。男孩在家里背着父母拿钱，钱都用来买了零食和玩具。父母认为他的行为不是“拿”而是“偷”，并要他认错。但男孩却认为，自己拿的是他存放在父母那里的压岁钱，没有错，所以他拒绝承认自己的行为是错的。在派出所里，经民警耐心询问两个小时后，小男孩终于开口了，他说自己叫张龙(化名)，读小学五年级。民警问小龙是否认识到自己有错，小龙却说，每逢过年都会有很多亲戚给压岁钱，钱放在父母那里。“我拿我自己的压岁钱，怎么能算偷呢，又怎么会有错……”民警从小龙父母处了解到，小龙在家共拿过 3 次钱，共计 130 元。前两次，父母都打骂教育了，但每次小龙都没有承认自己有错。2016 年 9 月 14 日早上，小龙父母又一次发现小龙偷拿压岁钱，再次问小龙是否认识到自己的错误，可小龙仍旧表示“没有错”。父母觉得管不了孩子了，一怒之下将孩子带到派出所，希望民警教育孩子，让孩子认识到错误。民警对孩子和其家长的纠纷进行调解，提醒家长教育孩子要注意方法，尽量避免使用惩罚性的方式，打骂只会疏远孩子与父母的感情，要分析孩子私自拿钱的原因，也要避免胡乱上升到“偷”的高度。要用宽容、理解的心，和孩子建立良好的交流沟通关系，适当满足孩子的需求或许能解决这一问题。对于小孩，民警指出，虽然压岁钱是自己的，在法律上也属于孩子所有，但一般情况下，未成年子女的财产多是由父母代为保管，想要用钱，应该和父母讲明自己的原因，相信父母都是爱孩子的，会满足孩子的合理要求。经过调解，小龙主动要求给父母写保证书，以后不再擅自拿钱。小龙父母也对自己管教孩子的行为进行了反思，感谢民警的提醒，将小龙带回家。[①] 在这个例子中，民警对此家庭纠纷的处理合法合理，方式方法得当，依法调解了父母子女之间关于被监护人财产管理的问题。无论是按照当时施行的《民法通则》，还是按照现行《民法典》的相关规定，监护人的职责是代理被监护人实施民事法律行为，保护被监护人的人身权利、财产权利以及其他合法权益等。监护人应当按照最有利于被监护人的原则履行监护职责。监护人除为维护被监护人利益外，不得处分被监护人的财产。未成年人的监护人履行监护职责，在作出与被监护人利益有关的决定时，应当根据被监护人的年龄和智力状况，尊重被监护人的真实意愿。在这个例子中，小龙的压岁钱在法律上是其

① 《擅自拿压岁钱还拒不认错小男孩被父母送进派出所》，网易新闻，http://news.163.com/16/0918/01/C1776UBB00014AED.html，2016 年 9 月 18 日访问。

接受的赠与，属于小龙所有。但小龙未成年且未满十六周岁（报道中提到其上小学五年级，可以推定其年仅十一岁或者十二岁），需要父母抚养和教育，对自己的财产也缺乏管理和正确处分的能力，父母作为监护人代其保管财产合法合理，小龙需要用钱应当说明用途，并征求父母的同意。父母作为监护人履行监护职责，在作出与被监护人利益有关的决定时，尤其是对已经属于被监护人的财产进行管理和处分，也应当根据被监护人的年龄和智力状况，尊重被监护人的真实意愿。成年人的监护人履行监护职责，也应当最大限度地尊重被监护人的真实意愿，保障并协助被监护人实施与其智力、精神健康状况相适应的民事法律行为。对被监护人有能力独立处理的事务，监护人不得干涉。十六周岁以上的未成年人，以自己的劳动收入为主要生活来源的，在法律上被视为完全民事行为能力人，不再需要监护，可以独立参与民事活动，管理和处分自己的财产。

（三）变更监护人

通常，父母对自己的亲生子女都是疼爱的，会尽自己的最大努力去照料子女的生活，并为子女提供良好的教育。但也有极少数人，不能履行好为人父母的责任，不仅对子女的生活照料不周，甚至虐待子女，这种情况就需要法律干预，撤销其监护人的资格，为未成年人另行指定适合的监护人。例如，最高人民法院在其官网上公布的全国首例撤销监护人资格判决案件。福建省某县村民林某，2004年生育一子小龙（化名），因小龙的生父一直身份不明，故小龙自出生后一直随林某共同生活。林某曾有过三四次不成功的婚姻，生活中不但对小龙疏于管教，经常让小龙挨饿，而且多次殴打小龙，致使小龙后背满是伤疤。自 2013 年 8 月始，当地政府、妇联、村委会干部及派出所民警多次对林某进行批评教育，但林某仍拒不悔改。2014 年 5 月 29 日凌晨，林某再次用菜刀划伤小龙的后背、双臂。同年 6 月 13 日，该村村民委员会以被申请人林某长期对小龙的虐待行为已严重影响小龙的身心健康为由，向法院提出请求依法撤销林某对小龙监护人资格的申请。审理期间，法院征求小龙的意见，其表示不愿意随其母林某共同生活。法院经审理认为，监护人应当履行监护职责，保护被监护人的身体健康、照顾被监护人的生活，对被监护人进行管理和教育，履行相应的监护职责。被申请人林某作为小龙的监护人，采取打骂等手段长期虐待小龙，经有关单位教育后仍拒不悔改，继续对小龙实施虐待，其行为已经严重损害小龙的身心健康，故不宜再担任小龙的监护人。依法撤销林某对小龙的监护人资格，并依法指定该村民委员会担任小龙的监护人。本案例于 2015 年被全国妇联评为首届全国维护妇女儿童权益十大案例。[①] 这个案例作出全国首例撤销监护人资格的判决，村民委员会作为申请主体申请撤销监护失当的监护人的监护资格，并根据法律的有关规定，在没有其他近亲属和朋友可以担任监护人的情况下，按照最有利于被监护人成长的原则，指定当地村民委员会担任小龙的监护人，切实维护未成年人的合法权益，有利于被监护人成长。

基层公安机关接到的家庭暴力报警中，虽然多数为丈夫或者同居男友施暴妻子或者同居女友，但也有一些是父母殴打未成年子女的，还有极少数是成年子女虐待老年父母的。

我国《民法典》第三十六条规定："监护人有下列情形之一的，人民法院根据有关个人或者组织的申请，撤销其监护人资格，安排必要的临时监护措施，并按照最有利于被监护人的原则依法指定监护人：（一）实施严重损害被监护人身心健康的行为；（二）怠于履行监护职责，或者无法履行监护职责且拒绝将监护职责部分或者全部委托给他人，导致被监护人处于危困状态；（三）实施严重侵害被监护人合法权益的其他行为。本条规定的有关个人、组织包括：其他依法具有监护资格的人，居民委员会、村民委员会、学校、医疗机构、妇女联合会、残疾人联合会、未成年人保护组织、依法设立的老年人组织、民政部门等。前款规定的个人和民政部门以外的组织未及时向人民法院申请撤销监护人资格的，民政部门应当向人民法院申请。"

根据《民法典》第三十七条的规定，依法负担被监护人抚养费、赡养费、扶养费的父母、子女、配偶等，被人民法院撤销监护人资格后，应当继续履行负担的义务。

根据《民法典》第三十八条的规定，被监护人的父母或者子女被人民法院撤销监护人资格后，除对被监护人实施故意犯罪的外，确有悔改表现的，经其申请，人民法院可以在尊重被监护人真实意愿的前提下，视情况恢复其监护人资格，人民法院指定的监护人与被监护人的监护关系同时终止。

二、成年人监护中的疑难问题

（一）需要被监护的成年人

不能辨认或者不能完全辨认自己行为的成年人，不能独立生活，人身权益和

① 《林某虐待子女被撤销监护人资格案全国首例撤销监护人资格判决》，中国法院网，https：//www.chinacourt.org/article/detail/2019/05/id/3988127.shtml，2019 年 5 月 31 日访问。

财产权益需要有人保护，法律将此类成年人规定为无民事行为能力人或者限制民事行为能力人。根据我国《民法典》第二十四条的规定，不能辨认或者不能完全辨认自己行为的成年人，其利害关系人或者有关组织，可以向人民法院申请认定该成年人为无民事行为能力人或者限制民事行为能力人。可以向人民法院申请认定某成年人为无民事行为能力人或者限制民事行为能力人的有关组织，包括居民委员会、村民委员会、学校、医疗机构、妇女联合会、残疾人联合会、依法设立的老年人组织、民政部门等。

被人民法院认定为无民事行为能力人或者限制民事行为能力人的，经本人、利害关系人或者有关组织申请，人民法院可以根据其智力、精神健康恢复的状况，认定该成年人恢复为限制民事行为能力人或者完全民事行为能力人。

（二）成年人的监护人的确定

对不能辨认或者不能完全辨认自己行为的成年人，应当确定监护人，并由其监护人承担生活照料、人身权益和财产权益保护的监护职责。我国《民法典》第二十八条规定："无民事行为能力或者限制民事行为能力的成年人，由下列有监护能力的人按顺序担任监护人：（一）配偶；（二）父母、子女；（三）其他近亲属；（四）其他愿意担任监护人的个人或者组织，但是须经被监护人住所地的居民委员会、村民委员会或者民政部门同意。"《民法典》第一千零四十五条第二款规定："配偶、父母、子女、兄弟姐妹、祖父母、外祖父母、孙子女、外孙子女为近亲属。"不能辨认或者不能完全辨认自己行为的成年人，首先由其配偶担任监护人。没有配偶的，包括未婚或者丧偶、离异，由其父母或者成年子女担任监护人。如果父母已经去世或者年迈病弱无监护能力，也没有成年的子女，从第三顺序的近亲属（兄弟姐妹、祖父母、外祖父母、孙子女、外孙子女）中，确定适合的人选，担任监护人。上述顺序，不是必须照此执行的，根据《民法典》第三十条和第三十一条的规定，依法具有监护资格的人之间可以协议确定监护人。协议确定监护人应当尊重被监护人的真实意愿。对监护人的确定有争议的，由被监护人住所地的居民委员会、村民委员会或者民政部门指定监护人，有关当事人对指定不服的，可以向人民法院申请指定监护人；有关当事人也可以直接向人民法院申请指定监护人。居民委员会、村民委员会、民政部门或者人民法院应当尊重被监护人的真实意愿，按照最有利于被监护人的原则在依法具有监护资格的人中指定监护人。在指定监护人前，被监护人的人身权利、财产权利以及其他合法权益处于无人保护状态的，由被监护人住所地的居民委员会、村民委员会、法律规定的有关组织或者民政部门担任临时监护人。监护人被指定后，不得擅自变更；擅自变更的，不免除被指定的监护人的责任。

具有完全民事行为能力的成年人，可以与其近亲属、其他愿意担任监护人的个人或者组织事先协商，以书面形式确定自己的监护人，在自己丧失或者部分丧失民事行为能力时，由该监护人履行监护职责。

如果需要被监护的人没有《民法典》第二十八条规定的近亲属，根据《民法典》第三十二条规定，没有依法具有监护资格的人的，监护人由民政部门担任，也可以由具备履行监护职责条件的被监护人住所地的居民委员会、村民委员会担任。

确定不能辨认或者不能完全辨认自己行为的成年人的监护人，一般来说，比确定未成年人的监护人情况复杂，近亲属中多有不愿意担任监护人的。例如，北京一法院裁决的一起确定妹妹担任哥哥监护人的案件。2014 年 12 月 27 日，张先生遭遇车祸，当日其被送到北京怀柔医院接受住院治疗，被诊断为踝关节骨折伴脱位（左）、胫骨平台骨折（右）、膝关节脱位（右）、骨盆骨折、脑挫伤、颅底骨折、继发性癫痫等。医院于 2017 年 6 月 6 日向北京市顺义区人民法院申请张先生为无民事行为能力人。2018 年 1 月 10 日，法大法庭科学技术鉴定研究所作出司法鉴定，确认张先生为器质性精神障碍，评定无民事行为能力。2018 年 3 月 13 日，顺义区人民法院作出民事判决，宣告张先生为无民事行为能力人。张先生住院三年，不仅拖欠治疗费，而且还拒绝出院。为了让张先生出院，院方和张先生所在村的村委会曾经找王女士（张先生同母异父的妹妹）协商解决。王女士一方则表示，他们跟张先生已经有四十多年没有联系过了，这件事对王女士一家影响非常大，因为此事，王女士和丈夫经常吵架，最后闹到双方离婚，王女士女儿的工作也受到影响，从店长被降为普通店员。王女士离婚后没有地方住，只能暂住在亲戚家中，且每个月只有 600 元养老费用，加之王女士目前已经快 60 岁了，让王女士 24 小时看护一个 70 岁的老人不现实。王女士一方表示，他们目前根本没有能力也没有条件接张先生出院，他们愿意放弃监护人资格。法院查明，现年 57 岁的王女士与 70 岁的张先生为同母异父的兄妹，张先生现已离婚，曾育有一子，现已死亡，张先生的父母也均已死亡。2018 年 5 月 29 日，北京怀柔医院向顺义区人民法院申请确定王女士为张先生的监护人。2018 年 6 月 25 日，顺义区人民法院作出判决，指定王女士为张先生的监护人。2018 年 7 月 20 日，怀柔医院将张先生和王女士告上法院，要求被告支付拖欠的各项费用共计 41 万余元，并协助办理出院手续将张先生接离原告住院病区。经审理，对于医院要求王女士支付费用的诉讼请求，法院认为，监护人的职责是代理被监护人实施民事法律行为，代理并非代为清偿费用；此外，无论是张先生因交通事故受伤，还是此后发生的相关费用，当时王女士并非张先生的监护人，对上述事故和费用的发生并无过错或失职，因此原告的此项诉求，法院不予支持。而对于医院要求王女士帮助办理出院手续，并将张先生带离医院的诉求，法院认为，监护人的职责包括保护被监护人的人身权利，具体来说是保护被监护人的身体健康和人身安全、照顾被监护人的生活，因此法院予以支持。[①] 在这个案件中，法院判决由张先生同母异父的妹妹担任监护人符合法律的规定，无论是按照案件审理时适用的《民法总则》，还是后来颁布的《民法典》，均应当由唯一生存的近亲属——妹妹担任监护人。《民法典》第二十八条规定："无民事行为能力或者限制民事行为能力的成年人，由下列有监护能力的人按顺序担任监护人：（一）配偶；（二）父母、子女；（三）其他近亲属；（四）其他愿意担任监护人的个人或者组织，但是须经被监护人住所地的居民委员会、村民委员会或者民政部门同意。"《民法典》第一千零四十五条第二款规定："配偶、父母、子女、兄弟姐妹、祖父母、外祖父母、孙子女、外孙子女为近亲属。"张先生现已离婚，曾育有一子，但已死亡，张先生的父母也均已死亡。张先生的近亲属中，只有妹妹王女士一人，王女士虽然担任监护人有实际困难，但无其他人选。因此，法院只能指定王女士为张先生的监护人，要求王女士帮助办理出院手续，并将张先生带离医院。但是王女士作为张先生的监护人，仅应承担补充责任，张先生因交通事故受伤及此后发生的相关治疗费用，应从张先生的财产中支付。如果交通事故还有其他责任方，则王女士可以代理张先生，向由应负交通事故责任的人提出要求其承担或者分担治疗费用。

（三）成年人的监护人的职责

根据《民法典》的相关规定，不能辨认自己行为的成年人，无民事行为能力，实施民事法律行为由其监护人作为法定代理人代理。限制民事行为能力人，可以独立实施纯获利益的民事法律行为或者与其智力、精神健康状况相适应的民事法律行为，其行为经其法定代理人同意、追认。监护人应当按照最有利于被监

① 《患者拒绝缴费出院"赖床"三年被起诉法院判决：监护人不赔偿》，网易新闻，https://news.163.com/18/1009/13/DTM9SND40001875P.html。

护人的原则履行监护职责。成年人的监护人履行监护职责，应当最大限度地尊重被监护人的真实意愿，保障并协助被监护人实施与其智力、精神健康状况相适应的民事法律行为。对被监护人有能力独立处理的事务，监护人不得干涉。监护人除为维护被监护人利益外，不得处分被监护人的财产。监护人不履行监护职责或者侵害被监护人合法权益的，应当承担法律责任。因发生突发事件等紧急情况，监护人暂时无法履行监护职责，被监护人的生活处于无人照料状态的，被监护人住所地的居民委员会、村民委员会或者民政部门应当为被监护人安排必要的临时生活照料措施。

实践中，确定不能辨认或者不能完全辨认自己行为的成年人的监护人较常发生诉讼纠纷；不能辨认或者不能完全辨认自己行为的成年人造成侵权损害的，有些会形成治安案件。笔者调研了解到，基层公安机关所接到的报警中，有一些就是关于不能辨认或者不能完全辨认自己行为的成年人造成侵权损害的。例如，重庆市公安局巴南区分局某派出所的报警记录中记载：一精神病人在砸某村办公室的玻璃；一精神病人持刀站在某街巷不走，周围群众不敢过街；一人流浪到某地，且疑似有精神病；一人脱光衣服站在河边，旁人叫其不理；等等。

三、老年人赡养中的疑难问题

（一）赡养老人是法定义务而不仅是道德义务

我国传统的养老方式，以居家养老为主，尊重老人、赡养老人是中华民族的传统美德，也是公民必须遵守的法律义务。根据我国《民法典》的相关规定，成年子女对缺乏劳动能力或者生活困难的父母，有赡养义务。而且，子女对父母的赡养义务，不因父母的婚姻关系变化而终止。不能因为父亲或者母亲再婚，而拒绝履行赡养义务。有负担能力的孙子女、外孙子女，对于子女已经死亡或者子女无力赡养的祖父母、外祖父母，有赡养的义务。

少数人的法治观念和道德观念淡薄，不赡养因年老或者疾病而生活困难的父母，是赡养纠纷发生的根本原因。老年人赡养中出现的问题，大多数属于民事纠纷，当地公安派出所可以进行调解处理。一些派出所时常会接到老人被亲属遗弃而流落街头的求助报警，遗憾的是，在老人被遗弃或者虐待的事件中，仅有少数的报警求助，而且往往还不是被遗弃的老人自己主动报警，而是邻居或者其他知情人报警。当然，也有些家庭，因几个子女对如何安排老人的赡养发生纠纷，而主动要求公安民警调解。比如，有些老人在分家析产或者订立遗嘱时，对待子女亲疏不一、财产分配不公，使其子女之间产生矛盾，待老人需赡养时，有的子女不想尽义务，或者几个子女互相推诿，相互比较和算计各自承担的赡养责任的多少。在赡养老人时，有的家庭，几个子女比较的不是如何好好赡养老人，而是算计自己如何少尽赡养义务。致使老人赡养发生纠纷，谁都不主动尽赡养义务，甚至造成老人被遗弃。对于这样的赡养纠纷，如果当事人要求当地公安派出所民警调解，接处警的民警应当根据有关民法的规定，向当事人讲明：赡养父母不仅是道德义务，也是法律义务；不履行赡养父母的法律义务，要承担法律责任。如果父母向法院起诉，法院可以判决强制成年子女承担赡养父母的责任。

（二）不履行赡养义务的法律责任

根据我国《民法典》第一千零六十七条第二款的规定，成年子女不履行赡养义务的，缺乏劳动能力或者生活困难的父母，有要求成年子女给付赡养费的权利。1984 年秋季，笔者在北京大学法律系读法律本科期间，经学校安排到南京市栖霞区人民法院民事法庭实习，参与协助办理的第一个案件，就是一位独居老人要求其三个子女支付赡养费的案件。老人起诉提出，根据三个子女的不同经济状况而分别每月向其支付 12 元、10 元、5 元不同数额的赡养费。主审法官先进行调解，而三个子女对此意见分歧大。小儿子同意父亲的主张；但长子认为三个子女应当平均支付赡养费，父亲偏向小儿子（老人因小儿子经济条件差而在起诉中向其索要的赡养费最少）；女儿则认为自己当年在分家时得到的财产最少，不应当比弟弟承担的赡养费多。长子和女儿还提出，老人身体很好，不仅生活完全自理，经济条件也不差，自己有小菜园，不仅种菜自给自足，还养了两头奶羊卖羊奶。最终，调解不成功，没有达成调解协议。法庭作出判决，在老人诉讼要求的基础上，根据三个子女的不同经济状况分别要求其支付不同数额（8 元、7 元、5 元）的赡养费，减少了起诉书中要求的长子和女儿承担的数额，缩小了三个被告承担赡养费的差距。判决后，原被告双方均认同，表示不上诉。

不履行赡养义务的，一般要负民事法律责任；但如果赡养人不履行赡养义务，导致老人因被虐待、遗弃而死亡、重病等严重后果的，则构成刑事犯罪，应当由公安机关立案侦查，追究应负赡养义务之人的刑事责任。2014 年 12 月 26 日，中央电视台《今日说法母亲的呼救》报道，重庆市万州区解昌英老人，因子女拒绝赡养，身体饥饿、体力不支，摔倒在两个儿子的家门外，导致体内出血，两儿子听见老母亲大声呼救，却置之不理。最终，85 岁的解昌英因体内出血达 20%，休克死亡。据查，解昌英共有四儿三女，家庭协议由四个儿子按月轮流赡养。2014年1月1日，老人四儿子赡养日子到期，吃过早饭后，四儿子将解昌英送到大儿子处，大儿子明知解昌英被送到自己家，却外出办事将大门紧锁。老人等了两个小时后，又返回四儿子处，四儿子却以轮值赡养已到期为由，拒绝解昌英继续居住。老人无奈离开四儿子家，辗转来到二儿子和三儿子家门外。夜深时，解昌英在门外大声呼救，两个儿子虽然都听到了老母亲的呼救声，但两人都认为不该自己轮班，所以都没有允许老母亲进屋。2014年1月2日早上7点，二儿子送孩子上学，出门看到老母亲躺在地上，发现老母亲口鼻处有血，可二儿子并没有在意，而是将老人扶到门外的石凳上，继续送孩子上学，回来时发现老人已经死亡。警察检测当天当地白天温度仅为1.9℃，是当地一年中最冷的时候。经法医鉴定，解昌英的死因是摔跌导致创伤性休克死亡。警察现场勘查发现，老人二儿子和三儿子门口路边的竹竿上有血迹，推测老人在前往二儿子和三儿子家的路上摔倒，爬起来后继续往前走，用手扶了路边的竹竿。解昌英的体内出血达到20%，对于85岁的老人，足以致命。重庆市万州区人民法院最后以遗弃罪，分别判处四个儿子一年半至两年的有期徒刑。无论是按照本案发生时适用的《婚姻法》，还是按照现行《民法典》相关规定，成年子女都有赡养父母的义务，尤其对缺乏劳动能力或者生活困难的父母，成年子女必须履行赡养义务。根据我国《老年人权益保障法》第十五条的规定，赡养人应当使患病的老年人及时得到治疗和护理；对经济困难的老年人，应当提供医疗费用。在老人因摔伤、饥饿、寒冷、疾病等因素，生命受到威胁时，赡养人有义务为老人提供及时有效的救助。赡养人有能力提供救助而不予救助，就构成刑法上的不作为。按照我国《刑法》第二百六十一条的规定，对于年幼、年老、患病或者其他没有独立生活能力的人，负有扶养义务而拒绝扶养，情节恶劣的，处五年以下有期徒刑、拘役或者管制。刑法上的间接故意，是指明知自己的行为可能引起某种危害社会的结果，并且放任这种结果发生的心理态度。根据老人所处的环境和老人的身体状况，此案中，解昌英的四个儿子从基本生活常识也应当意识到，八旬老人一整天处于饥饿、寒冷、疾病的状态，仅冬日寒冷的夜晚，就足以让人的生命受到威胁，他们却冷漠到不让老母亲进屋避寒，对老人死亡结果的发生持放任的态度，对老人的死亡具有主观上的间接故意，构成犯罪。

第四章　合同纠纷警情处置中的疑难问题及案例分析

第一节　合同纠纷与利用合同犯罪

在公安机关民间纠纷类警情处置中，合同纠纷为数不少，尤其以买卖合同、租赁合同、借贷合同、医事服务合同、物业服务合同、雇佣合同等纠纷居多。合同纠纷发生后，如果矛盾激化，有些当事人甚至会动手伤人，影响公共场所的安全和秩序，构成治安案件。也有些合同纠纷本身就处于刑民交叉领域，如高息放贷、非法集资，需要处警人员正确判定和区分纠纷的性质，分别依据民法和刑法来处理。还有假借合同的外衣，实为犯罪的行为，如托管造林合同诈骗、以股权众筹为名的集资诈骗、欺骗老年人卖房投资“理财产品”的合同诈骗、套路贷、裸贷、暴力催债、“714 高炮”（期限为 7 天或 14 天的高利息网络贷款）等，对这些犯罪行为，需要公安机关立案侦查。

一、合同违约与合同诈骗罪

合同违约，简称违约，是指合同成立生效后，合同当事人不履行合同义务或者不按照合同履行合同义务，包括不履行行为、不完全履行行为、迟延履行和毁约。合同违约属于民事违法行为，违约方要承担民事违约责任，向对方支付违约金和赔偿损失。

合同诈骗罪，根据我国《刑法》第二百二十四条的规定，是以非法占有为目的，在签订、履行合同过程中，骗取对方当事人数额较大的财物的犯罪。对实施合同诈骗罪的人，处三年以下有期徒刑或者拘役，并处或者单处罚金；数额巨大或者有其他严重情节的，处三年以上十年以下有期徒刑，并处罚金；数额特别巨大或者有其他特别严重情节的，处十年以上有期徒刑或者无期徒刑，并处罚金或者没收财产。实践中较多发生的具体的合同诈骗行为包括：（1）以虚构的单位或者冒用他人名义签订合同；（2）以伪造、变造、作废的票据或者其他虚假的产权证明作担保；（3）没有实际履行能力，以先履行小额合同或者部分履行合同的方法，诱骗对方当事人继续签订和履行合同；（4）收受对方当事人给付的货物、货款、预付款或者担保财产后逃匿；（5）诱使当事人签订信托合同、集资合同、代理投资理财合同后，再借口投资失败，侵吞投资款；（6）以其他方法骗取对方当事人财物。

合同诈骗罪与合同违约，在表面上有相似之处。两者的相同点在于：（1）当事人都签订了合同。（2）合同履行期届满，均发生一方当事人不履行合同的行为。（3）因合同违约而财产利益受损失的一方当事人，要求对方履行合同却被拖延或者拒绝。违约方往往以存在客观困难或者经营失败为由，拖延履行甚至拒不履行合同。

二、合同诈骗罪与合同违约的区别

（一）合同的效力不同

合同违约的前提条件是，双方当事人签订的合同合法有效。合同合法有效，必须具备四个条件：（1）合同主体合格。不仅双方当事人都具有签订合同的民事行为能力，而且，法律对某些合同的主体有特别规定的，当事人也具备特定主体要求的条件。比如，发行公司债券，发行人必须是公司法人，且符合公司法和证券法有关债券发行的规定条件。（2）合同内容合法。双方当事人签订的合同不得违反法律的禁止性规定。比如，我国法律规定，农村集体组织成员的宅基地所有权属于集体组织所有，城市居民不得与农民签订宅基地买卖合同，不得购买农民的宅基地、建造房屋。（3）双方当事人达成合意。而且双方当事人的意思表示真实。一方当事人向拟订立合同的对方当事人发出要约，即订立合同的提议，双方当事人对合同的标的、数量、质量等内容协商一致，受要约方作出承诺，双方意思表示一致，合同成立。（4）合同的形式符合法律的规定。对于有些合同，法律有形式要求，必须符合形式要求，合同才能有效成立。比如，机动车的买卖合同，出卖人和买受人签订书面合同后，还需要到机动车管理部门办理车辆行驶证的变更手续，此买卖合同才产生法律效力、车辆所有权才转移到买受人。

合同诈骗犯罪，则是行为人利用合同形式来骗取对方财物，所签订的合同不仅违反民法中的强制性规定，也违反了相关行政法律和刑法的禁止性规定，在法律上是无效的。在合同诈骗犯罪中的合同，不能完全具备上述四个合同有效条件，不仅在民法上是无效合同，也违反了刑法和行政法的规定，自始至终都不能产生合同的法律效力。例如，托管造林的合同诈骗犯罪。“托管造林”是曾经在全国多地发生的、欺骗民众的合同诈骗犯罪。托管造林的合同诈骗，其基本运作方式是：注册一家公司，公司通过租赁、承包或其他方式，获取某片林地的使用权及林木所有权，再将该片林地分割为众多份额，转卖给社会零散投资者。投资者购买某份林地后，再将林地和林木委托给该公司经营，由该公司在投资人购买的林地上植树。公司宣称，树木生长成材后，公司还可以代理采伐和销售。实际上，这种集转让与托管于一体的经营模式，即使正当经营，风险也极大。树木的生长成材，受自然条件限制和影响，不仅时间长，且经营风险高。况且，一些公司在运作过程中存在诈骗行为，并不是真正去植树造林，而是将林地分割售出后，即卷款跑路，给众多的投资者造成了极大的经济损失。这些“托管造林”公司主要采用了以下几种欺骗手段：一是为公司披上合法外衣，极力宣传“托管造林”模式是响应中央 9 号文件精神，是国家鼓励社会主体参与林业建设和投资的新模式，欺骗投资者。二是以林权证为幌子，骗取投资者信任。“托管造林”公司许诺，在投资人购买林地后，将转交或帮助投资者办理由国家林业局统一印制的林权证，使投资者相信林木是真实存在的、权益是有保障的。而实际情况并非如此，一片林地的产权被分割为众多份额，几乎不可能给每个投资人的份额单独办理林权证。三是夸大林木生长量及林业投资回报率。“托管造林”公司多数在宣传中许诺很高的投资回报率或出材量，甚至宣传投资林业零风险。而实际上，林木生长受自然条件、品种选择、经营措施、自然灾害等多方面因素影响，“托管造林”公司在宣传中向投资者隐瞒投资林业所要承担的风险。四是承诺由专业的管护队伍和机械设备，负责对投资者购买的林木进行精心管护。实际上，这种承诺是否履行很难监督，有些公司根本没有所谓的专业管护队伍，也没有实施正常的营林和管护措施，林木生长状况很差。五是宣传林木采伐不受采伐限额指标的控制。这与现行法律法规的规定严重不符。我国《森林法》规定，除农村居民采伐自留地和房前屋后个人所有的零星林木以外，采伐林木必须申请采伐许可证，按许可证规定的面积、株数、树种、期限、采伐方式等进行采伐。而一些“托管造林”公司以“谁造谁有”为借口，宣称当事人想采伐就可以采伐，实际上是在欺骗投资者。六是包装公司的经营形象赢得投资者的好感。有的公司在城市重要的商业地段，租用高档写字楼作为公司的经营场所，打造具有经营实力的形象；宣称拥有一批经验丰富的专业技术管理人员，打造专业性。甚至还组建各种类型的监督委员会等，体现投资者对公司的监督权。而实际上，这也是骗局的一部分，所谓的监督委员会，也是由该公司的人员组成的。

（二）当事人的主观目的不同、过错程度不同

合同违约方的当事人，在签订合同时并没有不履行合同的意图，而且在合同签订后也开始着手履行合同，或者为履行合同做准备，只是后来由于存在客观困难或者经营失败，导致延迟履行合同，甚至不能履行合同。比如，甲乙两个企业法人签订货物订购合同，甲向乙预付货款后，乙有履行合同的行为，按照合同要求生产产品，但因为在生产过程中发生安全事故导致意外失火，部分厂房和货物毁损，生产也需要暂停，导致不能按期履行合同。这种情况，乙应该向甲说明违约的原因，可以提出退款，也可以与甲协商，延迟履行合同。

合同诈骗犯罪，行为人只是利用合同形式来骗取对方财物，订立合同的目的就是要非法占有对方的财物。例如，在我国多个大中城市发生的“以房养老”骗局。一些人注册财务咨询服务类的公司，在社会上向一些有房产的老年人宣传，称公司有收益很高的投资理财项目，老人如果没有钱投资，可以委托公司代理办理房屋抵押，向银行贷款。再用从银行借贷的钱，投资该公司的理财项目，理财项目的收益远高于银行贷款利率，老人不仅可以继续住自己的房子，还可以获得收益，改善晚年的经济生活条件。但实际上，这些所谓的理财咨询服务公司，与老人签订了委托代理合同后，公司代理老人向银行贷款，并以房产抵押担保贷款。老人把从银行贷的款交给公司后，公司前期按月代老人向银行偿还贷款的分期本息，也给老人一份“理财分红”，以吸引更多的人来公司“投资理财”。公司的实际控制人在骗到足够多的人后，卷款跑路，留下受骗的老人去偿还银行贷款。往往等到公司的控制人跑路、“理财咨询公司”关门后，银行向老人催还贷款时，很多老人这才发现自己被骗。有些老人不得不替骗子去偿还贷款（银行发放贷款时并不知晓其中的骗局），有些老人甚至只能卖房还贷款。有的公司甚至都没有代理老人向银行贷款，而是直接以老人的全权代理人的身份，私自将老人的房子卖了，卷款跑路。陷入“以房养老”骗局的老人，不仅未获得投资收益，其中还有不少人失去了房产。有媒体报道了“以房养老”骗局中最“著名”的一起——北京普伴投资管理有限公司旗下产品“稳贷宝”打着以房养老名义骗取老人房产的事实。2015 年至 2016 年，在普伴公司的“忽悠”下，数百位老人向小额贷款公司抵押房产贷款，然后将巨额贷款交给普伴公司投资“稳贷宝”

产品进行理财，每月得到相应的理财收益。据不完全统计，普伴公司在爆雷后，共涉及房产 175 套，现金投资人共 849 人，涉及资金超过 12 亿元，覆盖城市包括北京、上海、海南等地，其中北京是“重灾区”。“稳贷宝”是通过投资人（受骗者）抵押自己的房产给小额贷款公司，小额贷款公司放款后，普伴公司再通过借款形式，支付投资人利息，并同时负责支付贷款利息。以众多受骗人中的赵先生为例，在普伴公司业务员的全程指导下，赵先生与普伴公司及小额贷款公司签订了借款和抵押协议，并将房产抵押出来的 800 多万元人民币打给普伴公司。起初，赵先生每个月都能拿到近 3 万元的利息，然而没过多久，他就发现自己收不到利息了，进一步调查时发现，普伴公司人去楼空，咨询电话变成空号，业务员也失联了。不久，赵先生陆续接到小额贷款公司的催债电话，最终被小额贷款公司告上了法庭，对方还申请了强制执行。在后续调查中发现，虽然普伴公司全程参与了交易，但是在抵押贷款环节，事主是每个人单独与小额贷款公司签订的抵押贷款合同。小额贷款公司是放款到事主账户的，普伴公司前期返还事主的贷款利息，也是通过事主账户给小额贷款公司还款的。所以在法律上，普伴公司与事主的抵押贷款毫无关系。至于事主将贷款来的款项交给普伴公司理财，已经是另外一层法律关系了。基于这一“精巧”的设计，小额贷款公司向事主催债，事主只能还款。[①]

（三）损害后果和法律的惩处不同

合同违约，无论损害后果大小，只要存在当事人违约的事实，对方即可以要求违约方承担违约责任，修理、更换、退货退款、赔偿损失。比如，某顾客甲网购一件红色的衣服，卖家错发来一件同款式但颜色是粉色的衣服。交付的货物违约，虽然没有给甲造成多大的损害，甲仍然可以要求卖家承担违约责任，可以要求更换，也可以要求退货退款。

合同诈骗犯罪，损害后果则远比合同违约重大。即使合同诈骗犯罪行为未遂，也会对市场经济秩序造成损害。前面提到的“以房养老”骗局，即使老人没有委托那些所谓的理财咨询公司代理办理房屋抵押、向银行贷款，但这些公司对外宣传高息理财产品，就已经影响了正常投资产品的市场价格和投资趋向，损害了金融市场秩序。因而，只要实施了违法犯罪行为，即使没有达到行为人预期

---

① 《赶紧转给爸妈，别被“以房养老”的庞氏骗局蒙了》，凤凰网，https：//house. ifeng. com/news/2020_07_30-52952791_0. shtml，2020 年 8 月 2 日访问。

的目的，犯罪未遂，法律也要对其予以刑罚处置。合同诈骗犯罪行为既遂，不仅给市场经济秩序造成损害，还给直接的受害人造成巨大的财产损失。

刑法对合同诈骗犯罪有明确的刑罚规定。我国《刑法》第二百二十四条规定，以非法占有为目的，在签订、履行合同过程中，骗取对方当事人财物，数额较大的，处三年以下有期徒刑或者拘役，并处或者单处罚金；数额巨大或者有其他严重情节的，处三年以上十年以下有期徒刑，并处罚金；数额特别巨大或者有其他特别严重情节的，处十年以上有期徒刑或者无期徒刑，并处罚金或者没收财产。有些合同诈骗犯罪的受害人是国有公司、企业、事业单位，法律对此类诈骗犯罪行为中的国有单位的失职人员，还另有处罚规定。我国《刑法》第一百六十七条还规定了“签订、履行合同失职被骗罪”。国有公司、企业、事业单位直接负责的主管人员，在签订、履行合同过程中，因严重不负责任被诈骗，致使国家利益遭受重大损失的，处三年以下有期徒刑或者拘役；致使国家利益遭受特别重大损失的，处三年以上七年以下有期徒刑。《刑法》第一百六十八条规定了“国有公司、企业、事业单位人员失职罪，国有公司、企业、事业单位人员滥用职权罪”。国有公司、企业的工作人员，由于严重不负责任或者滥用职权，造成国有公司、企业破产或者严重损失，致使国家利益遭受重大损失的，处三年以下有期徒刑或者拘役；致使国家利益遭受特别重大损失的，处三年以上七年以下有期徒刑。国有事业单位的工作人员有前款行为，致使国家利益遭受重大损失的，依照前款的规定处罚。国有公司、企业、事业单位的工作人员，徇私舞弊，犯前两款罪的，依照第一款的规定从重处罚。

三、合同诈骗犯罪与民事欺诈的区别

（一）民事欺诈的概念和构成条件

民事欺诈，多发生在合同签订和履行中，是一种故意的民事违法行为。实施欺诈行为的一方故意告知对方虚假的情况，或者故意隐瞒真实情况，诱使对方当事人作出错误的意思表示。对于民事欺诈导致的合同纠纷，如果当事人报警或者到公安派出所要求民警处理，接处警的民警可以对纠纷进行调解。如果调解不成，可以告知当事人到法院诉讼或者申请仲裁委员会仲裁。

民事欺诈必须具备以下条件：

1. 欺诈方具有欺诈的故意

实施欺诈行为的一方，在主观上具有欺诈的故意，故意告知对方虚假的情况，或者故意隐瞒真实情况，使被欺诈人陷入错误认识。比如，有的商家在其售卖的化纤丝服装的介绍中，宣称服装的面料是“真丝”的，消费者往往基于习惯的称谓，以为“真丝”即是蚕丝。待消费者发现被骗，要求退货时，店家却解释说，“真丝”也可以是醋酸丝、聚酯纤维等化纤丝。

2. 实施了欺诈行为

所谓欺诈行为，是指欺诈方将其欺诈的故意表示于外部的行为。[①] 大多数的欺诈行为，表现为故意告知对方虚假的情况，或者故意隐瞒真实情况。故意告知对方虚假的情况，是对实际情况作出虚假的陈述，使对方陷入错误认识。比如，某家工艺品商店销售的“玉石工艺品”，有的是用玻璃制作的，有的是用玉石粉加黏合剂压制的，也有的是用石英石、大理石等其他石头制作的，但这些假玉石工艺品均被标为天然玉石。故意隐瞒真实情况，是指行为人有义务向对方如实告知某种真实情况，但其违背诚实信用的民法基本原则，故意不告知。

3. 被欺诈的一方因欺诈行为陷入错误认识

由于实施欺诈行为的一方故意告知对方虚假的情况，或者故意隐瞒真实情况，使被欺诈人陷入错误的认识。比如，大多数消费者没有辨别玉石的相关专业知识，店家将用大理石制作的假玉石首饰标为天然玉石，使消费者受骗，作出错误判断，以为自己“捡漏”，发现了物美价廉的“玉石工艺品”。

4. 被欺诈的一方因陷入错误认识而作出了违背自己真实意思的表示

被欺诈的一方因陷入错误认识后，基于错误认识实施的民事法律行为，实际上违背了自己真实意思。比如，卖方明知自己销售的“玉镯”是用玻璃制作的，却故意欺骗，告知顾客是天然玉镯。消费者本意是要购买天然玉石，因受骗而作出错误判断，购买了假玉镯，违背了自己的真实意思。

（二）合同诈骗犯罪与民事欺诈的区别

合同诈骗犯罪与民事欺诈，虽然都以合同的面目出现，都有欺骗行为和欺诈的故意，受骗的一方也都因为被欺诈而陷入错误认识，作出了违背自己真实意思的表示，但合同诈骗犯罪与民事欺诈有着以下本质的区别：

1. 性质不同

合同诈骗犯罪违反的是刑法，是犯罪行为，适用刑法对行为人予以刑事制裁。

---

① 王利明、杨立新、王轶、程啸：《民法学（第五版）》，法律出版社 2017 年版，第 186 页。

民事欺诈行为违反的是民法，属于可撤销的民事法律行为，受欺诈的一方当事人可以请求人民法院或者仲裁机构撤销该行为，退款退货；有损失的，还可以要求赔偿。根据我国《民法典》第一百四十八条和第一百四十九条的规定，一方以欺诈手段，使对方在违背真实意思的情况下实施的民事法律行为，受欺诈方有权请求人民法院或者仲裁机构予以撤销。第三人实施欺诈行为，使一方在违背真实意思的情况下实施的民事法律行为，对方知道或者应当知道该欺诈行为的，受欺诈方有权请求人民法院或者仲裁机构予以撤销。

2. 行为人的主观过错和恶意程度不同

合同诈骗犯罪，其目的是要非法占有受害人的财产，主观过错和恶意程度大，损害后果严重。例如，前面提到的“以房养老”诈骗，老人的房产被抵押而拿到的银行贷款，进入“理财咨询公司”账户后，并没有投资理财产品，而是被公司的控制人私吞。又如，饭馆经营者重复使用火锅底料，将前面的顾客已经用过的火锅底料，仅简单地过滤掉汤中剩下的食材，而将锅底油和辣椒、花椒等调料留下，继续给下一位顾客食用。中国裁判文书网发布的陕西省榆林市榆阳区人民法院的刑事判决书，披露著名火锅连锁品牌“小龙坎”的一间加盟店，两年内用地沟油制成火锅锅底，销售给顾客食用的事件。2017 年 5 月至 7 月，苏某涛指使店内采购员、厨师在火锅店厨房内，用油水分离器将顾客就餐后的火锅锅底分离出废弃油脂，高温加热后，加入辅料再制作成红油（俗称“地沟油”），负责配锅的厨师把加工好的红油制作成火锅锅底，再卖给顾客。2018 年 8 月 14 日至 2019 年 4 月 26 日，苏某涛指使采购员苏某飞、厨师苏某强加工地沟油 3963 斤，并加工成火锅锅底。经计算，不到两年的时间，该店生产、销售的地沟油数量超过 2 吨。2020 年 4 月，榆林市榆阳区人民法院一审判决苏某涛等 5 人在生产、销售的食品中加入有毒、有害的非食品原料，触犯《中华人民共和国刑法》，构成生产、销售有毒、有害食品罪，分别判处有期徒刑 10 个月到 2 年 4 个月不等，并处罚金 2 万元到 17 万元。其中，火锅店法定代表人、老板苏某涛被判有期徒刑 2 年 4 个月，处罚金 17 万元。事故责任虽然完全在加盟者单一门店一方，但是作为品牌方的“小龙坎”，对加盟店的经营和产品质量疏于管理，也难辞其咎。2020 年 7 月 13 日，成都小龙坎餐饮管理有限公司发表声明道歉，其中一半的内容是承诺对合作方加强监管，另一半是表明姿态，对于不配合监管条例的合作伙伴，品牌方要终止合作。[①] 此案中“小龙坎”的这间加盟店生产、销售的地沟油数量超过2吨，还在炼制地沟油的过程中加入有毒、有害的非食品原料，欺诈行为情节严重，已经构成生产、销售有毒、有害食品罪。如果某餐馆仅极少次数地将顾客就餐后的火锅锅底分离出废弃油脂，高温加热后，制作成火锅锅底，再卖给顾客，且未加入有毒、有害的非食品原料，则构成民事欺诈。顾客方可以要求退款，对所造成健康损害，还可以要求店家赔偿医药费、交通费、误工损失等。

民事欺诈主要是借助合同来谋求不当利益，且骗取的财产数额不大，主观恶意程度也不大，尚不构成犯罪。比如，卖假玉石工艺品的店铺，那些假玉石工艺品一般标价不高，通常为几十元、几百元一件，并没有按照相似的天然玉石的价格标价。

3. 损害后果和法律的惩处不同

合同诈骗犯罪，不仅给直接的受害人造成巨大的财产损失，还损害了市场经济秩序，应按照我国《刑法》第二百二十四条的规定定罪量刑。以非法占有为目的，在签订、履行合同过程中，骗取对方当事人财物，诈骗数额较大的，才构成合同诈骗罪。不到入刑的数额的，国家相关主管机关可以对实施欺诈行为的人依法予以行政处罚，受害人也可以要求按照民事欺诈来处理。

由于民事欺诈的损害后果远小于合同诈骗，受欺骗一方的财产损失数额不大，民法将民事欺诈列入可撤销的民事法律行为，受欺诈的一方可以选择向欺诈方提出退款退货；如果协商不成，还可以向人民法院或者仲裁机构提出撤销合同的请求，要求欺诈一方退款退货、赔偿损失；也可以选择履行合同。实际生活中，有些消费者知道购物被欺骗了，但因为损失小，或者不愿意花费时间和精力去找卖方撤销合同，更不会去向人民法院或者仲裁机构提出撤销合同的请求。例如，笔者的一个亲戚，在某旅游景点花30元买了个“玉镯”。事后知道是用玻璃制作的，但因价格低，又嫌退货麻烦，便选择留下镯子，而未找卖方退款退货。

---

① 《小龙坎，既对不起成都也对不起重庆》，凤凰网，https：//foodnwine. ifeng. com/c/7y9mLdZS2DY，2020年8月9日访问。

第二节　非法集资与集资合同纠纷警情处置中的疑难问题及案例分析

我国自1978年实行改革开放、建设社会主义市场经济以来，民营经济发展迅速，涌现了众多的民营企业。民营企业在创立初期，离不开资本的募集，即集资。原国有企业进行股份制改造，也离不开集资。集资活动所涉及的合同，主要为借贷合同和入股合同。大多数的集资活动为合法集资，并创设了众多的企业法人，尤其是其中的数千家上市公司。也有些集资行为违反了民法、行政法或者刑法的相关规定，被称为非法集资。非法集资中情节严重的，属于犯罪行为。非法集资中不构成犯罪的行为，集资人要对受害人负民事赔偿责任，有关主管机关还可以依法对集资人予以行政处罚。正确界定集资行为合法与非法、区分不同性质的集资行为，对公安机关调解集资合同纠纷、立案侦查集资诈骗等犯罪，具有重要意义。

一、集资与非法集资的界定

（一）集资的概念和方式

集资，即募集资本，是从事商品生产经营的企业和个人融通资金的方式之一。集资是一项经济活动，是近代工业革命带来的工业文明的产物。聚集社会闲散资金、投资商品生产经营活动（包括农工商生产、流通、服务等领域），对扩大工业化生产和生产力的发展，从制度层面上起到了极大的推动作用。一方面，现代工商业及金融业发展，往往需要通过合法的金融手段，主要是发行债券、发行股份，募集社会上的闲置资金，通过资源互补，实现企业的发展进步；另一方面，社会上存在大量的闲置资金，具有天生的投资增值需求。上述两种需求相互满足，除通过银行吸储后向企业发放贷款实现之外，还可以通过企业定向借贷或者向公众发行债券、定向募集股份或者向公众发行股份的方式，向社会集资实现。

在我国，企业较常见的集资方式是借贷和募集股份，因而，集资合同主要是借贷合同和入股合同。大、中型企业中有些企业向从事金融业务的银行、信用社等金融机构借贷，也有些企业通过银行等金融机构代理，以发行债券、股票、投资基金证券或其他债权凭证的方式向社会公众筹集资金，投资商品生产经营活动。企业以发行债券和其他债权凭证方式集资，就是向社会公众借贷；以发行股票的方式集资，就是企业向社会公众募集股份。小型和微型企业（它们中的绝大多数同时也是民营企业或者称为私营企业）的集资方式，主要是企业主向其亲友、小额贷款公司借款和招募入股。企业主向其亲友、小额贷款公司借款，即属于民间借贷。

集资活动根据集资对象和范围的不同，分为定向集资（向特定对象的集资）和不定向集资（向不特定对象的集资）。由于定向集资和不特定集资对象在规模上和影响社会稳定程度等方面的差别，法律对向不特定对象集资活动的合法性具有更加明确和严格的监管要求，对集资人的资格、行政审批程序、信息披露和集资程序、保障履约能力等方面，公司法、证券法等相关法律都有严格的规定。

如果债务人仅向为数不多的自己的亲友、熟人借贷，其性质应当属于民间借贷，最多也只应同时构成定向集资，不构成非法集资。但是，借贷人向自己的亲友、熟人借贷后，这些放贷人中的一些人再以较低的利息从下家借钱，下家又以更低的利息再从下下家借钱，由此形成借贷资金链，牵涉的人数成倍增加。仅到此程度，笔者认为尚不构成非法集资，判断是否属于非法集资，还应当综合非法集资的其他构成要件来考虑。如果债务人借贷时所开出的借条，在社会上像债券那样被流通转让，社会公众中有购买借条而出资的，则此种借贷已构成违法向社会不特定对象即社会公众发行债券，必须符合公司法和证券法关于债券发行的相关规定；如有违反，即属于非法集资。

（二）非法集资的概念

什么是非法集资？对于非法集资，国务院颁布的、2021 年 5 月 1 日起施行的《防范和处置非法集资条例》第二条规定：“本条例所称非法集资，是指未经国务院金融管理部门依法许可或者违反国家金融管理规定，以许诺还本付息或者给予其他投资回报等方式，向不特定对象吸收资金的行为。”根据这项规定，非法集资具有如下特点：（1）未经国务院金融管理部门依法许可或者违反国家金融管理规定，包括没有批准权限的部门批准的集资以及有审批权限的部门超越权限批准的集资。（2）许诺在一定期限内给出资人还本付息。还本付息的形式除以货币形式为主外，还包括以实物形式或其他形式。（3）向社会不特定对象即社会公众筹集资金。按照这个文件的解释，非法集资是程序违法的集资行为。这样解释非法集资，似乎不大恰当。从法学理论角度看，非法集资也是不够严谨、确切的概念。

集资人在集资的过程中，或者在集资后对所募集资金的使用过程中，如果违反强制性法律规范（既包括实体法也包括程序法），才属于非法集资。因此，可以认为，非法集资就是个人或者企业在募集资本的活动中所实施的各类违法行为的统称。

由于非法集资行为的种类和其所违反的法律具有多样性，对于非法集资行为的性质不能一概而论。在各类非法集资行为中，有些违反了公司法、证券法等民事法律，属于民事违法作为；有些违反了企业管理、证券、金融等领域的行政法律，属于行政违法行为；违反刑法的，即属于构成犯罪的非法集资行为，集资人要依法承担刑事责任。

（三）非法集资所涉及的犯罪

非法集资中涉及的刑事犯罪，主要有非法吸收公众存款罪、集资诈骗罪和擅自发行股票，公司、企业债券罪。这些犯罪行为有相同之处，即都是违反国家金融监管制度，向社会上不特定的对象募集资金，在利息返还等方面，也违背了国家有关规定。但这些罪名也有显著的区别，非法吸收公众存款罪的犯罪主体，是不具备现行法律和国家有关金融政策所规定的贷款、融资的条件而非法从事金融业务的企业法人或者个人，其出于工商业经营的需要，采取给付远高于银行同期利率的利息，以吸纳社会不特定多数对象的资金，并将吸纳的资金放贷给实际从事生产经营的企业或者个人。这种行为，如果情节严重，会因破坏国家金融管理秩序而被认定为犯罪。集资诈骗罪的性质更加恶劣，是向社会不特定对象诈骗，行为人根本没有经营项目、偿还集资本息的意图。不法分子往往虚构一个项目或理由，如植树造林、加盟连锁经营店等，向投资人游说项目前景如何美好，骗取投资款。诈骗者在骗到钱财以后，可能会将部分钱财继续用于包装项目，或者为吸引后来的投资人而向先投资的一些人返还部分利益，但其中大部分钱财会被诈骗者转移隐匿，甚至被挥霍浪费。对此种行为，司法机关应按照集资诈骗的罪名来定罪量刑。擅自发行股票，公司、企业债券罪，即未经主管机关审批，向社会公众发行股票或者企业债券，直接扰乱证券市场秩序，损害众多投资人的财产利益。

我国《刑法》第一百七十六条规定了“非法吸收公众存款罪”。非法吸收公众存款或者变相吸收公众存款，扰乱金融秩序的，处三年以下有期徒刑或者拘役，并处或者单处二万元以上二十万元以下罚金；数额巨大或者有其他严重情节的，处三年以上十年以下有期徒刑，并处五万元以上五十万元以下罚金。单位犯前款罪的，对单位判处罚金，并对其直接负责的主管人员和其他直接责任人员，依照前款规定处罚。2010 年 5 月 7 日，最高人民检察院、公安部印发的《最高人民检察院、公安部关于公安机关管辖的刑事案件立案追诉标准的规定（二）》第二十八条规定，非法吸收公众存款或者变相吸收公众存款，扰乱金融秩序，涉嫌下列情形之一的，应予立案追诉：（1）个人非法吸收或者变相吸收公众存款数额在二十万元以上的，单位非法吸收或者变相吸收公众存款数额在一百万元以上的；（2）个人非法吸收或者变相吸收公众存款三十户以上的，单位非法吸收或者变相吸收公众存款一百五十户以上的；（3）个人非法吸收或者变相吸收公众存款给存款人造成直接经济损失数额在十万元以上的，单位非法吸收或者变相吸收公众存款给存款人造成直接经济损失数额在五十万元以上的；（4）造成恶劣社会影响的；（5）其他扰乱金融秩序情节严重的情形。

我国《刑法》第一百九十二条规定了“集资诈骗罪”。以非法占有为目的，使用诈骗方法非法集资，数额较大的，处五年以下有期徒刑或者拘役，并处二万元以上二十万元以下罚金；数额巨大或者有其他严重情节的，处五年以上十年以下有期徒刑，并处五万元以上五十万元以下罚金；数额特别巨大或者有其他特别严重情节的，处十年以上有期徒刑或者无期徒刑，并处五万元以上五十万元以下罚金或者没收财产。

我国《刑法》第一百七十九条规定了“擅自发行股票，公司、企业债券罪”。未经国家有关主管部门批准，擅自发行股票或者公司、企业债券，数额巨大、后果严重或者有其他严重情节的，处五年以下有期徒刑或者拘役，并处或者单处非法募集资金金额百分之一以上百分之五以下罚金。单位犯前款罪的，对单位判处罚金，并对其直接负责的主管人员和其他直接责任人员，处五年以下有期徒刑或者拘役。

二、非法集资的构成要件和特点

界定非法集资，应当考虑其是否具有如下构成要件和特点：

（一）集资行为违法

集资行为违法，包括集资在实质条件方面不符合法律规定和在程序上不符合法律规定两个方面。在实质条件方面不符合法律规定的集资，主要表现为在集资对象、集资方式、集资的财产使用等方面违反法律规定。在程序上不符合法律规定，主要表现为未经市场监督管理机构和证券业、金融业监督管理机构或者其授权的机构批准。

在公安执法实践中较多见的非法集资行为包括：

1. 非法公开发行股票、债券等有价证券

非法向社会不特定对象发行自行印制的股东凭证、债权凭证，这在非法集资案件中是比较常见的。非法集资者通过向社会不特定对象发放债权凭证，承诺到期偿付高额回报方式进行集资。也有些集资人，非法向社会不特定对象发行股票，承诺“投资人入股，企业经营获得利润后，给股东分红”。

根据我国《公司法》《证券法》等有关法律的规定，企业以发行股票、债券、彩票、投资基金证券或其他债权凭证的方式向社会公众筹集资金，如果集资人在条件上不符合法律的相关规定，或者未经中国证券监督管理委员会等有关部门依法批准，包括没有批准权限的部门批准的集资以及有审批权限的部门超越权限批准，即属于违法集资。

募集设立中的股份有限公司公开发行股票，根据我国《公司法》和《证券法》的相关规定，必须具备的条件有：（1）有公司名称，建立符合股份有限公司要求的组织机构，有住所。（2）有公司章程、发起人协议、招股说明书、验资证明。招股说明书要公告。（3）有二人以上二百人以下为发起人，其中须有半数以上的发起人在中国境内有住所。有符合公司章程规定的全体发起人认购的股本总额或者募集的实收股本总额。发起人认购的股份不得少于公司股份总数的百分之二十五；但是，法律、行政法规另有规定的，从其规定。（4）向国务院证券监督管理机构报送募股申请。（5）与股票承销公司签订承销协议、与银行签订代收股款的协议。(6) 国务院证券监督管理机构规定的其他条件。

已成立的股份有限公司公开发行新股，根据《证券法》第十三条的规定，应当符合下列条件：（1）具备健全且运行良好的组织机构；（2）具有持续盈利能力，财务状况良好；（3）最近三年财务会计文件无虚假记载，无其他重大违法行为；（4）经国务院批准的国务院证券监督管理机构规定的其他条件。上市公司非公开发行新股，应当符合经国务院批准的国务院证券监督管理机构规定的条件，并报国务院证券监督管理机构核准。

企业公开发行证券，必须符合法律、行政法规规定的条件，并依法报经国务院证券监督管理机构或者国务院授权的部门核准；未经依法核准，任何单位和个人不得公开发行证券。非公开发行证券，不得采用广告、公开劝诱和变相公开方式。有下列情形之一的，为公开发行：（1）向不特定对象发行证券；（2）向累计超过二百人的特定对象发行证券；（3）法律、行政法规规定的其他发行行为。我国《证券法》第一百八十条规定，违反法律规定，擅自公开或者变相公开发行证券的，责令停止发行，退还所募资金并加算银行同期存款利息，处以非法所募资金金额百分之五以上百分之五十以下的罚款；对擅自公开或者变相公开发行证券设立的公司，由依法履行监督管理职责的机构或者部门会同县级以上地方人民政府予以取缔。对直接负责的主管人员和其他直接责任人员给予警告，并处以五十万元以上五百万元以下的罚款。

证券公司承销或者销售擅自公开发行或者变相公开发行的证券的，国务院证券监督管理机构或者国务院授权的部门有权按照法律的规定，责令停止承销或者销售，没收违法所得，并处以违法所得一倍以上十倍以下的罚款；没有违法所得或者违法所得不足一百万元的，处以一百万元以上一千万元以下的罚款；情节严重的，并处暂停或者撤销相关业务许可。给投资者造成损失的，应当与发行人承担连带赔偿责任。对直接负责的主管人员和其他直接责任人员给予警告，并处以五十万元以上五百万元以下的罚款。发行人不符合证券发行的法定条件或者法定程序而获得发行核准，尚未发行证券的，国务院证券监督管理机构或者国务院授权的部门一经发现，对已作出的核准证券发行的决定，应当予以撤销，停止发行。

发行人不符合证券发行的法定条件或者法定程序，证券尚未上市的，国务院证券监督管理机构或者国务院授权的部门一经发现，撤销已作出的核准证券发行的决定，发行人应当按照发行价并加算银行同期存款利息返还证券持有人；保荐人应当与发行人承担连带责任，但是能够证明自己没有过错的除外；发行人的控股股东、实际控制人有过错的，应当与发行人承担连带责任。

发行人在其公告的证券发行文件中隐瞒重要事实或者编造重大虚假内容，尚未发行证券的，处以二百万元以上二千万元以下罚款；已经发行证券的，处以非法所募资金金额百分之十以上一倍以下罚款。对直接负责的主管人员和其他直接责任人员，处以一百万元以上一千万元以下罚款。

以欺骗手段骗取发行核准，已经发行证券，数额巨大、后果严重、构成犯罪的，要按照刑法对直接责任人予以处罚。我国《刑法》第一百七十九条规定了擅自发行股票，公司、企业债券罪。未经国家有关主管部门批准，擅自发行股票或者公司、企业债券，数额巨大、后果严重或者有其他严重情节的，处五年以下有期徒刑或者拘役，并处或者单处非法募集资金金额百分之一以上百分之五以下罚金。单位犯前款罪的，对单位判处罚金，并对其直接负责的主管人员和其他直接责任人员，处五年以下有期徒刑或者拘役。

2. 非法发行会员卡、会员证

非法向社会不特定对象发行自行印制的会员卡、会员证，以入会后的会员可以折价购货、服务费打折等方式，吸引投资人购买会员卡、会员证。

1993 年 4 月 22 日《国务院办公厅关于立即停止利用发行会员证进行非法集资等活动的通知》发布之后，法律规定各种形式的会员证发行一律属于非法集资。1998 年 11 月 11 日，中国人民银行、国家工商局发布《会员卡管理试行办法》，规定了会员卡发行和交易的批准程序之后，按照该试行办法办理批准程序的会员卡发行，才不属于非法集资。但该试行办法在 2007 年被废止，此后，会员卡是否属于非法集资，缺乏具体的法律规范。

在实际生活中，一些美容美发店、健身会所等往往向顾客推销会员卡、会员证。顾客购买一定数额（通常是数千元或者数万元不等）的会员卡，依据购卡金额，成为该店的金卡会员、贵宾卡会员等不同等级的会员，到店消费可享受不同比例的服务费折扣。推销会员卡、会员证，是企业希望留住稳定顾客群、争取回头客的做法，只要没有强迫、欺骗消费者，法律不予干预。如果在会员卡、会员证的销售中存在欺诈和强迫消费的行为，则构成民事欺诈，属于可撤销的民事法律行为，顾客可以要求退款退卡。如果企业售出大量的会员卡、会员证后，企业的实际控制人携款跑路，且数额巨大、受害人人数众多，则可能构成犯罪。此种情况下，受害人通常也会向公安机关报案。如果企业售出大量的会员卡、会员证后，将资金转投到其他经营领域，却因为投资失败和经营不善造成门店停业，给购买会员卡、会员证的顾客造成财产损失，则构成违约。例如，老牌传统健身连锁机构——浩沙健身的倒闭，给众多的会员造成财产损失。健身内容平台 GymSquare 联合三体云动发布的《2018 中国健身行业数据报告》（以下简称《报告》）显示，虽然中国健身人口的渗透率还远不及美国，但从总量上看，已经与美国持平，达到 46050 家。上海、北京的健身房区域分布高度集中，其中北京、上海俱乐部数量相当，在 1300-1400 家，上海工作室规模达到 3556 家，北京为 3121 家。排名第一的健身俱乐部去年的营业额近 20 亿元。创建于 1999 年的老牌传统健身连锁机构——浩沙健身也享受过发展的红利。然而，在经历了扩建 160 家门店的辉煌后，浩沙健身走向没落。浩沙健身的董事长施洪流被泉州市中级人民法院列为失信被执行人，2018 年以来被强制执行 18 次，并被列为限制消费人员。《报告》中还提到，2018 年，在一线城市，健身房的转让和并购潮悄然涌动。在门店转让和倒闭的核心原因中，现金流断裂的占 74.7%。①

3. 利用民间会社形式进行非法集资

未按法律规定设立基金会、互助会、储金会、农村救灾扶贫储金会、“标会”等，进行非法集资或变相吸收存款，是 20 世纪 90 年代多发的非法集资方式。对此，中国人民银行《整顿乱集资乱批设金融机构和乱办金融业务实施方案》作出了明确审批程序和业务许可范围等方面的规定，规范基金会、互助会等组织的设立。

4. 利用果园或庄园开发的形式进行非法集资

20 世纪末，我国南方部分地区出现以开发“果园”“庄园”的名义非法集资的现象，作案手段主要是虚假招商+海外上市+回扣激励。例如，1997 年上半年，广东绿色山河开发有限公司、广东龙汇庄园有限公司、广东民昌果业有限公司三家民营企业在城市居民中宣传农业投资，在当时农业项目融资管理不严格的情况下，以共同经营果园的名义，先后在北京、上海、浙江、福建、山西、广州、深圳、沈阳等地进行招商活动，承诺如投资果园开发将获得高额的定期收益。这些宣传活动吸引了大批投资者。从 1997 年 9 月至 2003 年年底，三家企业共对外签订合作开发果园合同 8600 余份，开发果园 44000 余亩，吸收人民币 4.5 亿余元，涉案人数 5200 多人。三家企业后来未能按约定支付投资收益，造成众多投资者利益受损。对于民间自发的开发庄园经济，地方政府当时给予肯定和扶持。庄园开发企业利用地方政府对农业开发项目的支持大做文章，在全国各地虚假招商，通过不断坚定投资者信心来吸收资金。但是，庄园开发企业过分夸大了收益情况和公司承担违约责任的能力，特别是在招商初期，龙眼、荔枝价格较高，企业按当时龙眼每市斤 20 元计算收益，预期收益十分诱人。实际上，水果价格在经过短期高位运行后，随着产量的大幅增加和季节变化等因素，水果市场持续低迷，龙眼、荔枝等水果的价格大幅下跌，水果市场持续低迷，庄园企业之前的承诺和预期收益成为一句空话。庄园企业在集资过程和经营手段上带有明显的欺诈性，资金使用缺乏有效监管。在无法实现预期收益的情况下，庄园企业拿集资款来兑现回报，以稳住前期的集资者，发现庄园资金出现危机后，还欺骗集资者实施所

---

① 《健身房“跑路”消费者如何维权》，中青在线，http：//zqb.cyol.com/html/2019－07/09/nw.D110000zgqnb_20190709_2-10.htm，2020 年 2 月 11 日访问。

谓海外上市的“K计划”，推出果酒加工计划等，继续变换花样集资，争取更多的集资者参与，尽量推迟危机的爆发。庄园企业在集资活动过程中不少环节有黑色交易，如对中介人实行奖励或给予回扣，最低15%，最高30%，企业的各分公司负责人和参与推介人都从公司拿走了数目不菲的回扣。以后者的投资款支付前者的本息维持资金链运转，是犯罪分子在非法集资活动中的惯用伎俩，这就是典型的庞氏骗局。农业投资时间长、回报低，如果参与者对相关的农业经营进行了解和冷静理智的分析，向当地果农询问一下水果种植的成本和收益的情况，就能明白这三家庄园企业宣传的投资效益是子虚乌有的神话。本案中，三家庄园企业通过虚假宣传，夸大产量和水果价格，给众多投资者描绘农业经济的“光辉前景”，最终目的是诈骗投资人的钱财。①

针对农业领域的非法集资，早在1999年国务院办公厅就发布了《关于加强土地转让管理严禁炒卖土地的通知》（国办发〔1999〕39号），此行政法规明文禁止利用土地开发进行非法集资，并规定：“农林开发用地必须依法进行土地登记，明确规划要求和转让、转租的限定条件，未经批准不得擅自进行分割转让、转租。”中国人民银行《关于加强农林开发项目信贷管理，严禁利用土地开发和土地转让名义非法集资的通知》（银发〔1999〕254号），也有相关禁止性规定。

近些年，以庄园开发名义进行的非法集资卷土重来。一些诈骗分子大多以注册合法公司或企业的名义，打着响应国家产业政策、支持新农村建设等旗号，由传统的种植、养殖项目扩展到工程项目、科技开发，以投资入股、消费返利等方式集资。

5. 以教育储备金方式集资建立民办学校和预售课时

20世纪90年代，一些民办学校在创立初期，大量采取教育储备金的教育收费方式，即要求学生（家庭）一次性缴纳一笔大额资金（10万至30万元不等），称为“教育储备金”，学校同时承诺学生今后在学校学习期间无须再缴纳其他费用，并且在学生离校时可原数返还所缴“教育储备金”。随着广东番禺、湖北武汉等地先后爆发巨额教育储备金无法返还学生家长的案件，各地政府先后出台政策，禁止民办学校收取任何形式的教育储备金，如广东省教育厅粤教策（1999）2号文件等。在此之前，国家教委于1991年5月3日发布的《关于坚决制止中小学乱收费的规定》第九条规定：“集资办学应贯彻自愿、量力和群众受益的原

① 《庄园开发的“庞氏骗局”——解读广东茂名三家庄园集资诈骗案经典案例警示市民》，即墨政务网，http://www.jimo.gov.cn/n28356101/n8463/n8470/171014141426586618.html，2020年2月11日访问。

则，按地方人民政府的有关规定进行。中小学校不得自行向群众和社会硬性摊派费用，也不得向学生征收集资费。”《民办教育促进法》第三十七条规定：“民办学校对接受学历教育的受教育者收取费用的项目和标准由学校制定，报有关部门批准并公示；对其他受教育者收取费用的项目和标准由学校制定，报有关部门备案并公示。民办学校收取的费用应当主要用于教育教学活动和改善办学条件。”此后，民办学校未经有关部门批准并公示即向学生家长收取教育储备金的，被认定为非法集资。从正常的资本运作和企业发展的角度看，这样的集资和办学方式，本身就不可持续。学生一次性缴纳一笔大额资金（教育储备金），学习结束后，学校原数返还所缴“教育储备金”，学校办学投入的师资、教育设施等成本，无法获得投资回报。若依靠以后来入学的学生所缴纳教育储备金返还结业学生的教育储备金的方式运作，则又是庞氏骗局的模式，一旦生源减少、后来的资金不能弥补需要退还的前期资金，则学校就无法存续。

近些年，一些民办培训学校特别注重预售课时，并以购买越多折扣越大的方式吸引学生及其家长缴纳大笔资金来预先购买大量课时。但有些学生仅上了少部分课时，培训学校网上和线下的课程就停了，甚至有的学校的经营者跑路、学校停业，不仅学生预付的课时费无处兑现，有的连授课教师的工资也拖欠。对此，如果遭受财产损失的受害人向公安机关报案，公安民警要查明事实，区分不同情况，分别对待。如果是因学校经营困难导致停课，可以责成学校的经营者按照合同继续履行授课义务或者退回预付的课时费，并补发所拖欠的员工的工资；如果学校不能按照合同继续履行授课义务，也无资金退还课时费，可以告知当事人向法院申请破产整顿。如果学校的经营者拿走预付的课时费跑路，且资金数额巨大，致使学校停业，则可能构成诈骗犯罪，应当转刑事案件处理。

6. 利用理财产品或者理财平台诈骗

理财产品，本是由商业银行和正规金融机构自行设计并发行的产品，将募集到的资金根据产品合同约定投入相关金融市场及购买相关金融产品，获取投资收益后，根据合同约定分配给投资人部分资本收益的产品。

近些年，一些诈骗分子利用政府在金融领域和互联网经济领域的宽松政策，注册成立财务咨询服务类的公司，或者成立提供投资理财服务的网络公司，以公司或者互联网理财网络平台的名义，在社会上销售“理财产品”，诱导投资人下载其“理财软件”。这些公司往往向公众宣传，称其公司或者其互联网理财平台有收益很高的投资理财项目。这些理财项目多为虚构的看似有政府背景的道路建设项目、公共设施建设项目等，以及看似回报率高的房地产开发项目、矿业开采项目等。笔者曾亲眼所见，2017 年，一家公司连续数月在北京市西城区的某家超市出口旁，支张桌子，挂个宣传条幅，宣称投资北京大兴机场建设项目中的某个建设工程项目投资的年化收益率预期可达 20%-30%。该公司的几名工作人员向进出超市的人，尤其是老年人，热情推介。由于这些公司或者理财网络平台的投资理财项目宣称的收益远比银行的理财产品高，故吸引了一些人驻足关注和问询。理财咨询公司和互联网理财平台，有些诈骗犯罪分子混迹其中，一旦有人购买了他们公司或者理财平台上的“理财产品”，当购买人逐渐趋多、数额累积到巨大时，这些公司和理财平台的实际控制人就可能卷款跑路。

还有些公司或者理财平台向公众宣传投资外汇、贵金属、石油期货等高风险投资项目，甚至采取欺诈手段操作交易，侵吞投资人的财产。例如，山东德州经济技术开发区警方破获的一起投资理财诈骗案。一个 30 余人的诈骗团伙，成立于 2018 年 3 月，下分推广组、客服后勤组、财务组，并以“盈可石油科技有限公司”为名，实施诈骗。该公司主要通过各种手段推销“嘉晟财富”网络投资平台，引导受害人在此平台注入资金，并由一名犯罪嫌疑人冒充专业投资指导老师，指导受害人在该平台购买外汇、期货指数。受骗者中的张先生，跟很多人一样，想要参与投资理财获取收益。通过网络搜索理财门路，在某网页添加了一位“好友”。在这位“好友”的推荐下，张先生接触到这个叫“嘉晟财富”的投资平台。该“好友”称，这个平台有专业的“理财师”可对其进行指导，能获得稳定的收益，但要收取一定的“手续费”。随后张先生添加了“投资老师”的微信。张先生陆续向平台投资共计 16.6 万元，按照投资老师的指示，先后购买了石油、黄金期货等理财产品，亏损共计 16.3 万余元。2018 年 3 月，张先生怀疑被骗，遂报警。经警方调查，该团伙以受害人在该平台投资亏损额的百分比提成作为公司的收益，以此实施诈骗。如果投资人通过该平台赚了钱，则要从该公司员工的工资中扣除，包括所谓的专业投资指导老师。自 2018 年 3 月至今，已有 300 余名投资者受骗，涉案价值 1300 余万元。①

（二）集资人主观上有过错

判断集资活动是否合法，集资人主观上是否有过错也是很重要的一个方面。

---

①《【案例】经开警方破获一起投资理财诈骗大案》，搜狐网，https://www.sohu.com/a/329679469_175528，2020 年 2 月 10 日访问。

由于集资活动天生具有投资者先支付资金、后收取回报的信用性，以及投资者与集资人（资金使用者）之间的信息不对称性，投资者的利益取决于集资人是否对最大限度避免资金运作失败风险采取了有效的措施，以及上述措施是否在足够保护社会投资者的目标上达到合理的程度。如果集资人对于募集到的资金的投资运作不谨慎，没有采取防范风险的必要措施，对于预期利润没有经过认真核算而盲目向投资人许诺一个不切实际的高利息、股息分红，其主观上对不能按期还贷有过失，甚至很可能其根本就没打算对投资人付股息、分红利，募集资金时所做的是虚假的承诺，此种情况也应当认定主观上有过错，属于非法集资。

有些集资人在开始集资时并没有欺骗投资人的打算，以为投资的收益可以偿还投资人本息。但在使用筹集到的资金投资工商业经营以后，发生亏损，无力还本付息，却隐瞒事实，制造盈利的假象，继续集资，企图以后来筹集到的资金还前期集资所欠的债务，继续欺骗后面的投资人，直至真相败露。此种情况，也属于虚假承诺，主观上有过错，构成非法集资。

有些集资人擅自改变所募集到的资金的用途，也属于故意的违法行为。比如，有的健身俱乐部、美容美发店，向顾客售卖会员卡后，并未将售卡获得的资金投资到自身店铺的经营以提升服务质量，而是投资到虚拟货币、期货等高风险领域。这样的情况很可能因投资失败而影响店铺的经营，有的甚至会引发恶性案件。例如，大连市发生的一起因投资失败报复社会的重大刑事案件。2021 年 5 月 22 日，辽宁省大连市劳动公园北门，理发师刘某驾驶一辆宝马 5 系汽车冲撞人群，竟从被撞倒的人的身体上碾压过去，最终导致 5 死 5 伤的惨案。根据当地通报，肇事者刘某因投资失败无法接受，失去生活信心，遂产生报复社会的心理。记者了解到，事发前，刘某是当地一家理发店的“设计总监”，而这家理发店已于不久前倒闭。刘某 2013 年加入这家名为“铭造型”的理发店后，还曾赴英国学习。“铭造型”在大连有四家分店，约在 2021 年 3 月因投资失败陷入破产而闭店。微博上，有当地多位网友投诉该店突然倒闭，很多会员都不知情，无法追回会员卡的余额。为此，还有该店的会员自发建立了维权群。①

根据我国《证券法》第一百八十五条的规定，发行债券或者股票的企业，擅自改变公开发行证券所募集资金的用途的，国务院证券监督管理机构或者国务院授权的部门可责令其改正，处以五十万元以上五百万元以下的罚款；对直接负

① 《理发师开宝马在大连撞死 5 人：前同事感到震惊，所在理发店倒闭》，搜狐网，https://www.sohu.com/a/468272475_120954577，2021 年 5 月 25 日访问。

责的主管人员和其他直接责任人员给予警告，并处以十万元以上一百万元以下的罚款。发行人的控股股东、实际控制人从事或者组织、指使从事前款违法行为的，给予警告，并处以五十万元以上五百万元以下的罚款；对直接负责的主管人员和其他直接责任人员，处以十万元以上一百万元以下的罚款。

如果集资人从来就没有将募集到的资金投入工商业经营，而是用于个人生活消费，甚至准备移民或者卷款潜逃，则可被认定为集资诈骗罪。

（三）给投资人造成重大损害

集资活动给投资人造成重大损害，才属于非法集资。许多非法集资案件中，都存在受害人众多、利益损失大的特点。例如，有些非法集资人编造虚假项目或订立陷阱合同，以公司再回购名义，诱骗受害人种植仙人掌、螺旋藻或养殖蚂蚁、梅花鹿等，骗取社会公众的资金；还有的非法集资人编造植树造林、集资建房等虚假项目，骗受害人“投资入股”。一旦募集到巨额资金，集资人即携款逃跑，致使众多投资人损失惨重，几乎血本无归。

应当特别注意区分民间借贷违约与非法集资。民间借贷违约与非法集资虽然均给投资人造成损失，但原因是不同的。我国的民营中小微企业，以民间借贷方式集资，通过层层借贷形成资金链。当借贷人在经营上遭遇困难，如 2008 年的全球性经济危机，众多制造业民营企业产品滞销、没有后续订单，无力偿还高息民间借贷，使得还贷的链条断裂，出现大规模民间借贷违约，众多投资人不可避免地遭受利益损害。但由于投资的损失是源于经营风险而非借贷人主观故意，因而在性质上属于民事借贷违约。在非法集资情况下，投资人的损失是由于集资人的故意欺骗造成的。非法集资人从来就没有将募集到的资金投入工商业经营，而是用于个人生活消费；或者只是以少量的资金投入设立一个示范店或者一个工厂、农场，制造出经营要以此为模板并大量推广的假象，用来欺骗投资人。

（四）以合法形式掩盖其非法集资的性质

一些非法集资人，为掩饰其非法目的，与受害者签订民间借贷合同、产品回购或者包销合同、加盟连锁经营合同等，承诺回购或者包销产品等，伪装成正常的生产经营活动，实现其骗取资金的最终目的。

有些非法集资者，开始集资时按时足额兑现先期投资者的本息，然后拆东墙补西墙，用后面投资者的钱兑现先前的本息，待达到一定规模后，便秘密转移资金，携款潜逃。这实际是以民间借贷合同为形式实施的集资诈骗犯罪行为。

涉及刑事犯罪的非法集资，比较常见的是非法吸收公众存款和集资诈骗两个罪名。有关这两种犯罪的相同和不同，在前文已有详细叙述，此处不再赘述。

三、互联网股权募集和非法集资的联系与区别

互联网股权募集，俗称股权众筹，是新兴的利用互联网集资的一种方式，由于投资咨询、互联网金融、第三方理财等行业领域监管缺乏相应的完备规范，易被非法利用；并且，我国2018年修订前的《公司法》和2019年修订前的《证券法》，对设立中的股份公司募集资本，有某些不尽合理的限制规定，使得一些违反法律的相关规定而借助互联网募集股权创设股份公司的，会被作为非法集资而受到法律制裁。因此，分析股权众筹与非法集资的联系与区别，不仅具有理论意义，更具有重要的实践意义和应用价值。

（一）互联网股权募集与非法集资的联系

1. 互联网股权募集是一种集资方式

互联网股权募集，是指由互联网上的众筹平台作为居间人，投资者与集资者之间签订投资合同，投资者购买集资者的股份。2015年8月，证监会印发《关于对通过互联网开展股权融资活动的机构进行专项检查的通知》，对互联网股权募集界定为："通过互联网形式进行公开小额股权融资的活动，具体是指创新创业者或小微企业通过股权众筹融资中介机构互联网平台（互联网网站或其他类似的电子媒介）公开募集股本的活动。"从这个通知中的规定看，互联网股权募集属于公开募集股份，非公开的股权融资或私募股权募集行为，即使通过互联网形式进行的，比如在微信群里集资，不属于股权众筹范围。

分析股权众筹，要与私募股权融资相区别。有些市场机构开展的冠以"股权众筹"名义的活动，是通过互联网形式进行的非公开股权融资或私募股权投资基金募集行为，不属于《对股权众筹平台指导意见》规定的股权众筹融资范围。私募股权融资，必须遵守法律的相关规定，仅可以向特定对象非公开地发行证券，而且累计不得超过200人。根据《公司法》《证券法》等有关规定，未经国务院证券监督管理机构批准，任何单位和个人都不得向不特定对象发行证券、向特定对象发行证券累计不得超过200人，非公开发行证券不得采用广告、公开劝诱和变相公开方式。以合伙企业、契约等非法人形式，通过汇集多数投资者的资金直接或者间接投资于私募基金的，私募基金管理人或者私募基金销售机构应当

穿透核查最终投资者是否为合格投资者，并合并计算投资者人数。但是，社会保障基金、企业年金等养老基金、慈善基金等社会公益基金，以及中国证监会规定的其他投资者，不再穿透核查最终投资者是否为合格投资者和合并计算投资者人数。

2011 年，国内第一家股权众筹平台“点名时间”上线。国内第一个做股权众筹的是美微公司。2013 年，美微公司在网上卖股权，通过众筹，获得 1194 个众筹的股东，占到美微传媒股份的 25%，整体融资人民币 500 万元。国内第一个做有担保股权众筹的是贷帮网袋鼠物流项目，项目上线 16 天，79 位投资者完成了 60 万元的投资额度。该项目是由第三方机构提供为期 1 年的担保，在 1 年内如果该项目失败，担保机构将全额赔付投资人的投资额度。

互联网股权募集，2011-2013 年，处于萌芽起步阶段；2014-2015 年，处于爆发增长阶段；2016-2017 年，由于欺诈发行和集资诈骗犯罪混迹其中，政府对互联网股权募集加强监管，行业进入深度洗牌阶段；2018 年以后，互联网股权众筹向着规范化集中化的方向进一步发展，进入稳定阶段。现在，虽然股权众筹平台的数量较之前有大幅度下滑，由 2015 年的 125 家减少至 2019 年的 23 家，但众筹总体融资项目和融资数额仍呈稳步增长态势。

利用互联网集资的股权众筹，是集资方式的一种。在集资的过程中，或者在集资后对所募集资金的使用中，如果违反强制性法律规范（既包括实体法也包括程序法），就属于非法集资。非法集资是个人或者企业在募集资本的活动中所实施的各类违法行为的统称。众筹，属于公开向不特定人群公开募集资金，很容易涉嫌非法集资。

2. 股权众筹与非法集资有交集

股权众筹，有的是合法的，有的是非法的。非法的股权众筹，即属于非法集资。符合《公司法》和《证券法》等法律规范的互联网股权募集，属于合法的集资。而不符合《公司法》和《证券法》等法律规范的股权众筹，就属于非法集资。前面提到的美微公司的股权众筹，即属于非法集资。2013 年年初，美微传媒在淘宝店“美微会员卡在线直营店”出售会员卡，购买会员卡就是购买公司原始股票，单位凭证为 1.2 元，最低认购单位为 100，只需要花 120 元下单，就可以成为持有美微公司 100 股的原始股东。但我国《公司法》明确规定，有限责任公司股东人数不能超过 50 人。《证券法》规定，向不特定对象发行证券或者向特定对象发行证券累计超过 200 人的，即属于公开发行证券，需要经过证券监管部门核准才可进行。因此，证券监管部门曾与美微传媒进行四次谈话，证监会提出三点要求：一是不再通过网络发行，二是保护现有投资人利益，三是不定期汇报公司经营情况。不过证监会并未对美微做严厉处罚，而是选择“软处理”：要求美微公司先公开发布退股声明，然后在淘宝网上退款。①

在执法实践中应加强对采用股权众筹方式的非法集资的受害人的保护，要及时追缴集资人的非法所得，并及时返还给受害人。不仅要查清集资公司的财产，也要查明参与具体非法集资活动的人员的个人所得，收缴其非法所得，尽早返还给受害人。最近，多地公安机关加紧对非法集资的犯罪活动进行打击，不仅追缴非法集资公司的财产，也追缴参与具体非法集资活动的人员的违法收入，以增加退赔受害人的款项。例如，2019 年 11 月下旬的“人人爱家金融”特大非法集资案，办理案件的杭州市公安局下城分局发布公告，要求该公司涉嫌非法集资的员工将自己工作期间的工资、提成、奖金等费用全额退缴。“钱富通”网络平台涉嫌非法吸收公众存款，经公安机关开展追缴工作，深圳纳某公司回款 50 万元，“钱富通”平台员工退回非法所得总计 31 万余元。专款账户回款总计 306.11 万元。②

（二）股权众筹与非法集资的区别

1. 非法的股权众筹只是非法集资的一种方式

非法的股权众筹只是非法集资的一种方式，而非法集资行为则是多种多样的。由于非法集资行为的种类和其所违反的法律具有多样性，对于非法集资行为的性质也不能一概而论。在各类非法集资行为中，有些违反了民法，属于民事违法作为；有些违反了行政法，属于行政违法行为；有些违反了刑法，即属于构成犯罪的非法集资行为。

实践中，有些非法的股权众筹，从成立之时就存在欺诈，属于非法集资。例如，杭州 Zoo Coffee 的众筹项目。该项目在 2014 年发起众筹时宣称，项目需要 1000 万资金，其中大股东拿出 510 万元，剩下的 490 万元由众筹获得，投资人的投资，在 3 年后退还。大股东还作出承诺，3 年最坏也能保本保息。然而，2017 年年底，3 年退还期到了，大股东保本保息的承诺成了一张空头支票。2018 年 6

① 《美微传媒筹资被叫停背后：众筹在中国是否可行》，新浪网，http：//tech. sina. com. cn/i/2013-03-22/09578172527. shtml。

② 《@ P2P 员工警方喊你来退缴工资、提成和奖金!》，网易财经新闻，https：//money. 163. com/19/1208/07/EVRVMUT200259DLP. html。

月，位于锐明大厦的Zoo Coffee悄然倒闭。锐明大厦物业方面负责人告诉《锌财经》记者，当时这家店甚至还没有偿还部分充值卡的资金。众筹股东们转而质问发起人。起先，发起人以“投资存在风险”为由搪塞。最终，不耐烦的发起人在微信上把众筹股东拉黑了。记者在这篇报道中指出，大股东当初股权众筹时承诺认缴的510万元，实际出资只有20万元。① 股权众筹发起人缺少自律，市场又缺少监管，当众筹项目死亡后，参与众筹的投资人实际上面临极高的风险。

2. 股权众筹既有合法的也有非法的

股权众筹是当时政府鼓励的并予以规范的集资方式，现在已经明确归属证监会监管，股权众筹基本上还是用《公司法》和《证券法》来规范。

在鼓励全民创业和对互联网高度重视的导向下，股权众筹也逐步开始得到国家政策的支持。2014年11月19日，国务院总理李克强主持召开国务院常务会议，会议要求建立资本市场小额再融资快速机制，并首次提出“开展股权众筹融资试点”。

（三）对股权众筹应加强规范

股权众筹属于公开募集股份，受我国《公司法》和《证券法》的规范。但这两部法律对于股权募集发行的规范比较原则，政府也没有颁布单行法规对股权众筹予以特别规范。

2015年8月，证监会印发《关于对通过互联网开展股权融资活动的机构进行专项检查的通知》，对互联网股权募集进行了界定和规范。该通知指出，未经国务院证券监督管理机构批准，任何单位和个人不得开展股权众筹融资活动。

我国还需要对股权众筹平台，即提供股权众筹的网络服务运营商加以规范。我国将来无论是颁布规范股权众筹的法规，还是修订《公司法》和《证券法》，均应当要求股权众筹平台对集资人负监督义务和职责，而不应仅仅是一个居间人。从目前的股权众筹平台与投融资双方的服务协议中可以看出，股权众筹平台除了具有居间功能之外，并未明确自己负有管理监督股权交易的职能和义务，并且股权众筹平台要求投融资双方订立的格式合同所规定的权利义务也不对等。

我国实践中的股权众筹多采用“领投+跟投”的投资方式，由富有成熟投资

① 《消失的众筹》，凤凰网，https://tech.ifeng.com/c/7jqv7ALlIUe，2019年1月29日访问。

经验的专业投资人作为领投人，普通投资人针对领投人所选中的项目跟进投资。由于股权众筹采用“领投+跟投”的投资方式，有些股权众筹平台引入“合格投资人”制度，由“合格投资人”领投，其他投资人跟投。“合格投资人”这一概念最早起源于美国，是指在资金上拥有一定实力，有能力判断、承担投资项目所带来的风险的人，包括机构投资者和个人投资者。股权众筹以其门槛低，易操作的特点吸引了许多中小投资者的关注，但许多投资者相对来说缺乏一定的投资经验，因此也存在较高的投资风险，正因如此，需要制定适当的合格投资人准入制度，以求最大限度保护投资者利益。鉴于股权众筹平台的“领投+跟投”模式，对于领投人和跟投人应该区别对待，否则难以发挥领投人的领投作用。一些众筹平台，根据投资者的投资经验、经济状况、专业能力、风险承受能力等，形成了自己的一套投资人准入模式，但其合理性和科学性有待论证，没有一套系统可行的合格投资人准入制度，缺乏对投资者有效的保护，使得各类投资人在选择股权众筹项目时，仍具有较高的投资风险，甚至因自身判断能力不足面临被欺诈的风险，不利于降低市场整体运行风险，阻碍股权众筹的长期健康发展。而且，领投人带领众多跟投人向集资人提供融资，如果领投人与集资人之间存在某种利益关系，则很容易产生道德风险问题，若集资人获取大量融资款后跑路，更会让投资人损失惨重。因此，必须严格规范股权众筹中的“领投+跟投”模式，要求领投人必须是合格投资人。

在股权众筹中建立合格投资人制度，可以引入私募融资中的合格投资者制度。并且，根据我国《证券投资基金法》《私募投资基金监督管理暂行办法》的有关规定，私募基金管理人不得向合格投资者之外的单位和个人募集资金，不得向不特定对象宣传推介，合格投资者累计不得超过200人，合格投资者的标准应符合《私募投资基金监督管理暂行办法》的规定。《私募投资基金监督管理暂行办法》中规定的合格投资者，是指具备相应风险识别能力和风险承担能力，投资于单只私募基金的金额不低于100万元且符合下列相关标准的单位和个人：（1）净资产不低于1000万元的单位；（2）金融资产不低于300万元或者最近3年年均收入不低于50万元的个人。前款所称金融资产包括银行存款、股票、债券、基金份额、资产管理计划、银行理财产品、信托计划、保险产品、期货权益等。下列投资者，也视为合格投资者：（1）社会保障基金、企业年金等养老基金，慈善基金等社会公益基金；（2）依法设立并在基金业协会备案的投资计划；（3）投资于所管理私募基金的私募基金管理人及其从业人员；（4）中国证监会规定的其他投资者。

对股权众筹中的融资额和投资人予以特别规范，还可以借鉴国外的相关立法经验。美国有《乔布斯法案》（Jobs Act）对众筹中的股权型众筹予以规范。《乔布斯法案》新设了对众筹融资的注册豁免机制。在《乔布斯法案》中，确立了对众筹融资的发行豁免条件：发行人每年最高合计众筹融资不超过 100 万美元。该法案对投资人还规定有明确的条件，即投资人的投资金额需满足以下要求：第一，年收入少于 10 万美元的个人，累计投资至多为 2000 美元或年收入的 5%；第二，年收入超过 l0 万美元的个人，可将其收入的 10%用于投资。必须通过经纪人或资金门户进行众筹融资。我国今后若颁布规范股权众筹的法规，或者修订《公司法》和《证券法》，可以借鉴美国的立法经验，对股权众筹的投资人加以资格限制，仅允许有风险承受能力的合格投资人参与股权众筹。

四、民间借贷和非法集资的联系与区别

民间借贷与非法集资既有联系，也有本质的区别。对这个问题，公安机关等司法行政机关必须予以充分认识和明确区分。

（一）民间借贷与非法集资的联系

集资，是从事商品生产经营的企业融通资金的方式之一。企业集资除可以通过银行等金融机构吸储、贷款实现之外，还可以通过直接向社会集资实现。在我国，大、中型企业较常见的集资活动，即通过银行等金融机构代理，以发行债券、股票、投资基金证券或其他债权凭证的方式向社会公众筹集资金，投资商品生产经营活动。企业以发行债券和其他债权凭证方式集资，就是向社会公众借贷。

从所募集的资金的使用效果上说，民间借贷属于集资的一种方式。但并非所有的民间借贷都属于集资。民间借贷，如果债务人仅向为数不多的亲友、熟人借贷，或者借贷到的资金不是用于生产经营活动的，构不成集资。但在实际生活中，由于开采煤矿、稀土等资源或者投资房地产能够带来高额利润，有些私营企业主为了能够贷到钱款，不惜高息向自己的亲友、熟人借贷。这些放贷人中的一些人再以较低的利息从下家借钱，下家又以更低的利息（但仍比银行的同期利率高）再从下下家借钱。由此形成借贷资金链，牵涉的人数也成倍增加。这样的民间借贷，就是一种集资。有媒体报道鄂尔多斯市有大量的以民间借贷方式的集资，该市 90%的家庭都在放贷。2010 年以后，鄂尔多斯新开楼盘通常 70%的资

金来自民间借贷，有的甚至是100%。①

近些年快速发展的P2P网贷，有的借贷人不是以网络平台为中介向一个人借贷，而是在提供网络贷款的平台上，向社会公众发出借贷要约，这样的网络借贷，可以说就是一种集资。是否构成非法集资，判断是否属于非法集资，还应当综合非法集资的其他构成要件来考虑。

应当注意的是，可以依法从事民间借贷业务的贷款公司，虽属于金融机构，可以向企业发放贷款，但与银行不同，不可以向社会公众吸收存款。2007年1月22日，中国银行业监督管理委员会印发的《贷款公司管理暂行规定》指出，贷款公司是由境内商业银行或农村合作银行全额出资的有限责任公司，是经中国银行业监督管理委员会依据有关法律、法规批准，由境内商业银行或农村合作银行在农村地区设立的专门为县域农民、农业和农村经济发展提供贷款服务的非银行业金融机构。经银监分局或所在城市银监局批准，贷款公司可经营下列业务：(1) 办理各项贷款；(2) 办理票据贴现；(3) 办理资产转让；(4) 办理贷款项下的结算；(5) 经中国银行业监督管理委员会批准的其他资产业务。此外，还明确规定，贷款公司不得吸收公众存款。2008年，中国银行业监督管理委员会、中国人民银行发布《关于小额贷款公司试点的指导意见》，进一步明确小额贷款公司的性质："小额贷款公司是由自然人、企业法人与其他社会组织投资设立，不吸收公众存款，经营小额贷款业务的有限责任公司或股份有限公司。"小额贷款公司的注册资本来源应真实合法，全部为实收货币资本，由出资人或发起人一次性足额缴纳。有限责任公司的注册资本不得低于500万元，股份有限公司的注册资本不得低于1000万元。单一自然人、企业法人、其他社会组织及其关联方持有的股份，不得超过小额贷款公司注册资本总额的10%。小额贷款公司的主要资金来源为股东缴纳的资本金、捐赠资金，以及来自不超过2个银行业金融机构的融入资金。在法律、法规规定的范围内，小额贷款公司从银行业金融机构获得融入资金的余额，不得超过资本净额的50%。此后，各地方政府的金融主管机关也陆续颁布规定，重申不允许贷款公司吸收公众存款。例如，2019年6月27日，广东省人民政府地方金融监督管理局发布《广东省小额贷款公司管理办法》（试行），其第二条规定："本办法所称小额贷款公司，是指依照本办法及有关法律、法规，由自然人、企业法人与其他社会组织投资，在本省的县（市、区）域范

① 陈楠：《鄂尔多斯民间借贷危急　多庄家故意酒驾求拘留》，新浪财经，http://finance.sina.com.cn/china/dfjj/20111118/110810841055.shtml。

围内设立，不吸收公众存款，经营小额贷款业务的有限责任公司或股份有限公司。”该办法还规定，小额贷款公司的入股资金为自有资金且来源合法，不得以借贷资金入股，不得以他人委托资金入股。注册为有限责任公司的小额贷款公司，注册资本不低于3000万元人民币〔山区县（市、区）不低于1500万元〕；注册为股份有限公司的小额贷款公司，注册资本不低于5000万元人民币〔山区县（市、区）不低于2000万元〕。全部资本来源应真实合法，为实收货币资本，由出资人或发起人一次性缴足。小额贷款公司的主要资金来源：一是股东缴纳的资本金、捐赠资金；二是从不超过2个银行业金融机构融入的资金，且余额不得超过公司资本净额的50%。

如果贷款公司从银行等金融机构借贷融入的资金超过公司资本净额的50%，而且将借贷的资金再高息放贷，则有可能构成高利转贷罪。高利转贷罪，是指以转贷牟利为目的，套取金融机构信贷资金再高利转贷给他人，违法所得数额较大的行为。对高利转贷罪，违法所得数额较大的，处3年以下有期徒刑，数额巨大的，最高可处7年有期徒刑，均并处罚金。违法所得10万元以上，或2年内因高利转贷受过行政处罚2次以上，又高利转贷的，符合高利转贷罪的立案标准。

（二）民间借贷与非法集资的区别

多数非法集资行为采取民间借贷的形式进行。民间借贷是集资的一种方式，民间借贷本身属于合法的合同行为，其间的纠纷适用民法规范。但有些民间借贷由于具备了前述的非法集资的四个构成要件，性质发生变化，演变为非法集资。公安机关等司法行政部门必须正确界定非法集资。在非法集资行为中，有些行为违反了行政法律，要予以行政制裁；有些行为则构成集资诈骗罪等犯罪行为，要对涉嫌犯罪的集资人予以刑事制裁。

如果民间借贷中有地下钱庄加入，地下钱庄以高出银行的利率向社会公众揽储，再将筹措到的资金以更高的利率借贷给债务人，则非常明显地具备了向社会不特定对象筹集资金的特点，构成非法集资和非法放贷。通常，地下钱庄以投资公司、基金公司的名义出现，以月息1分到3分的利率从社会公众中集资，再以3分到6分的利息放贷给企业，形成集资利益链。[①] 非法放贷，如果数额巨大且情节和后果严重，则构成非法经营罪。

---

① 《温州老板出逃潮　企业转型借贷致高利贷危机》，新浪网，http：//news. sina. com. cn/c/sd/2011-09-30/115623244659. shtml，2011年9月30日访问。

以民间借贷方式集资，原本并不违法，已经构成集资的民间借贷，如果最终债务人不能按约定还贷、还贷的资金链断裂，构成违约，则属于违反民法的非法集资。违约，应当由合同当事人协商解决；协商不成的，当事人中的任何一方均可以请求人民法院裁决。但在我国民间，许多借贷纠纷的当事人，尤其是近些年大量的民间借贷活动中的众多放贷人，出于对法院审理案件时间长、收费高、证据要求严格、判决难以执行等方面的考虑，往往选择到当地公安机关请求处理。有些债务人在发生放贷人（债权人）暴力讨债、抢夺财产的情况时，也会主动找公安机关请求保护人身安全和财产安全。甚至有的债务人为躲债故意酒后驾车，直接将车辆开到公安局门口，宁愿到拘留所去。[①] 对于这种民间借贷违约类型的非法集资，公安机关等司法行政部门要按照民法的有关规定处理。债权人和债务人可以就债务的延期偿还事项进行协商，公安机关等司法行政部门可以从中调解，当事人也可以请求法院裁决。

对于以民间借贷的名义实施集资诈骗犯罪的集资人，则要按照刑法处理，公安机关应当立案侦查。《最高人民法院关于审理民间借贷案件适用法律若干问题的规定》第五条规定："人民法院立案后，发现民间借贷行为本身涉嫌非法集资犯罪的，应当裁定驳回起诉，并将涉嫌非法集资犯罪的线索、材料移送公安或者检察机关。"与非法集资有关的犯罪有：集资诈骗罪，擅自发行股票、公司、企业债券罪，非法吸收公众存款罪，非法经营罪。办案人员要根据犯罪嫌疑人的具体行为，判断应当按照哪种罪名来立案。

第三节　非法放贷与民间借贷合同纠纷警情处置中的疑难问题及案例分析

借贷是民法所规范的合同行为。在我国，企业向银行借贷，如果发生违约纠纷，基本上通过诉讼或者仲裁解决。企业、个人向经政府金融业主管部门许可而从事金融业务的贷款公司、金融机构以外的企业以及个人借贷，被称为民间借贷。民间借贷如果发生纠纷，有些当事人会到基层公安机关要求予以调解。一些假借民间借贷之名的非法放贷（俗称套路贷，包括高利贷、校园贷、裸贷等）

① 陈楠：《鄂尔多斯民间借贷危急　多庄家故意酒驾求拘留》，新浪财经，http：//finance. sina. com. cn/china/dfjj/20111118/110810841055. shtml。

犯罪活动，也需要公安机关立案侦查。为更好地打击这些违法犯罪行为，公安机关要区分非法放贷与民间借贷，正确认识民间借贷。

一、民间借贷的性质及其产生和发展

（一）民间借贷的性质

民间借贷是借贷合同，属于民事合同。关于民间借贷的概念，《最高人民法院关于审理民间借贷案件适用法律若干问题的规定》第一条规定："本规定所称的民间借贷，是指自然人、法人、其他组织之间及其相互之间进行资金融通的行为。经金融监管部门批准设立的从事贷款业务的金融机构及其分支机构，因发放贷款等相关金融业务引发的纠纷，不适用本规定。"民间借贷与其他借贷合同的区别，主要在于放贷人是自然人或者民营企业，而非银行、信用社。我国现在的金融机构绝大部分是银行、信用社，银行、信用社绝大多数又是国有机构或者集体所有制组织控股的，金融机构中仅有少数属于民营企业法人的贷款公司。自2007年以后，银监会和中国人民银行颁布规章，允许自然人、企业法人和其他社会组织投资设立小额贷款公司。个人和民营企业法人投资开办的贷款公司，虽属于金融机构，但只能用其自有的资本放贷，不被允许向社会公众吸收存款，也不被允许发行债券等资本证券。时至今日，这类贷款公司数量仍然不多，资金也少，尚不能满足民营企业的融资需要。因放贷人不是国有机构或者集体所有制组织控股的银行、信用社，而是个人和民营企业法人（以小额贷款公司居多），所以这样的借贷合同被称为"民间借贷"。

从性质上说，民间借贷是合法的民事借贷合同。至于民间借贷的高利息问题，笔者认为，这属于当事人自愿达成的合同的一部分，应当尊重当事人的自由意志，司法行政机关不必主动干预。对起诉到法院的债务违约纠纷，按照现行的法律，对超过合同成立时一年期贷款市场报价利率四倍以上的部分，不予保护。也就是说，高利息的民间借贷，其关于利息部分的超过法律规定利率的条款，可以认定为无效，此类借贷合同属于部分无效的民事合同。2020年8月20日颁布的《最高人民法院关于审理民间借贷案件适用法律若干问题的规定》第二十九条规定，借贷双方对逾期利率有约定的，从其约定，但是以不超过合同成立时一年期贷款市场报价利率四倍为限。

（二）民间借贷产生的原因

我国改革开放四十多年以来，经济迅猛发展，私营（民营）企业大量涌现，伴随着私营企业的发展，也出现了大量的民间借贷活动。

我国的银行业很发达，银行众多，网点遍布全国大中小城市，为什么私营企业要向民间、向个人去借贷？笔者总结其中的原因如下：

1. 银行、信用社一贯很少向民营中小企业放贷

有媒体报道，我国民营企业约80%的资金需求来自自我积累和民间融资，缺乏贷款支持。由于银行、信用社往往放贷门槛高、服务不周到，很多中小企业便转而向民间寻求资金来源。有专家估算，2008年的民间资金总量至少在2万亿元，有能力为民营中小企业提供投资。[①] 我国目前的金融业务，基本上还处于由国有控股银行垄断经营的状态。以工、农、中、建、交五大国有控股银行为代表，银行更热衷向上市公司和国有企业发放贷款，对于民间（私营的）中小企业及微型企业，尽管其在社会商品生产经营活动中非常活跃且吸纳大部分人员就业，但如果不能向银行提供担保，最好是不动产抵押，银行就不会向其放贷。私营的中小企业及微型企业在生产经营中需要资金周转时，企业主只能依靠其个人信用在民间集资，向其直接的和间接的亲友、熟人借贷。在商品经济发达的江浙地区，以及因煤炭、稀土等资源开发而新兴起的内蒙古鄂尔多斯地区，民间的中小企业和微型企业由于无法从银行贷到资金，故转向民间借贷。在这些地区，甚至出现上千家地下钱庄。地下钱庄成为民间的专门放贷机构。早在20世纪90年代城市信用社和农村信用社出现之前，个人信贷几乎是浙江中小民营企业的资金来源。1978年到1986年，温州地区融资方式创新最为活跃，在大家都缺少原始资金的情况下，资金“互助会”“抬会”成为个人融资最有效的渠道。2008年5月8日，银监会和央行联合发布《小额贷款公司试点指导意见》，允许自然人、企业法人和其他社会组织投资设立小额贷款公司，这一指导意见的出台让原先一直处于地下的“私人钱庄”有机会转变成阳光下的合法生意。[②]

2. 群众手中的闲散资金缺乏有收益的投资渠道

群众把自己的积蓄放在银行等金融机构，所获得的利息很低。近些年，银行一年定期存款的年利率不到2%，远不及物价的上涨率。群众如果用自己的积蓄去证券交易所购买上市公司的股票或者投资基金券，也极少有盈利的。我国的A

---

① 《央行研究松绑民间借贷可盘活数万亿资金》，北方网，http：//news. enorth. com. cn/system/2009/02/22/003902544. shtml。

② 《温州民间借贷年息达72%私人钱庄或成合法生意?》，网易新闻，http：//news. 163. com/08/0713/11/4GNT2JAI0001124J. html。

股市场已上市 4000 多家公司，还有众多的股份公司排队等待被批准上市。已上市的公司中的大多数，还在不断发行新股。有些上市公司只顾在股市中募集资金，极少给投资人分配股息和红利。更有一些上市公司，其高管的薪酬与国际水平接轨，却连续十多年都不给股东分红，被股民冠以“铁公鸡”称号。加之股市中投机猖獗，内幕交易、黑庄操纵等违法行为层出不穷，创业板的股票风险更高，已经入市的中小股民绝大多数亏损，不少小散户甚至亏掉 90%以上的资金。不亲自操作股票、债券的买卖，买基金，让专业人士代你理财，情况也好不了多少。债券基金一直被投资者视为较为安全的资产，但基金投资也只在 2007 年有过短暂的辉煌，收益也未能跑赢物价的上涨。至于炒期货、投资文物收藏或者艺术品收藏等，不仅要求具备专业知识，门槛也很高，而且很难盈利。投资虚拟货币，则风险更高。

3. 民间放贷可获得高利息

民间借贷，利息普遍较高，因而吸引众多人放贷，一些人愿意冒风险把钱借贷给愿意出较高利息的民营企业。《证券时报》2011 年 10 月 17 日刊登的一篇题为《鄂尔多斯十户九贷 苏叶女案融资数亿套牢 4000 人》的文章中指出，鄂尔多斯十户九贷。鄂市羊煤土气网创始人冯先生接受记者采访时表示，鄂尔多斯人只要是家里有点闲置资金，都会去放高利贷，实业经济面临考验。有关机构也统计过，鄂尔多斯民间借贷总额不下 1000 亿，一般包含个人组织、小额贷款机构、企业间的拆借、典当行等多种形式。高和投资研究认为，鄂尔多斯的民间资本大多流向了煤企和楼市。在 2010 年上半年之前，投资房地产并将房产全部卖出的，投资资金均获得高额利润，所借的高利贷也基本上可以还清。近些年急速发展的互联网金融，活跃在网络上的小额贷款公司给出的网络贷款利率，普遍远高于银行贷款利率。

（三）民间借贷的风险

民间借贷，没有银行那样规范的金融风险控制手段。银行放贷，一般都是建立在事先严格的调研审查、繁复的审批手续基础上的，强调风险控制，借贷合同讲究法律程序。而且国有控股银行等金融机构，对民营企业，为谨慎起见，往往还要求借贷人提供不动产抵押。相比之下，民间借贷的程序就显得十分简单，借贷双方只要是彼此信任，利息上又能达成一致，借贷人打一个便条，甚至口头承诺，很大一笔钱就借到了。没有投资流向调查论证、没有风险分析，没有细密的书面合同，更没有抵押。由此看来，民间集资的风险很大，一旦出现违约，债权人除向债务人追讨，别无他法。

但也有研究者指出，民间借贷只是看似风险很大，借给别人的钱，都是自己的血汗钱、家底子，怎么会不慎重？出借人不会仅仅为了追逐高额利息、不问风险就把钱贷出去。民间集资最鲜明的特点是依靠私人信用，在这种私人信用的背后，有一个非常强大的信用保障机制，就是熟人社会。熟人社会在以自己的方式执行着现代金融严格的调研、审批和风险控制职能。出借人即使不直接认识借款人，也总能找到可靠的亲戚朋友打听清楚对方的底细。对底细不清楚的、名声不好的人，不会放账。熟人社会的另一个功能是人情抵押。讲求私人信用，是熟人社会圈内的游戏规则，谁不遵守谁出局，学术上把这叫作“集体放逐”。民间借贷往往没有抵押，但是其背后的人情关系，实际上是一种更强大的抵押，是和中国商业社会运作的特征相契合的，有强大的生命力。[①] 正如社会学家费孝通指出的，血缘、乡缘甚至同学朋友，是浙江一带儒家传统下的社会最信得过的关系网络。和国有银行相比，早期的个人信贷不仅效率非常高，而且由于有人际关系约束，信用还非常健康。笔者认为，随着网络上的借贷平台在最近十余年的大量涌现，活跃于我国民间的借贷已不再局限于熟人社会，借贷人以提供网络平台服务的公司为媒介，向社会公众借贷；而社会公众中一些人，为获得较高的利息，也愿意通过网络服务公司的平台放贷。在这样的网络贷款中，借贷人和放贷人不仅不认识，也不直接接触，以人情关系为纽带的熟人社会的信用约束荡然无存。由于借助于网络平台贷款非常方便和迅捷，又由于亲戚朋友等熟人之间放贷容易讨债难，因讨债反目成仇的事例大量发生，当今中国社会，熟人之间已经很少借款了，即使借款，也大多是为亲戚朋友解决突发的经济困难，如治病、遭受灾难等，极少会为熟人从事商业经营活动借贷。

在我国民间借贷发展中，2011 年曾出现大量的民间借贷违约现象，几十位浙江老板“跑路”，鄂尔多斯还出现个别企业老板因无力还债而自杀的事件。当时，我国出现大量的民间借贷违约纠纷的原因是什么？笔者认为，这些借贷纠纷的出现，不是民间借贷的风险控制机制出了问题，主要原因是经济形势发生了剧烈的变化。在国际方面，2008 年爆发国际金融危机，国内外的经济形势恶化，我国的制造业等实体经济产业竞争激烈且利润微薄，商品出口大幅度下降，导致债务人投资失败，因经营困难而无力还债。国内，2010 年中期至 2012 年中期，

---

① 《从石小红案看民间金融风险的根源》，新浪网，http://blog.sina.com.cn/s/blog_640ac5580100mpio.html，2010 年 10 月 30 日访问。

发生全国性的房产价格暂时停涨。此前从制造业转到房地产的大量投资，不能获得收益。自2010年3月以来，中央政府连续出台多个文件，抑制房产价格的不正常上涨。2011年中期开始，全国各地的房产价格暂时停止上涨。自2011年下半年开始，全国的房产销量开始放缓，一些三四线城市以下地方的房价开始出现幅度不等的下降。2010年以后，由于拿地成本高，建材和人工费用上涨，房地产开发企业不仅不能如以前那样收获高额利润，有的企业因房产销售不出去而无法回笼资金，有些甚至因后续资金缺乏，出现烂尾楼。在这样的经济形势下，将高息借来的资金投入房地产的民营企业所遭受的是致命的打击。原本扎堆于制造业和服务业的民营企业，生存十分艰难，制造业不仅利润微薄而且产能过剩，欧美诸国经济复苏缓慢，出口量恢复有限；国内对制造业所生产的产品及服务业所提供的服务，也没有多大的消费能力。许多企业本指望转向开发房地产项目来获取利润，现在不仅利息还不上，有的甚至连借款的本金都还不了。通过层层借贷形成的资金链，一旦房地产销售遇冷，还贷的链条就会断裂，因而，2011年大规模民间借贷违约的危机不可避免。

我国的民间借贷，主要是借贷给民营企业的，生活消费借贷少，即使近几年网贷平台出现后，消费借贷有所增加，但大量的民间借贷仍然是贷给可以创造利润的民营企业的。由于民营企业主要将获得的民间借贷投入轻工产品加工制造业和房地产行业，因此借贷的风险与这两个行业密切相关。尤其在2008年国际金融危机发生后，制造业产品出口大幅下降、行业利润微薄，房地产价格则持续上涨、行业利润丰厚，促使在制造业的民间资金大量转投到房地产业。我国政府为应对2008年爆发的国际金融危机，从国家财政中拿出用于刺激经济的4万亿元，其中大部分资金直接或者间接地进入了房地产业。获得政府资金扶持的那些国有控股企业，无论其原来是从事什么行业的，为追逐高利润，纷纷将大量资金投向房地产开发。这些获得国家资金扶持的国有控股企业，在全国一二线甚至三四线城市，不计成本地高价拿地，开发房地产项目，全面推高了这些城市的房价。在这股房地产开发热潮中，许多原本以制造加工为主营业务的民营企业，尤其以浙江温州等地的民企为代表，因制造业竞争激烈且利润微薄，也转向将自有的和高息借来的民间资金投入房地产业。他们或者自行开发房产项目，或者组成炒房团到一二线城市囤积房产。一段时期，温州炒房团名扬全国。国有控股的和民营的各类企业涌入房地产的后果是，仅2008年至2010年，中国各地大中小城市的房价普遍地迅速地增长。受房产价格上涨的带动，各大城市的地价也急速上涨，地王频现。北京、上海、深圳一线城市的房价更是翻倍增长。笔者出生在北京，常年生活在北京，清楚地记得，在 2008 年以前，北京市二环周边及其以内新建的高层住宅，每平方米售价 2 万元左右；北京市三环周边新建的高层住宅，每平方米售价多在 1 万元左右（这个价格对于普通工薪阶层而言，也是较高的，但尚可企及）。而在 2008 年以后，全国各地，尤其是一二线中心城市的房产价格开始上涨。2010 年，北京市二环周边及其以内的高层住宅，每平方米售价似乎没有低于 4 万元的；这个区域内旧的单元楼房，每平方米售价也极少有低于 3 万元的。在 2008 年至 2010 年年初这段房地产价格飞涨期间，投资房地产并将房产销售完毕的企业，均获得了高额的利润。自 2010 年中期到 2012 年中期，受政策调控影响，房地产价格普遍停涨。这个时期的房地产业开始洗牌，资金链断裂的房企陆续被淘汰。2012 年以后，由于我国城市化进程加快、人口在中心城市区域的聚集，我国各地的房价又开始了连续地、普遍地上涨。以北京为例，自 2012 年以来，房产价格持续上涨。到 2020 年，北京城不仅二环内已无新开发的房产销售，四环内也已极少有新开发的房产销售，四环内的二手房，销售均价基本在 7 万元/平方米以上。北京四环内房产的价格，对于普通工薪阶层而言，已是遥不可及。许多人买房，要耗尽两代人的积蓄并背负长期的银行贷款。由于房价再度上涨，民间借贷又开始大量集中于房地产行业。虽然房价上涨，但由于拿地成本、建材和人工费用也在持续上涨，投资房地产，并不一定能得到高利润回报，民间借贷的风险还是很高的。

二、以民间借贷为名的非法放贷现象及问题分析

（一）套路贷的性质和特点

套路贷不仅属于非法放贷，还属于犯罪。套路贷，是假借民间借贷之名，设置套路、实施非法的放贷收债，骗取受害人财物的一系列犯罪活动的概括性称谓。在公安执法实践中，正确认识非法放贷的性质和特点，将之与民间借贷正确区分，具有重要的实践意义。

套路贷涉及多种犯罪，有的套路贷，如“以房养老”骗局，属于诈骗罪；设立公司、以非法放贷为经营手段的套路贷，属于非法经营罪。有组织地非法放贷，同时又有其他违法犯罪活动，符合黑社会性质组织或者恶势力、恶势力犯罪集团认定标准的，还应当分别按照黑社会性质组织或者恶势力、恶势力犯罪集团侦查、起诉、审判。强行索要因非法放贷而产生的债务，实施故意杀人、故意伤

害、非法拘禁、故意毁坏财物、寻衅滋事等行为，构成犯罪的，应当数罪并罚。为从事非法放贷活动，实施擅自设立金融机构、套取金融机构资金高利转贷、骗取贷款、非法吸收公众存款等行为，构成犯罪的，应当择一重罪处罚。为强行索要因非法放贷而产生的债务，实施故意杀人、故意伤害、非法拘禁、故意毁坏财物、寻衅滋事等行为，构成犯罪的，应当数罪并罚。纠集、指使、雇用他人采用滋扰、纠缠、哄闹、聚众造势等手段强行索要债务，尚不单独构成犯罪，但实施非法放贷行为已构成非法经营罪的，应当按照非法经营罪的规定酌情从重处罚。

套路贷中犯罪手段主要有设置高额利息，放贷预收利息（砍头息）或者“服务费”，套取借贷人的个人信息甚至裸照，诱使借贷人借新债还旧债以层层垒高债务，以暴力或者公开隐私等手段讨债。实施套路贷的人，往往先注册小额贷款公司，或者开设网络贷款平台，诱使被害人签订借贷合同和与借贷合同相关的房产抵押等担保合同，迫使借贷人提供个人信息甚至裸照，设定高额利息和期限极短的还款期，恶意制造违约，再迫使债务人向其控制的另一家公司借新债还旧债，通过每笔借贷步步垒高借款金额，并借助诉讼、仲裁、公证或者采用暴力、威胁以及其他手段非法占有被害人财物。以在校大学生为放贷对象的套路贷，被民众称为“校园贷”。以年轻女性提供裸照和个人信息为放贷条件的套路贷，被民众称为“裸贷”。随着互联网经济的发展，网贷也迅速发展起来，一些不良借贷平台通过网络、电话、广告、社交软件等手段，以“无抵押”“快速放贷”为诱饵，招徕年轻人尤其是高校学生贷款，使其背负高额利息的欠款。

由于套路贷假借民间借贷之名，在套路贷出现的初期，公安机关常将其归为经济纠纷而不予立案。随着套路贷的日益增多和恶性发展，不少受害人损失惨重，甚至倾家荡产，公安机关逐步转变认识，将套路贷以诈骗罪等罪名立案。2019 年 7 月 23 日，最高人民法院、最高人民检察院、公安部、司法部颁布《关于办理非法放贷刑事案件若干问题的意见》，此意见自 2019 年 10 月 21 日实施，此后，套路贷大多按照非法经营罪立案。根据《关于办理非法放贷刑事案件若干问题的意见》的规定，从事非法放贷构成非法经营罪，应同时具备以下五个条件：（1）未经监管部门批准或超越批准的范围放贷；（2）以营利为目的；（3）两年内向不特定的单位或个人以借款或其他名义出借资金 10 次以上；（4）年利率超过 36%；（5）个人非法放贷数额累计在 200 万元以上，或违法所得 80 万元以上，或非法放贷对象累计在 50 人以上，或造成借款人或者其近亲属自杀、死亡或者精神失常等严重后果的。

套路贷具有以下基本特征：

1. 套路贷是有组织的犯罪

套路贷是有组织的共同犯罪。实施套路贷的是组成较为严密和固定的犯罪组织，往往先注册小额贷款公司，或者开设网络贷款平台，有预谋、有计划地实施套路贷犯罪。已经形成犯罪集团的，应当认定为犯罪集团。例如，兰州警方盘点近千名大学生贷款“被套路”案例，总结了套路贷组织的结构。“一个贷款平台一般分为五个层级。第一层是中介人员，通过网络发放各类贷款广告；第二层是客服人员，需要了解贷款学生资金需求，收集个人信息；第三层是审核组，确认贷款学生身份真实性，核实父母的电话以及每月固定生活费；第四层是合同制作组；第五层是财务放款组。”“在五个层级的紧密配合下，有资金需求的大学生很快会钻进‘套路贷’的圈套。1个月后，便是贷款平台的‘收网’时间。超过还款时间1分钟，就至少收取500元的滞纳金，此后，每天加收5%的利息。”①

2. 以非法放贷为经营手段和主营业务

实施套路贷的犯罪分子，大多注册小额贷款公司，或者开设网络贷款平台，以非法放贷为经营手段和主营业务，且持续经营。其经常性地向社会不特定对象发放贷款，只要两年内向不特定多人（包括单位和个人）以借款或其他名义出借资金10次以上，即构成“经常性地向社会不特定对象发放贷款”。

3. 制造民间借贷假象，以合法形式掩盖非法收取高额利息的目的

实施套路贷的团伙，对外以“小额贷款公司”名义招揽生意，与被害人签订借款合同，制造民间借贷假象，并以“违约金”“保证金”等各种名目骗取被害人签订“虚高借款合同”“阴阳合同”及房产抵押合同等明显不利于被害人的合同。有些借贷合同规定的利息在国家法定范围内，但另有不少其他费用，如服务费、手续费、代理费等，这些费用均在放贷时扣除，并不体现在借贷合同上。以“阴阳合同”虚增债务的方式是：借款人签订借贷数额“高”“低”两个借款协议，金额相差可能会达到两倍，其中金额低的为实际借款借条，金额高的是放贷公司诱骗借款人签订的虚假借条。之后以制造资金走账流水、转单平账等方式，将高额借款转入借款人银行账户后，要求其立即转走部分款项到放贷人指定的账户。借款人实际只能收到金额低的实际借款借条中所写明的款项。制造银行流水痕迹，是为了刻意造成被害人已经取得合同所借全部款项的假象，为以后的

---

① 《千名大学生贷款“被套路”案例“套路贷”里“套路深”》，中国青年报，http：//www.xinhuanet.com/legal/2019-01/25/c_1124039292.htm，2020年2月12日访问。

诉讼准备证据材料。一旦借款人不能到期还款，放贷公司就按照金额高的借条，安排人员采取各种手段催讨债务。

4. 设定高额利息和期限极短的还款期，恶意制造违约

套路贷的利息一般都很高，但还款期很短，放贷人实际上是在恶意制造违约。“714 高炮”就是典型的短期套路贷，贷款期限仅为 7 天或者 14 天。2019 年 3 月 15 日中央电视台“3·15 晚会”曝光了“714 高炮”之后，大量违规网贷平台依然猖獗。有的网贷平台还开发出了“55 超级高炮”，即借款 1000 元，到手 500 元，5 天后要还 1200 元。

套路贷中的借贷本金数额一般不大，尤其是被称为“零用贷”的，就是以小额贷款为主，以快速放贷、无抵押为诱饵，通过中介介绍、电话推销等方式吸引部分因信用问题无法通过正常渠道获取银行贷款的人员前来借款。套路贷中的校园贷，一般借贷的本金也不多，但由于设定高额利息和期限极短的还款期，使得没有工作收入的学生，一旦遇到家长给付的生活费延迟等情况，很容易不能到期还债，从而背负高额利息。

5. 恶意垒高借款金额，给借款人造成重大财产损失

在借款人无力按期还款的情况下，放贷人会介绍其他的“小额贷款公司”或个人，或者“扮演”其他公司与借款人签订新的虚高借款合同，借新债还旧债，通过这样的一次次“平账”，一步一步地垒高借款金额。有的大学生借款 3000 元，半年内被迫陆续还款 18 万余元；有的借七八千元买手机，最后却背上 5 万元贷款。[①] 更有甚者，有私营企业主只借了 3 万元，一年后债务累积到 800 万元。[②]

套路贷给借款人造成重大财产损失，有的受害人倾家荡产，有的受害人甚至被高额的债务逼得想要自杀。例如，出生于 1997 年的李媛媛，就读于山东某高校。一次意外弄坏了室友的手机，因为担心父母责怪，李媛媛决定自己处理这件事情。通过手机广告推送，李媛媛找到某公司的线上贷款平台，业务员陈某也主动加了她的微信。很快，第一笔数额为 3000 元的贷款顺利下放。一个月后，除了每月生活费没有其他收入来源的李媛媛开始违约，某公司的催收员便将这笔债

① 《遏制穿“马甲”的校园贷须靠全流程监管》，搜狐教育新闻，http：//edu. 163. com/19/0318/10/EAHT0HB500297VGM. html。

② 《女老板借 3 万竟要还 800 万 1 年后倾家荡产逃债 7 个月》，网易新闻，http：//news. 163. com/18/0427/00/DGC0PBDU0001875P. html。

务“转让”给了另一家贷款公司。在“套路贷”的专业术语中，这一操作叫作“平账”。实际上，两家公司之间存在千丝万缕的联系，有时甚至是同一个老板，“就像将右口袋的钱还到了左口袋”。此后，这样的“转让”在55家公司一再上演，而原本3000元的贷款，也像雪球一样越滚越大。从2017年3月至2018年6月，15个月里，增长到69万元。深陷巨额债务的李媛媛写下绝笔信，企图自杀。所幸被其父亲李志宏发现。李志宏带着女儿李媛媛，前往公安局报案。①

6. 受害人众多

套路贷的受害人众多，其中的校园贷使许多大学生陷入骗局。例如，天津一家建筑工程咨询有限公司虽然打着咨询公司的名号，实际上却拥有“米贷金融”“租租侠”两个线上贷款平台。从2017年11月25日办理第一笔贷款开始，短短一年时间，“套路”了960多名在校大学生，其中18~23岁的本科生占到90%以上。在兰州警方盘点的近千例大学生贷款“被套路”案例中，受骗大学生分布在各大高校，贷款的理由五花八门。有人贷款深造，有人贷款创业，有人贷款看病，但更多的人贷款是用于周转与个人消费。②

7. 采用合法和非法的多种形式讨债

套路贷的放贷人，有些采用暴力、威胁、公布债务人隐私以及其他手段非法占有被害人财物。例如，上文提到的山东某高校学生李媛媛，因为在大学期间一笔3000元的“贷款”，彻底打乱一家人原本平静的生活。一年多的时间里，她的父母收到了多次来自陌生电话号码的恐吓信息，以及女儿的不雅照，连家门口都被人泼上油漆，写着“欠债不还、天理不容”的字样。为了催款，这些非法网贷平台会对贷款学生频繁进行电话、短信骚扰，并向其父母朋友发送催款信息。学生只是诱饵，家长才是目标。套路贷公司催收组还会强制贷款学生说出手机密码，通过通信公司调取通话记录，确认主要联系人。“一般在手机通讯录上查找10个号码。5个是最常联络的人，另5个是‘豹子号’。”这是套路贷公司催收组总结出的规律。“豹子号”就是与贷款学生不会经常联络，但拥有“6”“8”等吉祥数字的号码。“被骚扰久了，常用联系人或许会变更号码，但‘豹子号’的主人不会轻易换号码，而他们的身份大都也是受害学生父母的同事、朋友。”

---

① 《千名大学生贷款“被套路”案例“套路贷”里“套路深”》，新华网，http：//www.xinhuanet.com/legal/2019-01/25/c_1124039292.htm，2020年2月12日访问。

② 《千名大学生贷款“被套路”案例 “套路贷”里“套路深”》，新华网，http：//www.xinhuanet.com/legal/2019-01/25/c_1124039292.htm，2020年2月12日访问。

此时，网贷公司催收人员会购买手机轰炸服务，最终迫使“豹子号”的机主向贷款学生的父母施加压力。这一招屡试不爽，爱面子、珍惜孩子前途的家长大都会“乖乖”还钱。①

也有些放贷人并不一味地采取非法手段催讨债务，会借助诉讼、仲裁、公证等合法手段催债。有些放贷人会向法院提起诉讼，将其放贷时签订的阴阳合同中的高数额借款合同、制造的资金走账流水、转单平账等作为证据提交法院，通过胜诉判决实现侵占借款人或其近亲属财产的目的。套路贷和前面提过的“以房养老骗局”都已具备知识型犯罪的雏形，有个别法律从业人员是诈骗作案人的共谋或“军师”，给予其专业的“法律指导”，提升其胜诉率，获取高额犯罪所得。

8. 违法活动猖獗

套路贷如此猖獗的原因，在于高额回报率。一位犯罪嫌疑人详细记录了每笔贷款的提成。例如，一笔 3000 元的贷款，加上人力成本是 3450 元，而 4735 元是最低回收限额；而另一笔 4100 元的贷款，最终回收了 10620 元，催收员拿到了 1601 元的奖金。②

有媒体报道，高额收息暴力催收的“714 高炮”未绝，“宜人贷”又来。记者调查了解到，2019 年 3 月 15 日央视曝光“714 高炮”之后，大量违规网贷平台依然猖獗。有的平台开发出了“55 超级高炮”，即借款 1000 元，到手 500 元，5 天后要还 1200 元。有的网贷平台提供明令禁止的“砍头贷”“校园贷”，收高额“砍头息”，扰乱金融秩序，带来金融风险。有些平台打出各种广告，例如，“不上征信，无视黑白，百分百下款”“仅需身份证，极速到账，日息 0.01%”。但《新华每日电讯》记者调查发现，一些大肆打广告的网贷平台的真身，其实是“714 高炮”（即借款期限为 7 天、14 天的高利息网络贷款，一般包含高额的“砍头息”及“逾期费用”）。他们明目张胆地提供明令禁止的“砍头贷”“校园贷”，甚至一些营利较多、业绩突出的公司也搞阴阳合同，收高额“砍头息”，并实施非法催收的讨债行为，盗取公民隐私，侵害公民名誉乃至危及人身安全。有专家指出，不少非法网贷平台违规放贷，扰乱互联网金融市场，加剧金融风险，已成为影响社会稳定的负面因素，亟须相关部门高度重视，加大打击、监管

---

① 《千名大学生贷款“被套路”案例　“套路贷”里“套路深”》，新华网，http：//www.xinhuanet.com/legal/2019-01/25/c_1124039292.htm，2020 年 2 月 12 日访问。

② 《千名大学生贷款“被套路”案例　“套路贷”里“套路深”》，新华网，http：//www.xinhuanet.com/legal/2019-01/25/c_1124039292.htm，2020 年 2 月 12 日访问。

力度，维护互联网金融市场安全、健康、规范发展。根据一些社交软件推送的广告，《新华每日电讯》记者下载了“水象分期”“乐分期”“秒借贷”3款网贷APP。注册登录后，按步骤提交了个人身份证、人脸识别、工作地址、家庭地址和通讯录，3款APP分别给出了3200元、2600元、2000元的额度，借款期限分别为28天、14天、7天。记者点击确认借款订单之后才发现，“水象分期”和“乐分期”都扣除了800元，实际到账分别为2400元、1800元；“秒借贷”扣除了600元，实际到账1400元。以上三个网贷平台提供的贷款，就是典型的“714高炮”。①

（二）对套路贷的惩治

以前由于监管缺失、法律界定不明确、各部门职责不明晰等问题，有大量变相套路贷存在，有些受害者却维权无门。上海、浙江、重庆等地公安机关在办理套路贷案件时，曾经是按照公安部门以有关“工作意见”“指导意见”或“会议纪要”形式下发的通知执行的，各地公安机关在套路贷、校园贷案件的办理中存在摸着石头过河的现象。而且，立法、司法和执法部门之间对套路贷、校园贷案件的认识也不统一，不能形成打击合力。

在2018年“两会”召开期间，许多全国人大代表纷纷建议，构建全流程监管体系，不让各种穿了“马甲”的校园贷、套路贷在校园蔓延。为规范整治校园贷、套路贷，银监会、教育部等连续下发一系列文件。然而，一些借贷平台穿上新“马甲”，改头换面变身为“回租贷”“求职贷”“培训贷”“创业贷”“美容贷”等多种新名目，踩着监管的灰色地带，在大学生中渗透，并日益猖獗。尽管很多信贷平台在公司网页上都会注明“不给大学生贷款”等字样，但现实生活中，很多大学生都是通过平台的工作人员引导，用一套虚假说辞，绕过系统身份审查，最终拿到贷款。美容贷、培训贷等各种变相校园贷，表面上是双方自愿，实际上是利用大学生不谙世事和缺乏法律意识，设套诈骗。一些学生和借贷平台签订美容贷和培训贷，学生再分别跟医疗或教育机构签下合同，结果发现与之前的承诺不符，却退费无门。一些陷入所谓培训贷的大学生告诉记者，自己没上一节课，却背上几千元至上万元不等的贷款。他们为此找教育行政部门、市场监管部门，也向公安机关报案。但是，没有培训资质的培训机构却没人管，警方

---

① 《高额收息暴力催收：“714高炮”未绝，“宜人贷”又来》，中国经济网，http：//baijiahao.baidu.com/s？id=1639452707783529332&wfr=spider&for=pc。

认为属于民事纠纷，应该去法院起诉。大学生很苦恼，“可为了这点钱去法院告他们，实在是没时间、也没有这个能力”①。

从法律上分析，这些假借民间借贷之名的套路贷，因放贷人使用欺诈、胁迫等手段或者乘人之危，诱使借贷人签下阴阳合同、连续借贷合同，此类借贷合同应当认定为无效。《最高人民法院关于人民法院审理借贷案件的若干意见》第十条规定：“一方以欺诈、胁迫等手段或者乘人之危，使对方在违背真实意思的情况下所形成的借贷关系，应认定为无效。”如果这些假借民间借贷之名的套路贷因数额巨大、情节和损害后果严重，构成犯罪，则应对放贷人予以刑事处罚。

惩治套路贷，学术界和司法实务界主要有以下建议：

有人建议，国家要规范民间信贷市场，尽快构建全流程监管体系，在《刑法》修改时，将“非法放贷罪”纳入《刑法》。全流程监管体系是指：在事前审查方面，着重解决有法可依的问题；在事中监管方面，着重解决严格执法问题；在事后评价方面，着重解决立法供给问题。通过在《刑法》中增设“非法放贷罪”，在《民法典》合同编借款合同章节区分经营性借贷和一般性借贷，实现刑法打击与民法规范的分工合作，规范民间信贷市场秩序，推动民间信贷市场健康繁荣发展。还有人建议，将套路贷定义为新型经济犯罪。如果有受害者陷入套路贷，可以向公安机关报案。还有人提出，必须从源头上治理，从立法层面解决套路贷问题。要加强对各类网贷 App 的监管，遏制套路贷犯罪活动，可以设立民间借贷联合监管组或建立打击套路贷联席会，构建实时监测机制。一旦发现有校园贷、套路贷嫌疑，立即查处，将其扼杀在萌芽状态，减少受害人的损失。同时，出台相关司法解释，明确案件性质认定标准、证据要求及审理原则，为各地办案提供指导。加大对不具备办理借贷业务资质的机构和个体的检查与惩治力度，加大对违法犯罪行为的打击力度，定罪从严，量刑从重。在加强网络安全、金融安全和法治教育的同时，学校还应成立法律援助中心，为学生及家长提供必要的法律咨询与服务。②

2019 年 7 月 23 日，全国扫黑办召开新闻发布会，最高人民法院、最高人民检察院、公安部、司法部联合发布了《关于办理非法放贷刑事案件若干问题的意

① 《遏制穿“马甲”的校园贷须靠全流程监管》，搜狐教育新闻，http：//edu.163.com/19/0318/10/EAHT0HB500297VGM.html。

② 《遏制穿“马甲”的校园贷须靠全流程监管》，搜狐教育新闻，http：//edu.163.com/19/0318/10/EAHT0HB500297VGM.html。

见》，意见明确规定，违反国家规定，未经监管部门批准，或者超越经营范围，以营利为目的，经常性地向社会不特定对象发放贷款，扰乱金融市场秩序，情节严重的，依照《刑法》第二百二十五条第（四）项的规定，以非法经营罪定罪处罚。前款规定中的“经常性地向社会不特定对象发放贷款”，是指2年内向不特定多人（包括单位和个人）以借款或其他名义出借资金10次以上。贷款到期后延长还款期限的，发放贷款次数按照1次计算。从2019年10月21日开始，非法放贷，根据相关条件可以分别按照非法经营罪、黑恶势力集团犯罪以及数罪并罚等方式定罪量刑。

最近，多地公安机关加大对套路贷违法犯罪的打击力度，不仅追缴放贷公司的财产，同时也追缴参与具体非法放贷活动的人员的违法收入。P2P整顿大潮已进入退缴非法所得环节，而追缴主体、追缴范围该如何界定？从多份警方通报中可窥一二。2019年12月2日晚，深圳市公安局经济犯罪侦查局在官方微信公号发布了多个有关P2P网贷平台的情况通报，告诫“钱富通”“投之家”等平台的涉案工作人员，应主动全额退缴在公司工作期间获得的奖金、提成、佣金等非法所得。而在2019年11月下旬，备受关注的“人人爱家金融”特大非法集资案也有了最新进展，杭州市公安局下城分局此前发布公告，要求该公司涉嫌非法集资的员工全额退缴自己工作期间的工资、提成、奖金等费用。不管是杭州市公安局还是深圳市公安局，在通报中引用的表述均为“涉案工作人员”，那么除了核心层、管理层和骨干人员等，普通员工是否也应该被追缴？上述三份通报中，深圳警方将追缴范围界定为“奖金、提成、佣金”，而杭州警方则将工资也包括在追缴范围内。[①] 究竟“涉案工作人员”是否包括普通员工？应追缴个人违法所得仅限于奖金、提成、佣金，还是包括工资？还需要相关主管部门出台文件，对全国各地公安机关的追缴工作予以统一规范。笔者认为，套路贷网贷平台的工作人员，除了不知情的清洁工、水电维修工等从事与放贷工作无直接关系的工作人员外，只要是知晓公司的放贷套路、参与具体放贷流程操作的工作人员，均应认为属于共同从事套路贷违法犯罪活动的人，是“涉案工作人员”。“涉案工作人员”工作期间的工资、提成、奖金等费用，应全额退缴。

① 《@P2P员工 警方喊你来退缴工资、提成和奖金!》，网易财经新闻，https://money.163.com/19/1208/07/EVRVMUT200259DLP.html。

三、民间借贷和套路贷中的高利息现象及问题分析

（一）民间借贷和套路贷中的实际利息

由于众多的民间借贷存在着高利息问题，因而对于民间借贷方式的合法性，有不同的看法。笔者认为，利息属于当事人自愿达成的借贷合同的一部分，应当尊重当事人的自由意志，司法行政机关不必主动干预。对起诉到法院的债务违约纠纷，按照现行的法律，对超过规范的利率（银行同期贷款利率）4 倍以上的部分，不予保护。也就是说，高利息的民间借贷，其关于利息部分的条款，可以认定为部分无效，此类借贷合同属于部分无效的民事合同。并且，立法机关在制定规范民间借贷法规时，应当充分考虑到物价上涨的因素，对民间借贷的利率的上限作较宽松的规定，充分尊重当事人的意思自治。

民间借贷中的利息，在我国各地，历来都比较高。

有媒体报道，温州民间借贷的月息普遍是 3-6 分，6 分的月息换算成年息，就是 72%的高息。由于收益相当丰厚，很多温州市的普通市民甚至把自己的房产拿出来作抵押，通过担保公司向银行贷现金，然后再交给中介公司进行民间放贷，获取中间的利差。据浙江省台州市发改委监测，2008 年 2 月，当地的民间借贷年利率加权平均高达 17.42%，短期临时性的周转资金的年利率更是高达 36%-60%，有些甚至达到了 120%-300%。[①] 更有媒体报道，江苏省泗洪县石集乡的村民由于家家加入民间放贷，获得高利息，纷纷购买豪车。因为买宝马的村民特别多，该乡被称作“宝马乡”。处在这座高利贷金字塔最底层的老百姓，以 3-5 分的利息也就是月息 3%-5%放给上一级的中间人，中间人再以 1 毛左右的利息放给更上一级的中间人，就这样层层累积，到了爪王（在当地，放高利贷被称为放爪子，爪王是其中的塔尖级人物）那里，利息已经高达 5 毛，甚至更高。以 10 万元为例，按 5 分的利息计算，普通老百姓一个月能得 5000 块钱的利息，这在当地可是笔不小的收入。正是在高利息的诱惑下，所有村民开始疯狂入局。[②]

浙江等市场经济发达地区，民间借贷利息一直较高，套路贷的利息更高。通过下列三个事例，可以看出杭州套路贷的利息之高。

---

① 《温州民间借贷年息达 72%　私人钱庄或成合法生意?》，网易新闻，http：//news.163.com/08/0713/11/4GNT2JAI0001124J.html。

② 《江苏贫困县民间非法集资风靡放贷造就宝马之乡》，新浪网，http：//news.sina.com.cn/c/sd/2011-09-11/010123138229.shtml。

案例一：杭州临安有个私营企业主，借了3万元要还800万元，每天要还1万元利息，不得不到处逃债，有家难回。媒体报道，临安人何华，拥有一间营业房、一家服装店，还有即将拆迁分配到手的价值500多万元的安置房，在朋友眼里，何华是个“小富婆”。可因为陷入套路贷，导致她身无分文，还欠着上百万元的债。为了逃债，她已经7个月不敢回家了。有人传说她去澳门豪赌输光了家产，也有人传说她吸毒败光了家产。她说自己连港澳通行证都没有办过，平时连牌都不打，更别说吸毒了，她只是为了还贷款利息，把所有身家都搭了进去。就连她的家人一开始也不相信她的说法。直到临安公安机关因为套路贷的案子上门调查取证，她的家人才相信她说的竟然是真的。2017年8月，何华有一笔钱借给了朋友没还回来，而自己另外有一笔借款却到期要还了，需要周转，经过中介介绍，认识了某“寄卖行”老板朱某、吴某，虽然对方说借款3万元，10天的利息要8000元，但她觉得自己反正拿得出这8000元，能不欠别人人情、周转成功就好了，于是爽快答应。第一步：对方让她签了个合同，合同金额8万，约定每天违约金20%，但何华实际到手只有3万元。8万元的贷款里扣掉的5万元分别是：10%的中介费、10%的保证金、几万的家访费（就是中介上门查看是否真的有还款能力的交通费，事后警方说，这些中介上门会“看菜下饭”，如果对方房子大，看起来有钱，家访费就会很高），还有利息8000元也要先扣掉。第二步：何华违约。何华说，自己由于晚了几天没有归还8万元欠款，按照每天20%的“违约金”约定，她需要还好几万的违约金，加上本金，她欠的钱一下子增加到了十几万。第三步：重叠借款。同年9月，为了偿还之前的“违约金”，她在中介的介绍下，又先后向朱某等人借款，这样她欠朱某的钱越来越多，但借来的钱只够还“违约金”和利息，随着借款额度越来越大，产生的利息也越来越多，利息和“违约金”叠加，雪球不断滚动，到最后每天要还1万元。她实在还不起了，朱某拿着合同找上门，言语威胁、滋事，甚至找到了她的父母家……她只好变卖了自己的营业房、转卖安置房号用来还债，共得款300余万元用于偿还部分欠款。即便如此，还有近500万元的欠款无论如何无法偿还。最后，她只好离家出走，到外地去躲一躲，这一躲就是7个多月。这段时间里，她几乎不出门，也不敢给家里打电话。报警后，警方开始追查。办案民警说，如核查后确实为“套路贷”，经过法院审理判决，何华不用承担本来就不合理的债务。①

---

① 《女老板借3万竟要还800万 1年后倾家荡产逃债7个月》，网易新闻，http://news.163.com/18/0427/00/DGC0PBDU0001875P.html，2018年4月27日访问。

案例二：2018 年 2 月 1 日，24 岁杭州人陈海到派出所求助，其最初的 3 万元借贷，经借新债还旧债的层层转借，欠款达到 30 多万元，母亲因此生病去世。陈海是杭州萧山大江东人，父亲早年离世，一直和母亲相依为命。可能是因为单亲家庭，他一直渴望获得更多的关注。于是，上大学期间，他对自己的穿着特别上心，也热衷于请朋友吃饭唱 KTV，家里给他的每月一两千元的生活费不够他花的。生活费没了，陈海开始接触“高利贷”，在校期间共计贷款十多万元，这些钱全部被他用于高档消费，对此，陈海一直瞒着家人。大学毕业，债台高筑的陈海为了还钱，想到拆东墙补西墙的方式，就联系了“高利贷”时认识的中介人冯某某（31 岁，萧山人）。2017 年 7 月初，由冯某某介绍，冀某某出面，俞某某出资，借款给陈海 3 万元人民币。借款时，陈海被要求一式两份、写 2 张 3 万元借条，并以上门费、利息、保证金等为由先扣除 2 万元，冯某某收取介绍费 4000 元，实际给予陈海的只有 6000 元人民币。冯某某等人还威胁陈海，不许他去其他地方借款。在借钱给陈海之时，冀某某等人就定了一个“小目标”，即先在陈海身上套路贷 10 万元左右，再一步步垒高债款，最终目标是陈海家的房屋拆迁款。他们早就查清楚了，陈海母亲的房子即将拆迁。陈海竟然完全没想过，自己借贷时已经被“套路”了。其后，他不断拆东墙补西墙，债务像雪球一样叠加，半年时间就先后“套路贷”了十几万元。之后，“债主们”开始花样追债。陈海的母亲身体本来就不好，遭遇了儿子被追债、家中户口本被抢走的惊吓后，在郁愤中离世。最后陈家亲朋好友凑钱，帮陈海支付了 35 万余元的债务。陈海又痛又悔，这才想到报警。①

案例三：杭州人王先生，两年前因为帮人借贷担保 2 万元。两年后，这笔债务却如滚雪球般，让王先生莫名背上了近 140 万元的巨额债务，甚至连唯一的住房都被逼抵债了。2016 年 10 月，家住杭州市下城区的王先生接到朋友 A 的请求，希望其帮朋友 B 做个 2 万元的借贷担保。尽管有些疑惑，但碍于朋友情面，王先生还是勉强答应了。三人一起到施某的公司办理借款，但签约时，朋友又找借口突然改称要让王先生帮忙共同借贷。王先生说自己极不情愿，但却架不住两人软磨硬泡，下跪许诺给他股份回报等好处。王先生最终还是心软了。签署借贷协议时，2 万元的借款，但合同上却写为 4 万元，施某解释称，其中 1 万元是保证金，另 1 万元含上门费、平台管理费、诉讼费等预支费用，实际拿到的借款是

① 《要还的钱翻了十倍杭州小伙深陷套路贷？血泪控诉“是我害死了妈妈”》，搜狐网，https：//www.sohu.com/a/229692830_100126431。

2 万元，并且说，只要按照合同约定按期还款，累计只需要还款 2 万元，但若逾期未还，则约定要还 4 万元。签完合同后，朋友 B 的银行卡上立刻就收到了 2 万元贷款，王先生也签了字。王先生没想到，他的噩梦便从此开始。两个月之后，朋友 B“突然”失联了，放贷公司便向王先生催讨之前的 4 万元“欠债”。王先生还不出，只好又借贷 4 万元，用来还之前的欠款。虚增合同债款变为 6 万元。后因为不断“拖延还债”，王先生与对方的债务约定从 6 万元变成了 9 万元，再又变成了 20 万元。看王先生实在拿不出钱，放贷公司又以到法院起诉、找他家人麻烦等方式软硬兼施，逼迫王先生又去指定的第三家投资公司继续借贷还 20 万“欠款”，借贷合同这次变成了 40 万元。之后，对方如法炮制，王先生又被逼向第四家投资公司借贷，借贷金额不断刷新，一年之后其“欠债”已达 120 万元，王先生位于市中心的房子被强行抵债。其间，王先生还不断遭受债主的言语威胁、非法拘禁、殴打体罚等。①

此外，经济并不是很发达的西南地区，民间借贷的利率也不低。重庆法院网 2018 年的一篇文章中引用的一个案件，也显示出，在 2015 年《最高人民法院关于审理民间借贷案件适用法律若干问题的规定》颁布后，民间借贷的利率仍然较高。2016 年 6 月 10 日，杨某因经商需要，向许某借款 10 万元，约定月利率为 5%，每半年支付利息 3 万元，未约定借款期限。至 2017 年 6 月 10 日，因经营不善，杨某无力按约定时间支付利息，双方经协商，本金续借 1 年，未付利息由杨某另写下一张金额为 6 万元的借条给许某。许某随后至法院起诉，要求杨某还本付息 16 万元。该文章的作者认为，许某出借给杨某 10 万元，约定了月息 5%的利率，已经超过司法解释最高年利率 36%的规定，超过部分无效，杨某已经支付的，可以请求退还。对于许某请求支付年利率 24%-36%的部分，业已超出最高人民法院 2015 年规定的民间借贷具有请求权的年利率不得超过 24%（月利率 2%）的限制，虽然杨某具有支付的意思表示，并且出具了新的借条，但是并没有实际给付，法院不应该判令杨某支付许某年利率 36%的利息。本案中，如果杨某在 2017 年 6 月 10 日已经实际支付了许某利息 36000 元，则年利率 24%-36%的部分构成自然债务的给付，其法律状态受法律的保护，杨某不能请求退还。②

---

① 《帮人担保贷款 2 万元，莫名背上 140 万债务唯一房产被强行抵债》，搜狐网，https：//www. sohu. com/a/229692830_100126431，2018 年 4 月 27 日访问。

② 廖都：《民间借贷中“复利”的限制》，重庆法院网，http：//cqfy. chinacourt. gov. cn/article/detail/2018/01/id/3148212. shtml，2020 年 2 月 11 日访问。

（二）法律对民间借贷利息的规范

《民法典》第六百八十条规定："禁止高利放贷，借款的利率不得违反国家有关规定。借款合同对支付利息没有约定的，视为没有利息。借款合同对支付利息约定不明确，当事人不能达成补充协议的，按照当地或者当事人的交易方式、交易习惯、市场利率等因素确定利息；自然人之间借款的，视为没有利息。"《民法典》第六百七十条规定："借款的利息不得预先在本金中扣除。利息预先在本金中扣除的，应当按照实际借款数额返还借款并计算利息。"

2015 年 8 月 6 日颁布、同年 9 月 1 日施行的《最高人民法院关于审理民间借贷案件适用法律若干问题的规定》对民间借贷的利率有明确规定。其第二十六条规定："借贷双方约定的利率未超过年利率 24%，出借人请求借款人按照约定的利率支付利息的，人民法院应予支持。借贷双方约定的利率超过年利率 36%，超过部分的利息约定无效。借款人请求出借人返还已支付的超过年利率 36%部分的利息的，人民法院应予支持。"2020 年 8 月 20 日，最高人民法院召开新闻发布会，正式发布修订后的《最高人民法院关于审理民间借贷案件适用法律若干问题的规定》。最高人民法院表示，在认真听取社会各界意见并征求金融监管部门意见建议的基础上，经院审判委员会讨论后决定：以中国人民银行授权全国银行间同业拆借中心每月 20 日发布的一年期贷款市场报价利率（LPR）的 4 倍为标准确定民间借贷利率的司法保护上限，取代原规定中"以 24%和 36%为基准的两线三区"的规定，大幅度降低民间借贷利率的司法保护上限，促进民间借贷利率逐步与我国经济社会发展的实际水平相适应。以 2020 年 7 月 20 日发布的一年期贷款市场报价利率 3.85%的 4 倍计算，本年度民间借贷利率的司法保护上限为年利率 15.4%，相较于过去的 24%和 36%有较大幅度的下降。[①] 依据修订后的规定第二十六条，出借人请求借款人按照合同约定利率支付利息的，人民法院应予支持，但是双方约定的利率超过合同成立时一年期贷款市场报价利率四倍的除外。前款所称"一年期贷款市场报价利率"，是指中国人民银行授权全国银行间同业拆借中心自 2019 年 8 月 20 日起每月发布的一年期贷款市场报价利率。根据规定第三十二条，该规定施行后，人民法院新受理的一审民间借贷纠纷案件，适用该规定。借贷行为发生在 2019 年 8 月 20 日之前的，法院可参照原告起诉时一年期

---

① 《最高人民法院关于修改〈关于审理民间借贷案件适用法律若干问题的规定〉的决定》，新浪新闻，http：//news. sina. com. cn/o/2020-08-20/doc-iivhvpwy2001648. shtml，2020 年 8 月 20 日访问。

贷款市场报价利率四倍确定受保护的利率上限。

在民间借贷中，放贷人在放贷时预先扣除利息的，即俗称的“砍头息”，法律不予认可，人民法院审理借贷合同纠纷案件，以实际出借的金额认定为本金。《民法典》第六百七十条规定：“借款的利息不得预先在本金中扣除。利息预先在本金中扣除的，应当按照实际借款数额返还借款并计算利息。”《最高人民法院关于审理民间借贷案件适用法律若干问题的规定》第二十七条规定：“借据、收据、欠条等债权凭证载明的借款金额，一般认定为本金。预先在本金中扣除利息的，人民法院应当将实际出借的金额认定为本金。”

在民间借贷中的复利，法院部分予以承认。对超过合同成立时一年期贷款市场报价利率四倍的，不能计入后期借款本金。《最高人民法院关于审理民间借贷案件适用法律若干问题的规定》第二十八条规定：“借贷双方对前期借款本息结算后将利息计入后期借款本金并重新出具债权凭证，如果前期利率没有超过合同成立时一年期贷款市场报价利率四倍，重新出具的债权凭证载明的金额可认定为后期借款本金。超过部分的利息，不应认定为后期借款本金。按前款计算，借款人在借款期间届满后应当支付的本息之和，超过以最初借款本金与以最初借款本金为基数、以合同成立时一年期贷款市场报价利率四倍计算的整个借款期间的利息之和的，人民法院不予支持。”

在民间借贷中的逾期利率、违约金，法院部分予以承认。《最高人民法院关于审理民间借贷案件适用法律若干问题的规定》第二十九条规定：“借贷双方对逾期利率有约定的，从其约定，但是以不超过合同成立时一年期贷款市场报价利率四倍为限。未约定逾期利率或者约定不明的，人民法院可以区分不同情况处理：（一）既未约定借期内利率，也未约定逾期利率，出借人主张借款人自逾期还款之日起承担逾期还款违约责任的，人民法院应予支持；（二）约定了借期内利率但是未约定逾期利率，出借人主张借款人自逾期还款之日起按照借期内利率支付资金占用期间利息的，人民法院应予支持。”第三十条规定：“出借人与借款人既约定了逾期利率，又约定了违约金或者其他费用，出借人可以选择主张逾期利息、违约金或者其他费用，也可以一并主张，但是总计超过合同成立时一年期贷款市场报价利率四倍的部分，人民法院不予支持。”

对套路贷，因其性质上属于违法犯罪，不仅利息的约定无效，其借贷合同本身也是无效合同。最高人民法院、最高人民检察院、公安部、司法部《关于办理非法放贷刑事案件若干问题的意见》规定，“以超过36%的实际年利率实施符合本意见第一条规定的非法放贷行为”。非法放贷数额应当以实际出借给借款人的本金金额认定。非法放贷行为人以介绍费、咨询费、管理费、逾期利息、违约金等名义和以从本金中预先扣除等方式收取利息的，相关数额在计算实际年利率时均应计入。非法放贷行为人实际收取的除本金之外的全部财物，均应计入违法所得。

四、讨债中的违法现象和问题分析

（一）暴力讨债

暴力讨债是严重侵犯债务人人身权益和财产权益的违法行为，情节严重的，甚至属于犯罪行为。即使是合法的民间借贷，也不可采用暴力的方式讨债。对于暴力讨债、抢夺债务人财产的，公安机关必须制止，防止发生人身伤害和财产侵害，防止讨债行为演变为民事侵权甚至刑事犯罪。在民间借贷中，暴力讨债事件频发，有些债主甚至有涉黑背景，有抢夺债务人财产的，有在债务人家门口杀鸡警示的，甚至还有非法拘禁债务人的。[①] 例如，无锡警方公布的涉黑暴力讨债的案情。2016 年以来，乾宏公司相关人员涉及催讨债务类警情 70 余条，涉及多起非法拘禁、寻衅滋事等案件。这些警情涉及多家派出所，由于警情分散，之前并未引起重视。继续侦查后警方发现，在无锡市区商厦内有数百家此类小额贷款公司，其中部分公司均涉及非法拘禁、敲诈勒索、寻衅滋事等手法催讨债务类警情数十条。还有的债务人被非法拘禁，甚至遭到强奸。[②]

根据最高人民法院、最高人民检察院、公安部、司法部《关于办理非法放贷刑事案件若干问题的意见》规定，非法讨债，造成借款人或者其近亲属自杀、死亡或者精神失常等严重后果的，属于非法经营罪中的“情节严重”情况。造成多名借款人或者其近亲属自杀、死亡或者精神失常等特别严重后果的，属于非法经营罪中的“情节特别严重”情况。

（二）以债务人的隐私和个人信息为要挟讨债

债权人讨债以公开债务人的隐私和个人信息为要挟，如前面多次提到的山东某高校学生李媛媛，她的不雅照就曾被放贷公司寄给她的父母。

---

① 《欠高利贷门口被挂断头鸡　民间借贷暴力讨债频发》，人民网，http：//finance. people. com. cn/bank/GB/16440929. html。

② 《女子陷套路贷遭拘禁强奸　1 条信息牵出 30 多人团伙》，网易新闻，http：//news. 163. com/18/0709/08/DM8RHUI30001875P. html。

以公开债务人的隐私和个人信息为要挟，构成对债务人人格权的侵犯，属于民事侵权行为，造成严重后果的，可能构成犯罪。我国《刑法》第二百五十三条规定了“侵犯公民个人信息罪”，违反国家有关规定，向他人出售或者提供公民个人信息，情节严重的，处三年以下有期徒刑或者拘役，并处或者单处罚金；情节特别严重的，处三年以上七年以下有期徒刑，并处罚金。违反国家有关规定，将在履行职责或者提供服务过程中获得的公民个人信息，出售或者提供给他人的，依照前款的规定从重处罚。

（三）以合法形式掩盖非法目的，制造多重借贷合同，垒高借债金额，再通过合法形式讨债

套路贷中的这类违法行为比较隐蔽，借助借贷合同的合法形式，掩盖其套取高利息的非法目的。为了洗清高利贷的嫌疑，套路贷会在合同制作上“煞费苦心”。有的借助“阴阳合同”虚增债务。借款人签订借贷数额“高”“低”两个借款协议，金额相差可能会达到两倍，其中金额低的为实际借款借条，金额高的是放贷公司诱骗借款人签订的虚假借条。之后以制造资金走账流水、转单平账等方式，将高额借款转入借款人银行账户后，要求其立即转走部分款项到放贷人指定的账户。借款人实际只能收到金额低的实际借款借条中所写明的款项。制造银行流水痕迹，是为了刻意造成被害人已经取得合同所借全部款项的假象，为以后的诉讼准备证据材料。一旦借款人不能到期还款，放贷公司就按照金额高的借条，安排人员采取各种手段催讨债务。有些放贷人因掌握的合同证据形式合法，会直接采取诉讼的方式，合法讨债。

还有一些人和借贷平台签订的合同，规定的利息是在国家法定范围内，但中间有不少其他费用，如服务费、手续费、代理费等，这些费用均在放贷时扣除，并不写在借贷合同上。一旦债务人还不上债，这些放贷人就会拿着借贷合同去法院，采取合法的诉讼方式讨债。

这种借助借贷合同的合法形式，掩盖其套取高利息的非法目的的套路贷，如果放贷人到法院起诉，审理案件的法官切不可只做证据的形式审查，仅看书面的贷款合同条款，就确定借贷双方的债权债务，应当调查与借贷合同有关的其他证据材料和案情，如有无系列借贷合同、借贷的目的、违约的原因、借贷金额的流转和使用等情况，综合调查各类证据，正确区分民间借贷和套路贷，保护合法债权人和套路贷中的受害人的利益，惩治套路贷中的违法放贷人。

第四节　买卖合同纠纷警情处置中的疑难问题及案例分析

根据《民法典》第五百九十五条的规定，“买卖合同是出卖人转移标的物的所有权于买受人，买受人支付价款的合同”。依合同约定，转移标的物所有权的一方为出卖人，支付价款、获得标的物所有权的一方为买受人。出卖人和买受人，是买卖合同的当事人。买卖合同的内容一般包括标的物的名称、数量、质量、价款、履行期限、履行地点和方式、包装方式、检验标准和方法、结算方式、合同使用的文字及其效力等条款。

买卖合同当事人之间如果发生纠纷，大多数人会通过协商、仲裁、诉讼的方式解决争议。但也有些发生在自然人之间的、争议标的数额不大的买卖合同，当事人为了能够快速、便捷地解决合同纠纷，选择 110 报警或者直接到公安机关要求民警予以调解。本节就基层民警调解处理的买卖合同纠纷的主要类型和其中的疑难问题进行分析。

一、因买卖合同标的物的价款发生的纠纷

价款是买卖合同中的买受人取得标的物所应支付的代价。买卖合同应当对标的物的价款作出明确约定。

公安机关接警处理的买卖合同纠纷中，常有一些口头形式的买卖合同、即时履行的买卖合同，因支付价款引起的纠纷。比如，有店家报警称，有顾客在饭馆吃饭以后不给钱（俗称吃霸王餐），有人在店里喝酒后不给钱，等等。在实际生活中，也有一些买卖合同的当事人一方出于故意或者过失，导致对方对标的物的价款作出错误的理解，由此引起纠纷。例如，被多家媒体报道过的 2015 年的“青岛大虾事件”。2015 年 10 月 4 日，南京的朱先生和四川的肖先生在青岛一家名为“善德活海鲜烧烤家常菜”的饭店用餐时，各自都点了一份虾，点餐时菜单上标价 38 元，结账时，店老板却按每只虾 38 元的价格收费。该店价目单显示，“海捕大虾 38 元”，旁边没有标明计价方式是按“一只”还是“一份”，但在价目单的最下方，有“以上海鲜单个计价”的说明。就在朱先生和肖先生跟店老板理论的过程中，店老板还抛出了更狠的话，“他要了两盘蛤蜊、两盘扇贝，

两盘蛤蜊、扇贝全都给他按个算，再吵全论个卖，蛤蜊也论个，一盘蛤蜊 38 个，380 元，两盘蛤蜊 760 元，两盘扇贝，一盘扇贝 12 个，120 元，两盘 240 元，全算上！”消费者报警后，出警的民警说管不了，这属于价格纠纷，让找物价局。但物价局说他们已经下班了，让消费者报警找 110 解决。[①] 从法律角度分析，在这起纠纷中，“善德活海鲜烧烤家常菜”分别与每位消费者（与店家发生纠纷的主要是朱先生和肖先生两个家庭）之间订立了口头形式的买卖合同。两份合同标的物是包括那盘有价格争议的虾在内的饭菜；饭店一方是合同标的物的出卖人，消费者是买受人。店家的价目单上，“海捕大虾 38 元”，旁边没有标明计价方式是按“一只”还是“一份”，但在价目单的最下方，有“以上海鲜单个计价”的说明。这样的价目单很容易让消费者误解。如果认为价目单所标的价格是一只虾 38 元，朱先生和肖先生两个家庭消费者，点这盘虾，均出于对价格的重大误解。而且，与店家所在的这条街及与之相邻的海鲜饭馆的同类菜品的价格相比较，一只虾 38 元的价格也明显过高，显失公平。根据我国当时适用的《民法通则》第五十九条、《合同法》第五十四条的相关规定，无论是重大误解，还是显失公平，当事人均有权要求变更或者撤销合同。朱先生和肖先生均提出，按照 38 元一盘虾的价格支付餐费。他们的要求合法合理，出警的民警应当予以支持，依法调解纠纷。此外，肖先生说，他在吃饭前曾详细询问过菜价，向店老板确认过大虾 38 元究竟是一份还是一只，肖先生称当时老板说的是 38 元一份。如果肖先生所说属实，则店家是故意欺诈。根据当时适用的《合同法》第五十四条的相关规定，一方以欺诈、胁迫的手段或者乘人之危，使对方在违背真实意思的情况下订立的合同，受损害方有权请求人民法院或者仲裁机构变更或者撤销。此合同纠纷如果按照现行《民法典》，也是因受欺诈而属于可撤销的民事行为，当事人也有权要求变更或者撤销合同。《民法典》第一百四十八条规定：“一方以欺诈手段，使对方在违背真实意思的情况下实施的民事法律行为，受欺诈方有权请求人民法院或者仲裁机构予以撤销。”

二、因买卖合同标的物的质量发生的纠纷

（一）关于标的物质量的民事纠纷

基层公安机关接到的买卖合同纠纷的报警中，也有不少是关于标的物质量的

① 《青岛大虾事件》，百度百科，https://baike.baidu.com/item/%E9%9D%92%E5%B2%9B%E5%A4%A7%E8%99%BE%E4%BA%8B%E4%BB%B6/18709678?fr=aladdin，2019 年 12 月 2 日访问。

纠纷。笔者在重庆市调研了解到，由于当地餐饮服务业发达，人们外出就餐和购买食物多，由此产生的纠纷也较多。例如，重庆市公安局巴南分局某派出所的出警记录包括：顾客因发现火锅店重复使用前期顾客用过的锅底汤料而拒绝付款；顾客因发现卤菜中有蛆与店主发生争执；因饮食卫生问题与摆饮食摊的老板发生争执，老板不愿意赔偿损失弃摊逃逸；有人报警称买到假烟；有人卖假药；有人卖假玉镯、假银饰；等等。

根据《民法典》第六百一十五条的规定，出卖人应当按照约定的质量要求交付标的物。出卖人提供有关标的物质量说明的，交付的标的物应当符合该说明的质量要求。法律的这项规定，在学理上被称为物的瑕疵担保义务，也称质量担保义务。出卖人交付的标的物，必须符合合同约定的或者法律规定的质量标准。如果买卖合同中，当事人对标的物的质量标准没有约定或者约定不明确，可以协议补充；不能达成补充协议的，可以按照合同的有关条款或者交易习惯确定，也可以按照同种类物的通常标准确定。根据《民法典》第六百一十条的规定，因标的物不符合质量要求，致使不能实现合同目的的，买受人可以拒绝接受标的物或者解除合同。买受人拒绝接受标的物或者解除合同的，标的物毁损、灭失的风险由出卖人承担。

买卖合同的出卖人交付的标的物不符合质量标准，属于违约行为，买受人依法可以要求修理、更换、退货，也可以要求减少价款。修理、更换、减少价款、退货，均是提供不符合质量标准的标的物的出卖人承担的违约责任。买受人可以根据标的物的性质和自己的实际损失，选择修理、更换、减少价款或者退货。比如，买受人甲被欺诈，花 100 元在出卖人乙的工艺品店里买了一只质地为玻璃的假玉镯。甲事后发现被骗，向乙提出退款退货要求。出卖人乙与甲协商，提出减少价款，退还 50 元。乙可以选择接受甲的提议，也可以选择坚持退款退货、解除合同。

（二）关于买卖合同标的物质量的行政违法行为

如果买卖合同的出卖人交付的标的物不符合质量标准，不仅违反民法，还违反了《食品安全法》《药品管理法》《国境卫生检疫法》《环境保护法》等其他行政法律法规，危害人民群众的身体健康，或者危害社会公共安全、环境安全，则不仅要对买受人承担违约责任和赔偿损失，有关行政主管机关还可以对其予以行政处罚。例如，前面提到的重庆市基层公安机关接到的报警，顾客因发现火锅店重复使用前期顾客用过的锅底汤料而拒绝付款、顾客因卤菜中有蛆而与店主发生争执、有人卖假药等，处警民警不仅应当支持顾客退款退货的合法合理要求，还应当联系食品卫生、药品管理等主管部门，对涉事火锅店、食品摊、药店等的生产经营者予以行政处罚。我国《食品安全法》第四条规定：“食品生产经营者对其生产经营食品的安全负责。食品生产经营者应当依照法律、法规和食品安全标准从事生产经营活动，保证食品安全，诚信自律，对社会和公众负责，接受社会监督，承担社会责任。”该法第二十七条还规定，食品安全国家标准由国务院卫生行政部门会同国务院食品安全监督管理部门制定、公布，国务院标准化行政部门提供国家标准编号。该法第二十九条规定：“对地方特色食品，没有食品安全国家标准的，省、自治区、直辖市人民政府卫生行政部门可以制定并公布食品安全地方标准，报国务院卫生行政部门备案。食品安全国家标准制定后，该地方标准即行废止。”该法第三十三条规定：“食品生产经营应当符合食品安全标准，并符合下列要求：（一）具有与生产经营的食品品种、数量相适应的食品原料处理和食品加工、包装、贮存等场所，保持该场所环境整洁，并与有毒、有害场所以及其他污染源保持规定的距离；（二）具有与生产经营的食品品种、数量相适应的生产经营设备或者设施，有相应的消毒、更衣、盥洗、采光、照明、通风、防腐、防尘、防蝇、防鼠、防虫、洗涤以及处理废水、存放垃圾和废弃物的设备或者设施；（三）有专职或者兼职的食品安全专业技术人员、食品安全管理人员和保证食品安全的规章制度；（四）具有合理的设备布局和工艺流程，防止待加工食品与直接入口食品、原料与成品交叉污染，避免食品接触有毒物、不洁物；（五）餐具、饮具和盛放直接入口食品的容器，使用前应当洗净、消毒，炊具、用具用后应当洗净，保持清洁；（六）贮存、运输和装卸食品的容器、工具和设备应当安全、无害，保持清洁，防止食品污染，并符合保证食品安全所需的温度、湿度等特殊要求，不得将食品与有毒、有害物品一同贮存、运输；（七）直接入口的食品应当使用无毒、清洁的包装材料、餐具、饮具和容器；（八）食品生产经营人员应当保持个人卫生，生产经营食品时，应当将手洗净，穿戴清洁的工作衣、帽等；销售无包装的直接入口食品时，应当使用无毒、清洁的容器、售货工具和设备；（九）用水应当符合国家规定的生活饮用水卫生标准；（十）使用的洗涤剂、消毒剂应当对人体安全、无害；（十一）法律、法规规定的其他要求。非食品生产经营者从事食品贮存、运输和装卸的，应当符合前款第六项的规定。”根据《食品安全法》第三十六条的规定，食品生产加工小作坊和食品摊贩等从事食品生产经营活动，应当符合本法规定的与其生产经营规模、条件相适应的食品安全要求，保证所生产经营的食品卫生、无毒、无害，食品安全监督管理部门应当对其加强监督管理。县级以上地方人民政府应当对食品生产加工小作坊、路边及市场中的食品摊等进行综合治理，加强服务和统一规划，改善其生产经营环境，鼓励和支持其改进生产经营条件，路边摊尽量进入集中交易市场、店铺等固定场所经营，或者在指定的临时经营区域、时段经营。各省、自治区、直辖市还应当制定对食品生产加工小作坊和食品摊贩的具体管理办法。制作和销售不安全的食品，会危害人民群众的生命安全和身体健康，制售劣质、不合格消毒产品和医用口罩、防护服等医疗及卫生防护物品，不仅会危害人民群众的生命安全和身体健康，还会给医疗机构的日常医疗服务工作造成损害。特别是在传染病疫情暴发期间，还会严重危害社会公共卫生秩序，必须依法给予惩治。《传染病防治法》第七十三条规定："违反本法规定，有下列情形之一，导致或者可能导致传染病传播、流行的，由县级以上人民政府卫生行政部门责令限期改正，没收违法所得，可以并处五万元以下的罚款；已取得许可证的，原发证部门可以依法暂扣或者吊销许可证；构成犯罪的，依法追究刑事责任：（一）饮用水供水单位供应的饮用水不符合国家卫生标准和卫生规范的；（二）涉及饮用水卫生安全的产品不符合国家卫生标准和卫生规范的；（三）用于传染病防治的消毒产品不符合国家卫生标准和卫生规范的；（四）出售、运输疫区中被传染病病原体污染或者可能被传染病病原体污染的物品，未进行消毒处理的；（五）生物制品生产单位生产的血液制品不符合国家质量标准的。"《传染病防治法》第二十九条还规定："用于传染病防治的消毒产品、饮用水供水单位供应的饮用水和涉及饮用水卫生安全的产品，应当符合国家卫生标准和卫生规范。饮用水供水单位从事生产或者供应活动，应当依法取得卫生许可证。生产用于传染病防治的消毒产品的单位和生产用于传染病防治的消毒产品，应当经省级以上人民政府卫生行政部门审批。具体办法由国务院制定。"

（三）关于买卖合同标的物质量的刑事犯罪

如果买卖合同的出卖人交付的标的物不符合质量标准，不仅违反民法，而且损害后果严重，构成犯罪，还需要依据我国刑法的有关规定，承担刑事责任。

食品是人们日常生活必需品，关系到每个人的生命健康，法律对食品安全予以严格保护。我国《刑法》第一百四十三条规定了"生产、销售不符合安全标准的食品罪"。生产、销售不符合食品安全标准的食品，足以造成严重食物中毒事故或者其他严重食源性疾病的，处三年以下有期徒刑或者拘役，并处罚金；对人体健康造成严重危害或者有其他严重情节的，处三年以上七年以下有期徒刑，并处罚金；后果特别严重的，处七年以上有期徒刑或者无期徒刑，并处罚金或者没收财产。第一百四十四条规定了“生产、销售有毒、有害食品罪”。在生产、销售的食品中掺入有毒、有害的非食品原料的，或者销售明知掺有有毒、有害的非食品原料的食品的，处五年以下有期徒刑，并处罚金；对人体健康造成严重危害或者有其他严重情节的，处五年以上十年以下有期徒刑，并处罚金；致人死亡或者有其他特别严重情节的，依照第一百四十一条规定处罚。

药品是特殊商品，国家相关法律对于药品的生产和销售均有特别规定。买卖合同的标的物是药品的，合同双方还必须遵守国家法律关于药品管理的有关规定。如果生产、销售假药，依据我国《刑法》第一百四十一条的规定，生产、销售假药的，处三年以下有期徒刑或者拘役，并处罚金；对人体健康造成严重危害或者有其他严重情节的，处三年以上十年以下有期徒刑，并处罚金；致人死亡或者有其他特别严重情节的，处十年以上有期徒刑、无期徒刑或者死刑，并处罚金或者没收财产。假药，是指依照《药品管理法》的规定属于假药和按假药处理的药品、非药品。生产、销售劣药，对人体健康造成严重危害的，根据《刑法》第一百四十二条的规定，处三年以上十年以下有期徒刑，并处销售金额百分之五十以上二倍以下罚金；后果特别严重的，处十年以上有期徒刑或者无期徒刑，并处销售金额百分之五十以上二倍以下罚金或者没收财产。劣药，是指依照《药品管理法》的规定属于劣药的药品。

农药、兽药、化肥、种子等农业生产中的重要物资，关系到国家的粮食安全，与每个人的日常生活息息相关。买卖合同的标的物是农业生产中的主要物资的，合同双方必须遵守国家法律的相关规定。我国《刑法》第一百四十七条规定了“生产、销售伪劣农药、兽药、化肥、种子罪”。生产假农药、假兽药、假化肥，销售明知是假的或者失去使用效能的农药、兽药、化肥、种子，或者生产者、销售者以不合格的农药、兽药、化肥、种子冒充合格的农药、兽药、化肥、种子，使生产遭受较大损失的，处三年以下有期徒刑或者拘役，并处或者单处销售金额百分之五十以上二倍以下罚金；使生产遭受重大损失的，处三年以上七年以下有期徒刑，并处销售金额百分之五十以上二倍以下罚金；使生产遭受特别重大损失的，处七年以上有期徒刑或者无期徒刑，并处销售金额百分之五十以上二倍以下罚金或者没收财产。

化妆品也是人们生活中买卖交易较多的商品，出售化妆品，质量必须符合卫生标准。我国《刑法》第一百四十八条规定了“生产、销售不符合卫生标准的化妆品罪”，生产不符合卫生标准的化妆品，或者销售明知是不符合卫生标准的化妆品，造成严重后果的，处三年以下有期徒刑或者拘役，并处或者单处销售金额百分之五十以上二倍以下罚金。

买卖合同的标的物是电器、压力容器、易燃易爆产品的，这些产品的质量必须符合国家标准、行业标准。我国《刑法》第一百四十六条规定了“生产、销售不符合安全标准的产品罪”，生产不符合保障人身、财产安全的国家标准、行业标准的电器、压力容器、易燃易爆产品或者其他不符合保障人身、财产安全的国家标准、行业标准的产品，或者销售明知是以上不符合保障人身、财产安全的国家标准、行业标准的产品，造成严重后果的，处五年以下有期徒刑，并处销售金额百分之五十以上二倍以下罚金；后果特别严重的，处五年以上有期徒刑，并处销售金额百分之五十以上二倍以下罚金。

三、因买卖合同标的物的支付发生的纠纷

在基层公安机关所接涉及买卖合同纠纷的报警中，不履行合同支付标的物或者价款，也是比较典型的一类。例如，在饭馆吃饭后不给钱，老百姓称为吃“霸王餐”；又如，订购货物并预付货款后，出卖人不发货；等等。对于这类买卖合同纠纷，处警民警首先应当调查核实买卖合同是否成立、纠纷双方是否存在买卖合同关系，其次应当调查买卖合同的标的物是否符合食品安全、卫生安全等相关行业的国家标准，再调查买卖合同标的物的价格是否公平、双方对价格有无争议，最后对双方履行合同进行调解。如果某顾客吃“霸王餐”，该饭馆所经营的食品符合《食品安全法》的相关规定，价格也公平合理、基本符合当地的市场价，处警民警应当支持饭馆经营者索要饭费的要求，对无正当理由拒绝付费的人予以批评教育。如果该顾客仍然拒绝支付饭费，处警民警可以将纠纷调解的事实经过记录归档，告知饭馆经营者可以向法院起诉该顾客，由法院对该顾客的财产强制执行，出警和纠纷调解的记录可以作为法庭上的证据。

买卖合同标的物的包装、支付方式、地点、时间等均应当符合合同约定。如果交付与合同约定不一致，也属于违约，违约方要承担违约责任，赔偿对方的损失。按照我国《民法典》的相关规定，出卖人应当按照约定的包装方式交付标的物。对包装方式没有约定或者约定不明确，应当按照通用的方式包装；没有通用方式的，应当采取足以保护标的物且有利于节约资源、保护生态环境的包装方

式。买受人收到标的物时应当在约定的检验期限内检验。没有约定检验期限的，应当及时检验。当事人约定检验期限的，买受人应当在检验期限内将标的物的数量或者质量不符合约定的情形通知出卖人。买受人怠于通知的，视为标的物的数量或者质量符合约定。买受人应当按照约定的数额和支付方式支付价款。合同生效后，当事人就质量、价款或者报酬、履行地点等内容没有约定或者约定不明确的，可以协议补充；不能达成补充协议的，按照合同相关条款或者交易习惯确定。质量要求不明确的，按照强制性国家标准履行；没有强制性国家标准的，按照推荐性国家标准履行；没有推荐性国家标准的，按照行业标准履行；没有国家标准、行业标准的，按照通常标准或者符合合同目的的特定标准履行。价款或者报酬不明确的，按照订立合同时履行地的市场价格履行；依法应当执行政府定价或者政府指导价的，依照规定履行。履行地点不明确，给付货币的，在接受货币一方所在地履行；交付不动产的，在不动产所在地履行；其他标的，在履行义务一方所在地履行。履行期限不明确的，债务人可以随时履行，债权人也可以随时请求履行，但是应当给对方必要的准备时间。履行方式不明确的，按照有利于实现合同目的的方式履行。履行费用的负担不明确的，由履行义务一方负担；因债权人原因增加的履行费用，由债权人负担。通过互联网等信息网络订立的电子合同的标的为交付商品并采用快递物流方式交付的，收货人的签收时间为交付时间。电子合同的标的为提供服务的，生成的电子凭证或者实物凭证中载明的时间为提供服务时间；前述凭证没有载明时间或者载明时间与实际提供服务时间不一致的，以实际提供服务的时间为准。出卖人应当按照约定的地点交付标的物。当事人没有约定交付地点或者约定不明确，标的物需要运输的，出卖人应当将标的物交付给第一承运人以运交给买受人；标的物不需要运输，一般应当在出卖人订立合同时的营业地交付标的物。

第五节　租赁合同纠纷警情处置中的疑难问题及案例分析

根据《民法典》第七百零三条的规定，租赁合同是出租人将租赁物交付承租人使用、收益，承租人支付租金的合同。在租赁合同中，出租人将租赁物交付承租人使用，承租人支付租金。出租人一般应当是出租标的物的所有权人，但不以所有权人为限。依据法律的规定或者合同的约定，对标的物享有使用、收益权的人，也可以成为出租人。租赁合同的内容一般包括租赁物的名称、数量、用途、租赁期限、租金及其支付期限和方式、租赁物维修等条款。

租赁合同是人们实际生产生活中常采用的。企业生产经营使用的厂房、店铺，有许多并非企业自有的房产，而是租赁来的；很多城市居民居住的住宅，也是租赁的；一些企业生产中使用的大型或者昂贵的机器设备，也是租赁的；交通工具，也有一些在工业和民用中通过租赁的方式使用。近几年出现并流行的共享单车，就是提供给人们租赁使用的单车。

租赁合同当事人之间如果发生纠纷，大多数人会通过协商、仲裁、诉讼的方式解决。但也有些发生在自然人之间的、争议标的数额不大的租赁合同，当事人为了能够快速、便捷地解决合同纠纷，选择110报警或者直接到公安机关要求民警调解，更有一些因租赁而发生人身损害的纠纷，当事人会要求警察处理。在笔者调研获得的材料中，就有一些要求公安民警处理的租赁合同纠纷。例如，重庆市公安局巴南分局某派出所接到的报警中涉及房屋租赁合同纠纷的包括：因出租房的质量问题，房客与房东发生纠纷，房客威胁要打房东，房东报警；几个合租的年轻房客，因生活琐事引发矛盾，动手打架，邻居报警；房屋的承租人与物业公司的工作人员发生纠纷，当事人报警；等等。本节就公安民警处置的租赁合同纠纷中的疑难问题和典型案例进行分析。

一、房屋合租人之间的纠纷和典型案例分析

近些年，我国城市化进程加快，产业和人口均大量集中在北、上、广、深一线城市和杭州、南京、成都、重庆、武汉、郑州等中心城市。许多年轻人在一线城市和中心城市就业，需要租房居住。由于一线城市和中心城市的房屋不仅销售价格高，租赁的价格也高，故合租成为很多年轻人的选择。租房人如果要合租，应当获得出租人的许可，而且不得擅自改变房屋结构和居住用途，不得擅自转租、招租。根据《民法典》第七百零九至七百一十一条的规定，承租人应当按照约定的方法使用租赁物。承租人未按照约定的方法或者未根据租赁物的性质使用租赁物，致使租赁物受到损失的，出租人可以解除合同并请求赔偿损失。

为减轻经济压力，现在很多年轻人选择合租。合租人共同居住在一套房屋中，对生活方面的安排一定要协商好，明确每位合租人的权利义务。比如，全体合租人要协商约定好房间公共区域的使用分配、每位承租人承担室内公共区域卫

生清洁的时间表、厨房和家用电器的使用分配、卫生间的使用、朋友来访的提前告知、增加居住人口的条件，等等。如果约定不详细，合租人不能全体做到互谅互让，对未约定的事项，事后不能协商一致，难免会因生活琐事在合租人之间引发矛盾，有的纠纷可能会造成人身伤害和财产损失，有的纠纷甚至构成刑事犯罪。例如，曾引起网络热议的一起合租纠纷。19 岁的贵州女孩刘雪琪通过微信朋友圈发布了合租信息，一个叫张玉柔的女子联系她，并成了她的合租室友，二人合租贵阳市南明区的一套出租房，每人每月分担 1900 元的房租。开始合租后的一段时期，二人相安无事。2018 年 3 月 15 日凌晨 4 点左右，室友张玉柔带回来三名男子。据刘雪琪回忆：这些人进来就抱着酒瓶大吵大闹，还做东西吃，说话声音非常大。刘雪琪让他们说话小声一点，因为她第二天一早还要去工作。然后这四个人就直接冲到她的房间里面，开始殴打她。由于张玉柔等四人刚在厨房做了饭，刀还没有收起来。紧接着，拳打就变成了用刀砍。刘雪琪说，其中一个男的拿着刀对着她脖子的大动脉，她就用右手把刀推开了。这个动作激怒了那名男子，他直接拿着刀把刘雪琪控制在客厅的墙壁上，狠狠地砍了她的脸两刀，并威胁拽住他的刘雪琪说，再不放手的话，就把她的手砍断。随后，四个人带着菜刀一起逃跑。刘雪琪报警后，南明警方迅速出警并开展调查取证。贵州医科大学法医司法鉴定中心对伤情作出司法鉴定，刘雪琪的伤情被鉴定为轻伤二级。面对无法恢复的容貌和近两万元的医药费，刘雪琪一度试图自杀。4 月 23 日凌晨，刘雪琪发微博称，“左脸被砍两刀，缝了 200 多针”“伤口能看见下颌骨”“警察只叫我在家等”……这些描述，配上刘雪琪受伤前青春靓丽的照片，引起了大量网友的转发，事件迅速进入公众视野。一天后，贵阳警方把四名涉案人全都抓获。[①] 4 月 24 日，贵阳市南明警方在其官方微博上发布信息称：“4 月 24 日 13 时，‘贵阳花果园合租屋一女孩被伤害案’四名涉案人已全部到案。3 月 15 日，租住在贵阳市南明区花果园的刘女士报案称，其被合租女生张某某等人砍伤。接警后，南明警方迅速出警并开展调查取证。后经司法鉴定，刘女士系轻伤二级。根据鉴定结论，警方依法将该案立为刑事案件侦查。经工作，截至 4 月 24 日 13 时，历时 41 天，成功将安某、甘某、黎某、张某某 4 名涉案人员已全部缉拿

① 《女孩被砍报警 1 个月无进展　发帖 1 天砍人者全数到案》，网易新闻，http://news.163.com/18/0425/01/DG6U0IPB0001899N.html。

归案。”①

对于刘雪琪受伤报警后，一个多月未见警方有实质行动，发出微博后仅一天，警方就把四名涉案人全部抓捕。有网友认为，警方是迫于舆论压力才迅速破案；也有网友认为，抓人哪有那么容易，首先要掌握线索，还要追踪抓捕，肯定需要些时间啊，你们以为警察都是神吗？贵阳市一位律师对记者说，网络时代，人人可以在微信、微博上发布信息，舆论的关注、监督能否成为敦促警方迅速破案的必然因素？如果是，会导致司法机关在“舆论绑架”中办理案件，极易从一个极端转向另一个极端，导致冤、错案的发生。如果不是，那么断言不发微博就破不了案，就显得急切而武断。尤其在这种情况下，相关部门更应该及时准确地介入，将案件相关信息进行通告、公开。② 这个案件反映出当今自媒体时代的特点，人人都可以在网上向社会公众发布信息，警察执法也时时处于舆论监督之下，这也要求警察一定要严格遵守法律，公正、规范地执法，要关注网络舆情，及时通告发布可公开的案件信息，使案件的相关人知晓案件的办理进度，接受公众的监督，但也不能受舆论的干扰而影响执法的公正和规范化。

在合租住房的情况中，多个合租人居住生活在一套房子里，每个人的生活习惯和作息规律不同，很可能会产生纠纷。合租人交了男朋友或者女朋友，或者有亲友来访，人住进来，这是属于常住还是临时入住？是属于交友还是居住？在合租人之间就有可能产生纠纷。有的单身女性希望只找另一个单身女性合租，但这个女性在签合同时有可能是单身，合同签订后，她因为感情生活发生变化，将新结交的男朋友带来同居，这种情况也是有可能发生的。另外，合租的安全隐患天然存在，尤其是当租户通过网络社交媒介找来并不熟悉的室友时。稳妥的做法，还是尽量选择知根知底、熟悉的人合租为好。如果实在做不到，房屋出租人和中介至少应当掌握租赁人的必要身份信息，如身份证上的信息。现在的房屋租赁合同中，一般都约定一套房的最多居住人数。如果两个以上的租赁人合租，可以在租赁合同中约定以下条款，如“一方要增加入住人数，必须征得出租方与其他合租方的同意”、“朋友来访仅限同性”、“超过两人来访必须提前告知合租人”，等等。虽然这些合同条款在实际生活中不一定能够被完全遵守，但至少可以约束合

---

① 《贵阳女孩合租屋被砍伤案调查：警方并非毫无作为》，网易新闻，http：//news.163.com/18/0427/05/DGCHN1570001875P.html。

② 《贵阳女孩合租屋被砍伤案调查：警方并非毫无作为》，网易新闻，http：//news.163.com/18/0427/05/DGCHN1570001875P.html。

租各方，在发生纠纷时也可以作为协商的基础和条件。

二、租赁标的物质量纠纷和典型案例分析

在租赁合同中，如果租赁标的物存在质量问题，会给承租人和相关人造成人身伤害和财产损失，也会由此在合同当事人之间导致纠纷发生。因租赁标的物质量发生的合同纠纷，大多数当事人通过协商解决，更换租赁物，或者解除合同、赔偿受害一方的损失。也有些租赁合同纠纷，双方当事人协商不成，有的通过诉讼方式解决，也有些会到基层公安机关要求民警调解。

近几年，一些经营长租公寓的公司出现在一、二线城市。“长租公寓”，又名“白领公寓”“单身合租公寓”，是近些年处于资本投资风口上的行业，一度有大量的资金进入，发展迅速。2015 年，国家开始大力支持住房租赁市场。2016 年年底，市场从上到下提出“房子是用来住的”。2017 年，各地密集出台楼市调控政策，并大力发展租赁市场。住房和城乡建设部会同发改委、公安部等九部委发文在广州等 12 个城市试点，广州率先打出“租售同权”，紧接着深圳、武汉等 50 多个城市出台发展租赁政策。2019 年 9 月，住房和城乡建设部表示，我国下一步将总结推广住房租赁试点经验，落实各项支持政策，大力发展和培育住房租赁市场，增加租赁住房有效供应。这些经营长租公寓的公司，与各个房主签订房屋长期租赁合同，将房屋统一装修和配备家具后，再将房屋转租出去。这样的经营方式，适合房屋租赁市场的需求，一些刚刚工作的年轻人很认可这种可“拎包入住”的租房方式。但是，长租公寓的经营中，有部分品牌的长租公寓被曝出房屋装修甲醛等空气污染物超标的事件。从法律角度分析，长租公寓装修污染对住户健康造成损害的事件，就属于租赁物质量不合格的合同纠纷。长租公寓因其装修时尚、换房方便等优势受到市场青睐，但有媒体记者调查发现，部分长租公寓在光鲜的外表下，却存在着不容忽视的装修污染问题。例如，2018 年 7 月，刚毕业的小伍（化名）和同学一起在上海市闵行区租了一套由某品牌新装修的两室一厅公寓。入住不久，小伍和同学出现了喉咙发干、皮肤过敏起疹等症状。经权威鉴定机构检测，该出租房内甲醛浓度达每立方米 0.12mg，超过我国《民用建筑工程室内环境污染控制规范》规定的室内空气中甲醛浓度不得超过每立方米 0.08mg 的标准。又如，2017 年，小赵（化名）在北京租房时，也遇到了一户刚装修完的“甲醛房”。小赵的房子经过三次检测。第一次测出的甲醛浓度高达每立方米 0.33mg，是国家标准的 4 倍多。在小赵的持续投诉下，长租公寓

出租方对房间进行治理，此后的第二次检测结果达标，但小赵却发现测试过程中，检测人员对设备进行了非常规操作，疑似干扰检测结果。于是，小赵要求进行第三次检测，检测结果显示甲醛浓度为每立方米 0.14mg，仍严重超标。起初，该长租公寓平台并不同意给小赵退房，称只能补偿他一台空气净化器。在小赵再三抗议下，最终对方同意退房。来自北京、上海、杭州等各地受某品牌长租公寓"甲醛房"影响的近两百名住户，自发组成了微信维权群。群友"Salvin"称，他的室友在入住后被医院诊断出"体内炎症过重"，他在 2018 年 7 月中旬就向该品牌公寓投诉甲醛超标问题。8 月管家联系他们，称能退近一个月的房租加上换租、体检费，共计约 12000 元。[1] 经营长租公寓的公司，出租甲醛等空气污染物超标的房屋，损害承租人的身体健康，承租人可以依法要求解除合同。对于长租公寓的装修质量安全标准，也亟待行业内部出台统一规范。《民法典》第七百三十一条规定："租赁物危及承租人的安全或者健康的，即使承租人订立合同时明知该租赁物质量不合格，承租人仍然可以随时解除合同。"如果给承租人造成健康损害并导致财产损失的，承租人可以要求出租人赔偿检验费、体检费、医疗费等损失。

共享单车是我国近些年发展迅速的租车服务产业，出租脚踏自行车占绝大多数，也有少量的电动自行车和电动汽车出租。共享单车中的脚踏自行车，各家公司的车辆都很多，单车的质量良莠不齐，一些租车人使用车辆也不够爱护，有时会因车辆的质量问题导致租车人在骑行中发生事故。不过，由于脚踏自行车车速低，租车骑行的又基本是年轻人，即使发生事故，也大多是磕碰伤，一般不会造成严重后果。而共享单车中的电动自行车由于速度远比脚踏车快，如果因车辆的质量问题导致租车人在骑行中发生事故，或者租车人在驾驶中不当操作，则可能造成严重的损害后果。例如，北京市海淀区人民法院审理的一起骑共享电动车发生事故的案件。2017 年 2 月，17 岁的李伟（化名）通过手机 APP 租赁了某科技公司运营的一辆共享电动车，该车无号牌、无行驶证，结果在骑行过程中发生了交通事故，造成李伟受伤、另一路过的行人经抢救无效死亡。经鉴定，该车辆属于机动车。李伟在支付被害方 30 多万元赔偿金后，将租车公司起诉到法院，要求租车公司承担全部赔偿责任。租车公司认为，公司不应承担李伟所述的责任，因为手机 APP 下载使用时已经有提示称"18 周岁以下禁止骑行"，李伟虽已满

---

① 《长租公寓装修污染调查》，新华网，http：//www. xinhuanet. com/mrdx/2018 - 09/11/c _ 137460124. htm，2018 年 9 月 11 日访问。

16 周岁，但仍是限制民事行为能力人。李伟是在明知的情况下从事了下载的行为，其本身的行为存在过错，公司已尽到了提示的义务。李伟则认为，他在扫码租赁共享电动车时，并未看到任何有关“未满 18 周岁禁止骑行”的提示。事故发生后，经鉴定，该车辆的质量及速度已远超电动自行车的范畴，涉案车辆为机动车，且该车无机动车或非机动车号牌，也无行驶证。租车公司则提交了车辆检验报告等证据，证明公司提供的车辆经检验质量合格，是经北京市交管局同意上路的车型，所购置的车辆中部分已办理行驶证、登记车牌，每辆车投保了 10 万元的第三者责任险。法院经审理认为，租车公司通过公司开发运营的 APP 提供的是电动自行车的共享服务，但该事故车辆经鉴定为机动车，无号牌、无行驶证，租车公司没有尽到提供符合约定车辆的义务。事发时李伟未满 18 周岁，无机动车驾驶证，虽然租车公司提示禁止 18 周岁以下骑行且规定需实名注册，但因其提供的车辆是机动车，向无机动车驾驶证的用户提供，不符合国家对驾驶机动车的相关法律规定，租车公司的提示不能免除其应承担的赔偿责任。此外，租车公司提供的是机动车，无论是车身重量还是限行速度，都不是未经专门交通安全教育和驾驶技能培训的李伟所能掌控的。法院同时认为，李伟作为用户，应当自觉遵守道路交通安全、城市管理等相关法律法规，做到安全骑行、确保骑行安全，但李伟没有确保安全，事发后没有保护现场，对事故的发生有直接的因果关系，因此对事故导致的损失，也应自行承担一定责任。考虑到案件涉及共享电动车骑行过程中发生的事故，对共享电动车的规范涉及道路交通安全等社会公共利益，租车公司将不符合电动车标准的车辆，在未经车牌登记及取得行驶证的条件下对全社会开放，海淀区人民法院最终酌定租车公司对李伟的损失承担 70%的赔偿责任，李伟自担 30%的责任，租车公司赔偿李伟各项损失近 23 万元。① 在这个案件中，提供共享电动车的公司之所以对事故损失承担主要的赔偿责任，主要是因为其提供的车辆不符合电动自行车标准，车身的重量和速度均属于机动车，但在未经车牌登记及取得行驶证的情况下，向无机动车驾驶证的用户提供，属于出租的产品存在质量问题。

三、因转租发生的纠纷及问题分析

租赁合同的内容是出租人将租赁物交由承租人占有、使用，承租人支付相应

① 李铁柱：《骑共享电动车出事租车公司赔 23 万》，网易新闻，http：//news. 163. com/17/1209/00/D5657D0P000187VI. html，2017 年 12 月 9 日访问。

的租金。转租是指房屋承租人将承租的房屋再出租的行为。根据《民法典》第七百一十六条的规定，承租人经出租人同意，可以将租赁物转租给第三人。承租人转租的，承租人与出租人之间的租赁合同继续有效；第三人造成租赁物损失的，承租人应当赔偿损失。承租人未经出租人同意转租的，出租人可以解除合同。一般情况，承租人依照合同取得对租赁物的占有、使用，这种占有和使用的权利，是否可以再转移给次承租人享有，即转租，需要有合法的依据，否则就构成对租赁物的非法处分。

（一）转租纠纷的主要类型

1. 未经出租人同意转租房屋

在实际生活中，有些房屋的承租人未经房屋出租人许可，擅自将房屋转租他人，自己当“二房东”，收取租金的差价牟利。擅自转租情况，一旦被房东发现，或者“二房东”、最终租客中有一方未及时交付房租，就会引发纠纷。我国《民法典》第七百一十六条第二款规定：“承租人未经出租人同意转租的，出租人可以解除合同。”对于承租人未经出租人同意转租的，民法给出租人设定的救济途径是可以解除原租赁合同。

2. 租赁合同解除导致次承租人不能使用租赁物

租赁合同是出租人与承租人协商签订的，如果承租人未经出租人许可，将租赁物转租给次承租人，一旦出租人提前解除租赁合同或者转租合同期限长于前一个租赁合同，则会导致次承租人不能使用租赁物。这种情况极易导致出租人与承租人之间、承租人与次承租人之间发生纠纷。由于出租人并未直接与次承租人形成租赁关系，根据合同相对性原则的要求，次承租人只能向转租人主张违约责任或损害赔偿责任，而不能直接要求出租人承担责任。《民法典》第七百一十七条规定：“承租人经出租人同意将租赁物转租给第三人，转租期限超过承租人剩余租赁期限的，超过部分的约定对出租人不具有法律约束力，但是出租人与承租人另有约定的除外。”

3. 经出租人同意的转租合同要求解除问题

如果因转租人拖欠出租人租金，出租人要求解除，而次承租人要求继续履行转租合同，这样也会导致纠纷发生。这样的纠纷，在近些年的长租公寓合同中出现得较多。这类纠纷的最佳解决方法是，两个租赁合同同时解除，次承租人直接与出租人建立租赁关系。租赁合同因承租人未依约给付租金而致合同被解除的，则转租合同将因此而处于履行不能的状态。但原租赁合同与转租合同毕竟是两个合同，原出租人并非转租合同的当事人，不能强迫次承租人继续履行转租合同。因此，除非出租人与次承租人就继续履行合同达成一致，否则，次承租人要求继续履行合同的主张，对出租人没有约束力。《民法典》第七百一十九条规定："承租人拖欠租金的，次承租人可以代承租人支付其欠付的租金和违约金，但是转租合同对出租人不具有法律约束力的除外。次承租人代为支付的租金和违约金，可以充抵次承租人应当向承租人支付的租金；超出其应付的租金数额的，可以向承租人追偿。"

4. 长租公寓的经营公司与房东和房客的纠纷

国内长租公寓租赁经营，主要分为"集中式"和"分散式"两类。集中式主要以传统的商业地产运作模式为主，利用自持土地开发或楼宇整租改造方式进行运营。分散式主要从租赁中介业务延展而来，从事长租公寓经营业务的企业，将散在不同业主手中的房屋租赁过来，整合业主房源，并进行重新装修管理和改造，配齐家具家电，以单间的形式出租给有需要的人。前者是房东和出租人自营房屋租赁业务，后者是从事长租公寓租赁经营业务的公司，做"二房东"。中国目前的长租公寓企业，大多属于"二房东"，如自如、青客公寓、蛋壳公寓等，通过长期租赁协议从业主手里获得零散房源，进行统一改造装修后，配以运营管理及服务，然后转手出租，并且负责出租期间的运营和维护，赚取的是房租差价和服务费。近年的长租公寓租赁纠纷也多发生于后者。

从事长租公寓租赁经营业务的公司与房东和租客的纠纷主要类型有：（1）装修污染。房屋装修使用了不合格建材，造成室内空气污染，损害居住人的身体健康。在前文中已经提到过。在装修污染问题上，目前对于长租公寓应该采取怎样的环保标准、使用什么样的家具和装修材料、装修后需要空置多久才能出租，行业内并没有统一的标准。健康受损的租户难以维权的现象也普遍存在，一是因为甲醛等污染物对于健康的损伤难以量化，二是对于这些长租公寓企业究竟该负何责任也难以厘清。[①]（2）续租时单方提高涨价幅度。例如，2018 年 11 月 30 日，微信朋友圈流传出一份《〈续约涨幅规定〉补充通知》。其内容显示，12 月 1 日起，长租房供应商自如将取消不涨价及续约涨幅不超过 5%的限制，且为保持合理价格涨幅，自如的平台系统里给出的续约价格最高涨幅为 10%。由于租客

① 《长租公寓装修污染调查》，新华网，http://www.xinhuanet.com/mrdx/2018-09/11/c_137460124.htm。

反映强烈和受网络舆论影响，之后，自如回应称，仍维持5%的涨幅限制。[①]（3）单方变更或者解除合同。例如，2020 年年初，多地蛋壳公寓房东称，接蛋壳长租公寓公司通知，受新冠肺炎疫情影响要求房东免租 1 个月。但与此同时，租客却不能减免租金。还有众多蛋壳公寓的租户反映，蛋壳公寓以疫情为由，强制要求租客退租，包括北京、上海、广州、深圳、天津、南京、武汉、杭州等多地在内的租客，都收到了蛋壳公寓的退租通知。张磊（化名）在北京租住一套蛋壳公寓，但眼看要到复工的日子了，张磊却有家不能回。“直到 2 月 14 日也没有人通知我到底能不能回公寓”。无奈之下，张磊主动打电话询问客服，被告知“等等”。“客服与管家就在踢皮球，一个简单的问题需要打（电话）快半小时才能反馈上去”。到了 2020 年 2 月 19 日，张磊还是没能等到任何确切的答复。他的租金交到了 2020 年 3 月，如今看来，2 月的租金是白交了。而更让张磊无法接受的是，明明 1 月和 2 月均没有任何房屋打扫和管理，他仍然要缴纳管理费、保洁费。据媒体了解，张磊的遭遇并非个例。已经有大批蛋壳公寓的房东和租客自发维权。在微博上搜索“蛋壳公寓”等关键词，可以见到有不少网友对蛋壳公寓表达不满，并向消协、黑猫投诉等相关维权机构投诉。与此同时，有些地区的蛋壳公寓还以法定不可抗力因素为由，与房东终止合同。[②] 以疫情为由，要求租客退租，或者与房东终止合同，均应当平等协商，长租公寓租赁经营方无权单方决定终止合同。因为新冠病毒疫情不是台风、海啸、战争等摧毁房屋的灾难，并未导致房屋无法使用，不属于《民法典》第七百二十三条和第七百二十四条规定的，因租赁物无法使用，承租人可以请求减少租金或者不支付租金，或者解除合同的情形。

（二）转租纠纷的解决办法

合同的变更和解除，必须合同双方当事人协商一致，任何一方均无权单方变更或者解除合同。根据《民法典》的相关规定，承租人经出租人同意，可以将租赁物转租给第三人。承租人转租的，承租人与出租人之间的租赁合同继续有效，第三人对租赁物造成损失的，承租人应当赔偿损失。承租人未经出租人同意

① 《承诺不涨价的长租房，正在变着法儿涨价》，百度百科，https：//baike. baidu. com/reference/18143340/a872vLaKDXamF5qp8nqJohNji8KgpbCcFuXY7J-QRKWXYZ8uOo6rHiceR9Y9VRHtMPZHOQiKWv3 MyP0xZrwGitWoiSgPl--EnYKA0Pf26Aqxn2M，2020 年 2 月 29 日访问。

② 《蛋壳公寓陷泥淖：两头吃遭维权、租金贷违规、直面现金流大考》，百度，https：//baijiahao. baidu. com/s？id=1659746936056522998&wfr=spider&for=pc，2020 年 2 月 29 日访问。

转租的，出租人可以解除合同。住房和城乡建设部发布的《商品房屋租赁管理办法》第十一条规定，承租人转租房屋的，应当经出租人书面同意。承租人未经出租人书面同意转租的，出租人可以解除租赁合同，收回房屋并要求承租人赔偿损失。

为预防转租纠纷发生，房屋承租人在租赁房屋时一定要看房屋的产权证，要确定房屋的产权人是否同意出租房屋，这样才能保障租赁安全，才能保护承租人的合法权益。房屋租赁期限如果超过六个月，双方当事人必须签订书面合同。房屋租赁合同中应包括以下方面的主要条款：出租房屋的范围、面积；房屋租赁的期限、用途；租金的数额及交付时间；房屋修缮的责任、转租以及违约责任，等等。在此基础上，双方当事人应持房屋租赁合同到房屋所在地的房地产管理部门办理备案登记，领取《房屋租赁证》。

对于长租公寓的装修污染问题，笔者认为，出租房屋如果存在装修污染，属于租赁物质量问题。根据《民法典》第七百三十一条的规定，租赁物危及承租人的安全或者健康的，即使承租人订立合同时明知该租赁物质量不合格，承租人仍然可以随时解除合同。这些租赁长租公寓的有污染的房屋的人，可以依法要求解除合同和赔偿损失。从事长租公寓租赁业务的公司应当自律，对提供出租的房屋的装修应当保证质量，不可损害租户的身体健康。长租公寓的租赁经营公司应该采取怎样的环保标准、使用的家具和装修材料需要达到什么标准、装修后需要空置多久才能出租，希望住房监管部门能够联合卫生健康、环保等相关部门，尽快出台行业标准。住房监管部门还应联合卫生健康、环保、建材、装修等部门，对从事长租公寓业务的公司进行监督管理，积极进行房屋质量的监测，并从当前的纠纷中总结监管的重点，确定出租房的环保标准，形成较系统的监管内容或指导方案。

针对蛋壳公寓涉嫌强迫业主免租、拖欠房租等事项，2020 年 2 月 14 日，深圳市住建局曾约谈了深圳蛋壳公寓相关负责人。深圳市住建局要求蛋壳公寓高度重视此事，及时组织法律专业人士参与研究制定解决方案，积极与业主进行沟通协商，按照法律规定和合同约定妥善处理相关问题。① 《民法典》第七百一十九条规定："承租人拖欠租金的，次承租人可以代承租人支付其欠付的租金和违约金，但是转租合同对出租人不具有法律约束力的除外。次承租人代为支付的租金

① 《蛋壳公寓陷泥淖：两头吃遭维权、租金贷违规、直面现金流大考》，百度，https：//baijiahao.baidu. com/s? id=1659746936056522998&wfr=spider&for=pc，2020 年 2 月 29 日访问。

和违约金，可以充抵次承租人应当向承租人支付的租金；超出其应付的租金数额的，可以向承租人追偿。”

长租公寓的租赁合同纠纷的发生，与多家长租公寓公司依靠“租金贷”运营有关。“租金贷”，是指公寓的租赁经营公司与金融机构合作，引导租客办理贷款提前向公寓租赁经营公司支付一年的租金，再由租客每月偿还金融机构贷款。2020 年 2 月 18 日，深圳市委政法委向深圳市地方金融监管局、深圳银保监局等部门下发了《关于开展相关排查工作的通知》，认为蛋壳公寓存在“租金贷”现象，且该行为存在较大的风险，要求上述两部门开展排查工作，全面了解蛋壳公寓及其他房屋租赁公司“租金贷”涉及的金融机构名称和数量等情况。疫情的突然爆发，使得严重依赖租金贷的盈利模式也遭受了巨大的挑战。而被裹挟其中的房东与租客，无疑都成了这一切的牺牲品。而在更早一些时候，就有蛋壳员工表示蛋壳拖欠工资，不发奖金，变相裁员 80%。[①]

租赁合同纠纷的解决方式，主要是出租人和承租人双方当事人协商解决。协商不成的，可以找当地的派出所或者居委会、街道办事处以及房产租赁的中介公司进行调解。如果不能协商解决纠纷，当事人应当按照房屋租赁合同中的约定，采取民事诉讼或者申请仲裁解决。出租人或承租人如果找当地公安机关调解纠纷，公安民警可以调解租赁合同纠纷；调解不成功的，告知当事人去法院起诉或者依据合同申请仲裁解决。

第六节　医疗服务合同纠纷警情处置中的疑难问题及案例分析

医疗服务合同纠纷，俗称医患纠纷，是社会的热点问题和难点问题。医患纠纷如果不能及时解决，常常引发“医闹”事件。“医闹”事件，主要表现为对医疗服务不满的患者或者患者家属在医疗场所聚众滋事，甚至伤害医护人员，有的甚至演变成为伤害或者杀人的刑事犯罪。因医疗服务合同特点突出、专业性强，本节需要阐述相关的合同知识，以利于公安民警正确处置医疗服务合同纠纷。

---

① 《蛋壳公寓风波升级！深圳排查“租金贷”风险》，百度，https：//baijiahao. baidu. com/s？ id = 1659123162006281734&wfr=spider&for=pc，2020 年 2 月 29 日访问。

一、医疗服务合同

（一）医疗服务合同的概念和特点

医疗服务合同，是指双方当事人约定的由一方当事人提供医疗服务，另一方接受医疗服务并支付医疗费用的合同。提供医疗服务的一方当事人通常是医疗机构或医务工作人员，被称为医方；接受医疗服务的一方当事人是病人，被称为患方。

医疗服务合同与其他类型服务合同相比较，具有以下法律特征：

1. 医疗服务合同对提供医疗服务的主体具有资格限制性

医疗服务关系到患者的身体健康及生命安危，提供医疗服务需要专门知识，我国《执业医师法》《医疗机构管理条例》《护士条例》等相关法律法规对提供医疗服务的人和机构在资格上有严格的限制。这种限制性主要表现在医师名称使用及医师业务资格取得两个方面。医师名称使用，要求非领有医师证书或专科医师证书者，不得使用医师或专科医师名称。医师业务资格，要求不具合法医师资格者，不得擅自行医。政府通过实行医师资格考试、护士资格考试的证照制度，来排除未受教育、训练者行医和从事医疗护理。医师资格证考试，是评价申请医师资格者是否具备从事医师工作所必须的专业知识与技能的考试。通过全国统一的执业医师资格考试和执业助理医师资格考试后，再由国家卫健委统一发放执业医师资格证。执业医师资格证是我国从业医师必须拥有的证书，属于医疗技术方面的认可，证明持证人具有独立从事医疗活动的技术和能力。按照《执业医师法》的有关规定，参加并通过国家医师资格考试，取得执业助理医师资格，可聘任医士职务；参加并通过国家执业医师资格考试，取得执业医师资格，可聘任医师职务。资格考试通过后，还需要依法进行执业注册，才可以行医。我国《基本医疗卫生与健康促进法》第五十三条规定："国家对医师、护士等医疗卫生人员依法实行执业注册制度。医疗卫生人员应当依法取得相应的职业资格。"只有具备相应资质和执业注册的人员，才属于可以提供医疗服务的医务人员。医务人员是代表医疗机构对患者实施医疗行为的工作人员，按照《执业医师法》第二条、《基本医疗卫生与健康促进法》第五十三条的规定，医务人员是指通过参加卫生行政部门组织的统一考试，经注册批准后在医疗领域的各类机构中参与医疗、预防、保健工作的各级各类医疗卫生工作的专业技术人员，包括医师、药师、护士等在内的一系列医疗卫生技术人员。在基层公安机关接到的报警中，有一些是举报有人非法行医的，这就需要公安民警审查提供医疗服务的人是否具有医师证书或专科医师证书等相关证照。

2. 医疗服务合同可因强制缔约的方式成立

合同自由（契约自由）是合同法的基本原则。合同自由的含义是双方当事人都有“是否订约、定何约、与谁订约、以何种方式订约”等方面的自由。然而，在医疗服务合同中，患者有选择医方的自由，但医方不能选择患者，即其选择患者的自由几乎完全被限制，医方基于其具有的特定身份或职业而负有强制缔约义务。因为医疗服务行为具有“救死扶伤、治病救人”的社会责任，关乎每一个人的身体健康，具有社会公益的性质，因此医疗机构或医务工作者对于患者请求诊疗的要约，无正当理由不得拒绝，即使患者要求诊疗的疾病不属于该医疗机构或医务工作者的专业领域，也不能拒绝，需要协助患者转诊到适合的专业医疗机构。表现在法律上，医方负有“强制缔约义务”。此外，在决定和变更合同内容上，也对医方作出了相应的限制。世界各国或地区的立法大都规定了医方的强制缔约义务。在医师负有强制缔约义务的场合，强制缔约只要在患者有意思表示能力或虽无意思表示能力（如处于昏迷状态），但由患者的配偶、法定代理人、监护人或其他亲属送医时，就可以成立。

3. 医疗服务的专门性和当事人在约定医疗服务的内容时不具有对等性

作为医方的合同义务的医疗服务，要求具有高度专门性的知识和技术。绝大多数的医疗服务合同，合同内容即诊疗事项，由医方决定实施其认为是适当的诊疗。作为一方当事人的医师是医学上的专家，而作为另一方当事人的患者通常是缺乏医学知识的普通人，这就意味着合同当事人在缔约时约定医疗服务的内容，基本上由医方主导。

4. 医方尊重患方决定权

由于医疗服务具有高度专门性，医方在履约过程中具有高度裁量权，他们通常不需要按照患方的要求和指示来履行义务。诊疗是以患者不可替代的生命、身体为对象进行的，而且通常会对患者身体产生侵袭和痛苦，而双方又无法对医疗结果进行约定。随着人们法律意识的提高和医学知识的普及，越来越多的患者要求参与医疗，尊重患者的自主权已成为医学道德的重要原则，成为构建现代医患关系的基础。患者对自己疾病的病因，诊断方法、治疗原则以及可能的医疗结果有知情权，对于医师诊疗方案及相关问题还有一定的决定权。

5. 医疗服务合同是双务、有偿、诺成、不要式合同

医疗服务合同中的当事人双方都负有给付义务，医方主要的义务是提供医疗服务，患方主要的义务是支付医疗费用，故为双务合同；且双方当事人的义务互为对价，故为有偿合同。医方和患方之间意思表示一致，合同即可成立，无须医方提供完毕医疗服务为合同成立要件，有时即使医方与患方之间表示不一致，医疗服务合同也可因强制缔约而成立，故为诺成合同。对于医疗服务合同的形式，法律并无特别要求。当事人可以采用口头、书面或其他形式订立医疗服务合同，因此医疗服务合同为不要式合同。

（二）医疗服务合同的类型

医疗服务合同根据诊疗目的和内容的不同，主要有下列几种类型：

1. 一般医疗服务合同

一般医疗服务合同是以疾病的诊断和治疗为目的的合同。一般医疗服务的内容包括门诊、住院和手术治疗，是实际生活中最多见的医疗服务合同。

2. 健康检查合同

健康检查合同是以早期发现疾病或了解健康状况为目的，而约定由医方对相关项目予以检查的合同。目前，在我国的大中城市，健康检查合同中的医方，大多是专业从事健康检查服务的公司，而非医院。很多企业对拟雇用的求职应聘人员，均要求其到专业从事健康检查服务的公司体检。

3. 医疗美容服务合同

随着我国经济的发展和人民群众生活水平的提高，一些人希望通过整形手术提升自己的颜值。这种医疗服务的需求者并无健康上的问题，而是接受医疗服务提供者提供的医疗美容服务。医疗美容服务合同的内容有多种，有的医疗美容是微创的，如激光去除皮肤表面的斑、疣、痣；有的医疗美容则属于大手术，如腹部去脂、面部整形。需要注意的是，提供医疗美容手术的医方，必须是医院，而且由具备执业医师资格的医生实施手术。在实际生活中，从事美容美发行业的小店，提供皮肤美容保养服务，其中有的也提供用激光或者化学方法去除皮肤表面的斑、疣、痣的医疗美容服务，法律对此还没有具体规范。笔者认为，在美容店申办营业执照时，经营范围应当写得具体些，如果包括激光美容项目，市场监督管理部门应当对其营业场所的卫生条件和工作人员是否具有医护资质加强监管。

4. 其他性质的医疗服务合同

随着医疗技术的发展，许多医疗领域的发展范围，医疗服务合同的范围已大

大超越了其诊疗目的，如非治疗性堕胎手术、变性手术等。对于这些提供非治疗性的医疗服务的医疗机构，相关部门也应加强监管。近二十多年，一些私营医院、诊所常在高校、工业园区等青年女性聚集的地方张贴所谓“无痛人流”的小广告，一些涉世不深的女孩，误以为人工流产真的像广告里说得那样无痛苦、不需要休养、当天可以继续上班上学，因而在性生活时不做好避孕，也不把流产当作手术慎重对待，最终给自己的身心健康造成无法挽回的损害。对此，医疗主管机关应当加强对医院，尤其是私营医院、诊所的监管，市场监督管理部门也应对医疗服务广告加强监管。

（三）医疗服务合同中双方的权利义务

对于医疗服务合同来说，当事人双方均有权利也均负有义务，一方的义务，对应着对方的权利。下面从义务角度分析双方在医疗服务合同中的权利义务。

1. 医方的义务

医方的义务主要有：（1）诊疗义务。医方运用医学知识和技术，为患者诊断病情进而施以相应的救治诊疗，是医方的主给付义务。医方在履行治疗义务的过程中应尽可能地减轻病人的痛苦，负有用最简明、迅速以及医疗效果最佳的医疗方式的义务。（2）说明义务。因医疗行为对人体具有一定的侵害，如动手术要切割人的部分身体组织，为使其行为具有合法性，必须取得患者的“知情同意”。这要求医方要向患者说明医疗行为实施的范围、程度以及可能造成的危害后果。同时，医方还有向患方介绍病情的义务。《民法典》第一千二百一十九条规定：“医务人员在诊疗活动中应当向患者说明病情和医疗措施。需要实施手术、特殊检查、特殊治疗的，医务人员应当及时向患者具体说明医疗风险、替代医疗方案等情况，并取得其明确同意；不能或者不宜向患者说明的，应当向患者的近亲属说明，并取得其明确同意。医务人员未尽到前款义务，造成患者损害的，医疗机构应当承担赔偿责任。”（3）保密义务。患者对医生告知病情的各种真实情况，有助于医生的准确治疗。医生在诊疗过程中了解到病人的各种病情，无论是患者告知的还是诊疗获知的，因患者的病情涉及个人隐私，医方未经允许不得向他人透露。《民法典》第一千二百二十六条规定：“医疗机构及其医务人员应当对患者的隐私和个人信息保密。泄露患者的隐私和个人信息，或者未经患者同意公开其病历资料的，应当承担侵权责任。”（4）治疗记录制作和保管义务。不管是对于医疗纠纷的解决还是患者的继续治疗，治疗记录特别是病历的重要性都毋庸置疑。医生负有制作病历等治疗记录的义务。《民法典》第一千二百二十五条规定："医疗机构及其医务人员应当按照规定填写并妥善保管住院志、医嘱单、检验报告、手术及麻醉记录、病理资料、护理记录等病历资料。患者要求查阅、复制前款规定的病历资料的，医疗机构应当及时提供。"

2. 患者的义务

患者的义务主要有：(1) 医疗费用的支付义务。医疗服务合同是有偿合同，患者在接受了医方提供的医疗服务后，负有支付医疗服务费用的义务。(2) 配合治疗义务。医疗行为是一种依靠医患双方互动以达到治疗效果的行为。(3) 其他义务。患者还应承担费用预支、费用偿还以及损害赔偿等义务。在具体的医疗服务合同中，医患双方还可约定其他义务。比如，患者在病情未愈的情况下执意出院，医患双方签订"患者单方要求出院，后果自负"的免责条款，以减轻医方的责任。

二、医疗损害责任

(一) 医疗损害责任的概念和性质

医疗损害责任，是指医疗机构及医务人员在医疗过程中因过错，造成患者人身损害或者其他损害，应当承担的以损害赔偿为主要方式的侵权责任。

医疗损害责任属于民事侵权责任，因其责任的承担主体限于医疗机构，主体特定，因而被列入特殊侵权责任中。

(二) 医疗损害责任的类型

医疗损害责任主要有下列类型：

1. 医疗技术损害责任

医疗技术损害责任，是指医疗机构及医务人员从事病情的检验、诊断、治疗方法的选择，治疗措施的执行，病情发展过程的追踪，以及术后照护等医疗行为，不符合当时既存的医疗专业知识或技术水准的过失行为，医疗机构所应当承担的侵权赔偿责任。

医疗技术损害责任适用过错责任原则，但在特定情形下，推定医疗机构有过错。我国《民法典》第一千二百一十八条规定："患者在诊疗活动中受到损害，医疗机构或者其医务人员有过错的，由医疗机构承担赔偿责任。"《民法典》第一千二百二十二条规定："患者在诊疗活动中受到损害，有下列情形之一的，推定医疗机构有过错：(一) 违反法律、行政法规、规章以及其他有关诊疗规范的规定；(二) 隐匿或者拒绝提供与纠纷有关的病历资料；(三) 遗失、伪造、篡改或者违法销毁病历资料。”

受现有的医学知识、医疗设备及医务人员医疗水平限制，在医疗中有可能会对患者造成不能预见、不可避免的不利影响，因而，法律也对医疗机构和医务人员赋予了医疗行为豁免权。医疗行为豁免权，是指在合法的诊疗过程中，医疗机构和医务人员对患者实施符合医疗常规的医疗行为时产生了非基于医疗过错或过失行为的不良后果，不受责任追究的权利。我国《民法典》第一千二百二十四条规定：“患者在诊疗活动中受到损害，有下列情形之一的，医疗机构不承担赔偿责任：（一）患者或者其近亲属不配合医疗机构进行符合诊疗规范的诊疗；（二）医务人员在抢救生命垂危的患者等紧急情况下已经尽到合理诊疗义务；（三）限于当时的医疗水平难以诊疗。前款第一项情形中，医疗机构或者其医务人员也有过错的，应当承担相应的赔偿责任。”

2. 医疗伦理损害责任

医疗伦理损害责任，是指医疗机构及医务人员从事各种医疗行为时，未对病患充分告知或者说明其病情，未提供病患及时有用的医疗建议，未保守与病情有关的各种秘密，或未取得病患同意即采取某种医疗措施或停止继续治疗等，而违反医疗职业良知或职业伦理上应遵守的规则的过失行为，医疗机构所应当承担的侵权赔偿责任。

医疗伦理损害责任中，侵害患方知情权的，医疗机构应当承担赔偿责任。我国《民法典》第一千二百一十九条规定：“医务人员在诊疗活动中应当向患者说明病情和医疗措施。需要实施手术、特殊检查、特殊治疗的，医务人员应当及时向患者具体说明医疗风险、替代医疗方案等情况，并取得其明确同意；不能或者不宜向患者说明的，应当向患者的近亲属说明，并取得其明确同意。医务人员未尽到前款义务，造成患者损害的，医疗机构应当承担赔偿责任。”

医疗伦理损害责任中，侵害患方隐私权的，医疗机构应当承担赔偿责任。我国《民法典》第一千二百二十六条规定：“医疗机构及其医务人员应当对患者的隐私和个人信息保密。泄露患者的隐私和个人信息，或者未经患者同意公开其病历资料的，应当承担侵权责任。”

医疗伦理损害责任，适用过错推定原则，而且医疗过失的举证责任全部归于医疗机构，医疗机构一方认为自己不存在医疗过失，须自己举证，证明自己的主张成立，否则应当承担赔偿责任。我国《民法典》第一千二百二十二条规定：“患者在诊疗活动中受到损害，有下列情形之一的，推定医疗机构有过错：（一）

违反法律、行政法规、规章以及其他有关诊疗规范的规定；（二）隐匿或者拒绝提供与纠纷有关的病历资料；（三）遗失、伪造、篡改或者违法销毁病历资料。”

3. 医疗产品损害责任

医疗产品损害责任，是指医疗机构在医疗过程中使用有缺陷的药品、消毒药剂、医疗器械以及血液及制品等医疗产品，因此造成患者人身损害，医疗机构或者医疗产品生产者、销售者应该承担的医疗损害赔偿责任。我国《民法典》第一千二百二十三条规定：“因药品、消毒产品、医疗器械的缺陷，或者输入不合格的血液造成患者损害的，患者可以向药品上市许可持有人、生产者、血液提供机构请求赔偿，也可以向医疗机构请求赔偿。患者向医疗机构请求赔偿的，医疗机构赔偿后，有权向负有责任的药品上市许可持有人、生产者、血液提供机构追偿。”

三、医疗事故罪

（一）医疗事故罪的概念和构成要件

根据我国《刑法》第三百三十五条的规定，医疗事故罪，是指医务人员由于严重不负责任，造成就诊人死亡或者严重损害就诊人身体健康的行为。本罪侵犯的客体是医疗单位的工作秩序和公民的生命健康权利。犯罪对象是生命健康安全正遭受病魔侵害的病人。所以，倘若救治措施不能客观上起到控制病情发展的作用，则必然由于病情发展引起人体健康的更大损害，直至导致伤残、功能障碍和死亡结果。本罪侵犯医疗单位的正常工作秩序，客观方面表现为违反医疗规章制度，对工作严重不负责任，造成病人死亡或者严重损害病人身体健康的行为。主观方面由过失构成，即行为人对“造成病人死亡或者严重损害病人身体健康”的结果，在主观上并不是出于故意而希望、追求或者放任产生的，而是由过失造成的。主体是特殊主体，即只能由医务人员构成。

医疗事故罪的概念和构成要件有下列四项：

1. 因医方严重不负责任，在诊疗或者护理工作中有错误

由于医务人员在诊疗护理工作中有严重不负责任的行为，造成就诊人死亡或者严重损害就诊人身体健康的损害后果。严重不负责任，是指在诊疗护理工作中违反规章制度和诊疗护理常规。这里的规章制度，是指与保障就诊人的生命、健康安全有关的诊疗护理方面的规章制度，包括诊断、处方、麻醉、手术、输血、护理、化验、消毒、医嘱、查房等各个环节的规程、规则、守则、制度、职责要

求等。医疗事故案件中常见的违反规章制度的情况有：错用药物、错治病人、错报输血、错报病情、擅离职守、交接班草率、当班失职等。诊疗护理常规，是指长期以来在诊疗护理实践中被公认的行之有效的操作习惯与惯例。各项诊疗操作和护理均有一定的操作规程的要求，这些规程是为了保障操作稳准，避免失误而制定的，在诊疗操作和护理工作中必须遵照执行，否则就有可能导致医疗事故的发生。

2. 因严重不负责任行为导致就诊人身体健康遭受严重损害或死亡的结果

危害结果的大小是衡量违法行为社会危害性的大小和区分罪与非罪的客观标准，构成本罪，在客观上必须要求发生了严重损害身体健康、重伤、死亡的结果。严重损害身体健康，包括造成就诊人残废或者功能障碍。

3. 严重不负责任行为与就诊人的健康严重受损、重伤、死亡之间必须存在刑法上的因果关系

医疗伤亡结果之形成不同于一般加害事件之处在于，后者是加害行为本身直接引起人体机体损伤，而前者则多是由于医疗措施未能有效阻止病情发展导致病情恶化而引起伤残或死亡，或者是医疗措施对人体侵害直接引起患者伤亡，或者由于医疗措施客观上加重了病情，促使患者伤亡。可见，医疗伤亡结果的出现既同原患疾病有关，又同医疗行为有关。违章医疗行为对病情的实际作用可以分为四种，即有效、无效、反效、直接破坏人体。

4. 医方主观上有过失

本罪在主观方面表现为过失，即行为人主观上对患者伤亡存在重大业务过失。在这里，本罪要求行为人主观上存在重大过失而不是一般过失，即从主观上过失程度之轻重来说，行为人主观上存在严重过失。临床医疗活动本身有特殊的导致人身伤亡的风险，医务人员稍有不慎即会发生不幸后果，如果把一般过失行为确定为犯罪，于情理上有失公平、于法律上则有失严苛。因此，本罪主观方面是指存在业务过失而不是普通过失。医务人员依照法律承担救死扶伤的职责，有义务对自己的医疗业务行为负责，对患者的生命健康安全负责。

（二）医疗事故罪与非法行医罪

在执法实践中，还需要区分医疗事故罪与非法行医罪。

医疗事故罪的主体为特殊主体，是实施了违章医疗行为的医务人员。医务人员，是指具有一定医学知识和医疗技能，取得行医资格，直接从事医疗护理工作的人员，包括医院医务人员及经批准的个体行医者。由于医务工作有极强的专业

性、技术性和导致人身伤亡的危险性，所以，国家卫生行政管理机关向来十分重视对行医者任职资格的考核，事实上只有具备一定医疗知识和技能，才能避免行医的特殊危险性，从而达到救死扶伤的目的。

社会上存在一些既无医疗技能又未取得行医许可证的非法行医者，这些人不属于医疗事故罪的主体，而是非法行医罪的主体。我国《刑法》第三百三十六条规定："未取得医生执业资格的人非法行医，情节严重的，处三年以下有期徒刑、拘役或者管制，并处或者单处罚金；严重损害就诊人身体健康的，处三年以上十年以下有期徒刑，并处罚金；造成就诊人死亡的，处十年以上有期徒刑，并处罚金。未取得医生执业资格的人擅自为他人进行节育复通手术、假节育手术、终止妊娠手术或者摘取宫内节育器，情节严重的，处三年以下有期徒刑、拘役或者管制，并处或者单处罚金；严重损害就诊人身体健康的，处三年以上十年以下有期徒刑，并处罚金；造成就诊人死亡的，处十年以上有期徒刑，并处罚金。"

（三）医疗事故与医疗事故罪

在司法实践中处理医疗事故案件时，关键在于区分罪与非罪的界限。具体表现为区分以下界限。

1. 医疗事故罪与医疗差错的界限

医疗差错，是指在诊疗护理工作中，医务人员虽有违反规章制度、诊疗护理常规的失职行为或技术过失，但未给就诊人造成死亡、残废、组织器官损伤导致功能障碍的不良后果的行为。从产生的原因区分，医疗差错可以分为医疗责任差错和医疗技术差错。其中，医疗责任差错与医疗事故罪容易混淆，二者都表现为医务人员在诊疗护理工作中不负责任，有违反规章制度或诊疗护理常规的行为。区别在于所造成的后果不同。前者未造成就诊人死亡、残废、组织器官损伤导致功能障碍的严重不良后果；后者则造成了就诊人死亡或身体健康受到严重损害的后果。对于医务人员由于不负责任造成医疗差错，不能以医疗事故罪论处的，应当由医疗机构对患者承担民事赔偿责任。

还需要注意的是，由于医疗行为高度专业，为强化对弱势的患者一方的保护，法律上对医疗损害责任中医方过错的判断，实行的是过错推定原则。医务人员在诊疗活动中未尽到与当时的医疗水平相应的诊疗义务，造成患者损害的，医疗机构应当承担赔偿责任。根据我国《民法典》第一千二百二十二条的规定，患者在诊疗活动中受到损害，有下列情形之一的，推定医疗机构有过错：（1）违反法律、行政法规、规章以及其他有关诊疗规范的规定；（2）隐匿或者拒绝提供与纠纷有关的病历资料；（3）遗失、伪造、篡改或者违法销毁病历资料。

2. 医疗事故罪与医疗意外的界限

医疗意外，是指由于病情或者患者体质特殊而发生难以预料和防范的不良后果。它与医疗事故罪都可能发生就诊人死亡或身体健康严重损害的后果，二者区别的关键在于主观上有无过失。如果就诊人死亡或身体健康受到严重损害，是因医务人员责任心不强，违反规章制度或诊疗常规造成的，则构成医疗事故罪，如上述后果是由医务人员难以预料或难以防范的因素引起的，则属于医疗意外，不能以犯罪论处。医疗意外与医疗事故罪中的疏忽大意过失颇为相似，二者不但都发生了严重后果，而且对严重后果的发生都没有预见。二者的区别在于，疏忽大意过失对严重后果的发生是应当预见而没有预见，医疗意外是对严重后果的发生因现有科学技术水平有限而难以预见。

四、公安机关对医疗服务合同纠纷的处理及典型案例分析

（一）有暴力行为发生的医疗服务合同纠纷的处理

有暴力行为发生的医疗服务合同纠纷，被老百姓俗称为“医闹”，表现为患者或者患者家属殴打医护人员、损害医院的正常诊疗秩序等。对于“医闹”，医院方面一般都会报警，请求公安机关处理。对于公安机关来说，这类纠纷构成治安案件，甚至刑事案件，必须依法办理，对违法行为人给予治安处罚，或者追究刑事责任。以媒体报道的下面两个事件为例。2018 年 11 月 3 日凌晨，姜某陪同妻子到黑龙江省哈尔滨二四二医院急诊科看病。因不满急诊科医师的伤情处置意见，殴打急诊科医师。随后，前往该院骨伤科诊治，又与骨科医师发生口角，并殴打骨科医师。经当地公安机关调查取证，对姜某处以行政拘留 10 日并处 500 元罚款的行政处罚。2018 年 11 月 6 日，梁某在湖北省兴山县人民医院医保窗口办理其父出院手续时，与医务人员发生争执后打伤医务人员面部、损坏办公物品。民警到达现场后，梁某拒不配合民警依法执行职务，并大吵大闹，辱骂、威胁民警。经当地公安机关调查取证，决定对梁某扰乱单位秩序的违法行为处以行政拘留 7 日，对其阻碍执行职务的违法行为处以行政拘留 10 日，合并处以行政拘留 17 日的行政处罚。[①] 对于患者或者患者家属殴打医务人员的，不仅公安机关

① 《193 人因“医闹”被联合惩罚　飞机高铁出行都受限》，网易新闻，http：//news.163.com/19/0304/11/E9DV6LP40001875N.html。

可以对其予以治安处罚；医疗机构和受伤的医务人员还可以依据民法的有关规定，要求患者或者患者家属承担赔偿责任。如果殴打医务人员的行为后果严重、构成刑事犯罪，还要追究行为人的刑事责任。我国《民法典》第一千二百二十八条规定，医疗机构及其医务人员的合法权益受法律保护。干扰医疗秩序，妨害医务人员工作、生活的，应当依法承担法律责任。

（二）损害医院正常工作秩序的医疗服务合同纠纷的处理

有些医事服务合同纠纷，患者或者患者家属并未实施殴打医务人员这样的暴力行为，但实施了干扰、损害医院的正常诊疗服务秩序等公共秩序的行为，也需要公安机关依法予以处置。例如，2018 年 12 月 15 日下午 4 时许，病患亲属张某 1、张某 2 等多人在山西省长治和平医院正门口悬挂条幅、摆放花圈，向医院讨要说法。经民警劝解、警告后撤离。12 月 16 日 7 时 50 分，张某 1、张某 2 等多人再次在和平医院正门口悬挂条幅、摆放花圈，严重扰乱医院正常工作秩序。经当地公安机关调查取证，认定张某 1、张某 2 扰乱机关、团体、企业、事业单位秩序，给予张某 1、张某 2 行政拘留 5 日的行政处罚。①

（三）医患双方对诊疗方案有争议的医疗服务合同纠纷的处理

有的医患纠纷，是因为医方和患方对诊治方案意见不一致，患方不愿意听从医方作出的专业诊治建议，从而发生纠纷；或者患者和患者家属就是否采纳医方的诊治建议而发生纠纷。例如，曾有多家媒体报道的因家属拒绝手术签字导致孕妇死亡的两个事件。2007 年 11 月 21 日下午 4 时左右，孕妇李丽云因难产被其丈夫肖志军送进北京朝阳医院京西分院。医院告知肖志军，李丽云必须立即做剖腹产手术，不做手术必死无疑，要求其在手术协议书上签字。肖志军认为做了剖腹手术将来就不能生第二胎了，故不同意做手术。肖志军拒绝在医院的剖腹产手术单上签字，医院里三十多名医护人员劝说无效。医院的许多病人及家属也出来相劝，肖志军仍不为所动。在长达 3 个小时的僵持过程中，医院一面请来了麻醉师做好了手术准备，一面只好轮番抢救。17 时 25 分，手术室工作人员悉数赶到病房，准备做剖腹产手术救治病人，但是肖志军竟加以阻拦，医院不得已向公安部门求助。为了查明产妇确切地址以便同她的家人取得联系，并证明肖志军与李丽云的关系，医院一面向 110 求助，请 110 民警调查孕妇李丽云的户籍和亲属关

---

① 《193 人因“医闹”被联合惩罚　飞机高铁出行都受限》，网易新闻，http：//news.163.com/19/0304/11/E9DV6LP40001875N.html。

系，试图联系上李丽云的其他家人。医院还上报了北京市卫生系统。最终，因未能及时采用手术方式急救，怀孕九个月的李丽云死亡。当时有关“一个人的生命完全取决于另外一个人的签字”“特殊情况下医院是否应该忽略法律限制救死扶伤”“现行医疗法律制度是否存在设计硬伤”等话题引起了民众强烈讨论。然而，十年之后，关于家属签字制度的讨论再次出现。这次的不同之处在于，产妇签署了《授权书》，由其丈夫全权负责签署一切相关文书，而且医院声明中指出产妇未出现危及生命的紧急情况。2017 年 8 月 31 日，陕西省榆林市第一医院绥德院区住院部 5 楼，一名待产孕妇因疼痛难忍跳楼自杀身亡。产妇于 8 月 30 日停经 41+1 周要求住院，待产入院后，经检查发现胎儿头部偏大。医院的记录单上显示，产妇提出剖腹产的要求，医护人员征求家属意见时，家属称表示理解，但拒绝手术，继续观察。产妇由于疼痛，两次走出分娩中心，和家属说，疼得不行，想剖腹产。但家属一直不同意，坚持让她顺产。院方随后再次向家属建议剖腹产，但家属仍坚持顺产。20 时左右，产妇跳楼自杀，两条生命殒身消逝。①

在医院实施手术等特殊治疗前，基于患方的知情权，需要征求患者及其家属同意，并签署授权书。我国《医疗机构管理条例》第三十三条规定：“医疗机构施行手术、特殊检查或者特殊治疗时，必须征得患者同意，并应当取得其家属或者关系人同意并签字；无法取得患者意见时，应当取得家属或者关系人同意并签字；无法取得患者意见又无家属或者关系人在场，或者遇到其他特殊情况时，经治医师应当提出医疗处置方案，在取得医疗机构负责人或者被授权负责人员的批准后实施。”但是，在李丽云事件中，医院方经专业诊断，提出必须立即手术，否则会发生产妇必死的后果。医院方多次劝说产妇李丽云的丈夫签字，还向上级请示，并报警请警察帮忙，但李丽云的丈夫仍然拒绝签字，不同意手术。在这种情况下，医院方应当援引民法的紧急避险规则，自主决定实施手术，挽救李丽云及其孩子的生命，毕竟患者的生命权高于一切。如果当时出警的 110 民警能够引用紧急避险规则，支持医院方实施手术来紧急救治，说服李丽云的丈夫同意手术，或许悲剧就不会发生。遗憾的是，医院受《医疗机构管理条例》第三十三条规定所限，最终未能实施手术。事后，由于社会公众对此事的关注，终于，李丽云用她和她孩子的生命，换回了医疗机构的紧急救治权（也有人称之为紧急处置权）。2009 年 12 月 26 日颁布、2010 年 7 月 1 日起施行的《侵权责任法》第五

① 《产妇跳楼：尊重女性意志，人性刻度的命题》，搜狐网，http://www.sohu.com/a/169619633_583687?_f=index_societynews_0，2017 年 9 月 5 日访问。

十六条规定："因抢救生命垂危的患者等紧急情况，不能取得患者或者其近亲属意见的，经医疗机构负责人或者授权的负责人批准，可以立即实施相应的医疗措施。"这项条款被很多人称为李丽云条款。现行《民法典》也采纳了这项条款，《民法典》第一千二百二十条规定："因抢救生命垂危的患者等紧急情况，不能取得患者或者其近亲属意见的，经医疗机构负责人或者授权的负责人批准，可以立即实施相应的医疗措施。"

如果患者和患者亲属就是否采纳医院方提出的诊疗建议发生争议，不能因为患者签字授权家属决定诊疗方案，患者的命运就被掌握在别人手中，没有反悔的余地，这对于每个可能会遭遇与这个榆林产妇相似情况的女性来说，都是极其恐怖的。当患者与患者的亲属对是否采纳医院方提出的诊疗方案意见不一致时，只要患者能够神智清醒地表达出自己的意见，且其意见是采纳医方的专业诊疗建议，应当以患者自己的意见为准，医院应当首先选择尊重患者自己的意见，毕竟治疗与患者本人的生命和健康相关，其亲属只是间接的利益相关人。

第五章　提高基层公安机关民间纠纷警情处置工作成效的建议

第一节　人性化执法

规范化和人性化执法，对提高治安调解工作的成效至关重要。在治安调解工作中，不规范执法，或者调解纠纷不以人为本、对当事人缺乏人文关怀，调解是很难达成一致意见的，即使纠纷当事人当时同意，事后也未必会履行调解协议。近十年来，我国的执法机关非常重视和提倡执法的规范化和人性化。规范化和人性化执法，是与漠视人权、暴力执法截然相反的一种全新概念，是法治文明的体现。严格遵守法律的各项规定，规范化执法，实践中对此没有异议。但是，“人性化执法”的确切含义和实质是什么，如何执法才符合“人性化”？还少有法律和政府机关的政策性文件对此作出明确的解释，学术界对此研究也不多。

由于没有对“人性化执法”的权威性解释，不仅在执法机关的工作人员中，而且在被执法者和其他群众中，均存在着一些对“人性化执法”的错误看法。有些人并没有搞清楚“人性化执法”的实质，将之片面理解为执法机关在执法过程中对当事人的人道关怀。甚至有的执法机关的工作人员在执法过程中遭到打骂，以为打不还手、骂不还口就是“人性化执法”。还有些不法分子将“人性化执法”误解为“软弱执法”，这甚至是导致某些地方出现袭警事件的主要原因。因此，有人对“人性化执法”提出质疑，也有人认为“人性化执法”的提法容易引起误解，不宜宣传。[①]

笔者于2006年在《中国人民公安大学学报》上发表的《论“人性化执法”的实质》中提出，我们需要明确“人性化执法”的含义和实质，纠正实行“人

① 王运红：《人性化执法三思》，载《河北法学》2005年第1期。

性化执法”中出现的各种错误观念和做法，探讨“人性化执法”的含义、实质以及“人性化执法”在实行中应注意的问题。对这些问题的探讨，至今仍然具有现实意义。

一、人性化执法的含义和理论渊源

“人性化执法”，指的是一种文明的执法方式，倡导在执法活动中以人为主体和目的，尊重公民权利，依据人所具有的正常的感情和理性采取适当的具体工作方式来执行法律。

“人性化执法”的理论渊源是人道主义和人文主义，是“以人为本”的理念。

人道主义和人文主义均起源于欧洲文艺复兴时期。根据《现代汉语词典》（商务印书馆 1979 年版）的解释，人道主义是一种提倡关怀人、尊重人、以人为中心的世界观和思想体系。在法国资产阶级革命时期，人道主义被具体化为“自由”“平等”“博爱”等口号。人文主义也主张和肯定，人是世界的中心，还进一步主张思想自由和个性解放，反对宗教教义和中古时期的经院哲学，提倡学术研究。

“以人为本”的理念综合了人道主义和人文主义思想，是人道主义和人文主义精神的核心。“以人为本”强调，人作为人应当生存和发展的人道主义理念，强调人作为人的权利应当受到尊重和保障的人权思想。早在文艺复兴时期，人文主义学者在对人和人道的颂扬、对神道和封建特权的讨伐中，就已经初步提出了“以人为本”的思想。近代启蒙思想家将人道主义和人文主义思想发扬光大，他们以人性为出发点，以人权（自然权利）作为探讨国家和政府的基础，以理性作为审核一切事物存在的依据，确立了“以人为本”的法治思想。现代“以人为本”的理念，更注重人的生命、自由、尊严和价值，强调人的主体地位，强调对个人权利的尊重。

2003 年《中共中央关于完善社会主义市场经济体制若干问题的决定》（以下简称《决定》）中确认了“以人为本”这一重要思想。《决定》指出：“坚持以人为本，树立全面、协调、可持续的发展观，促进经济、社会和人的全面发展。”[①] 党中央将“以人为本”的理念作为我国“依法治国，建设社会主义法治

① 《中共中央关于完善社会主义市场经济体制若干问题的决定》，人民出版社 2003 年版。

国家”的治国方略的重要补充，意味着我们建设社会主义法治国家，根本目的在于不断丰富并实现人权，提高人在政治和社会关系中的地位，实现人自身的解放。人权是最重要、最核心的价值。我们实施依法治国方略，建立政治制度，维护社会秩序，促进社会经济、政治和文化的发展，保障社会正义，都是为了不断丰富并实现人权。

将“以人为本”作为我国社会主义法治的价值基础，是对“依法治国”这一基本治国方略的重要补充。“依法治国”确定的是治理国家所遵循的规范、制度和程序，而“以人为本”则进一步明确了“依法治国”的目的和价值取向。也就是说，法治的直接任务就是要保障人的权利和自由，即“以人为本”。每个人自由而全面发展是社会主义社会的本质要求。“以人为本”，就是要坚持以人为主体，以人为前提，以人为目的，实现人的全面发展。

为贯彻落实“以人为本”的社会主义法治理念，2004 年 3 月，第十届全国人大二次会议通过的《宪法修正案》明确规定：“国家尊重和保障人权。”“以人为本”、尊重人权，意味着在国家与公民的关系上，国家决不把人作为客体和手段，而是将人作为主体和目的，尊重人权并为实现人的权利提供保障。“人性化执法”，就是贯彻“以人为本”的法治理念，并将宪法尊重和保障人权的规定转化为实践，使法律的秩序价值和人性价值在现实中得到统一。

我们建设和发展社会主义法治，要将“以人为本”作为社会主义法治所追求的终极目标。为此，我国已经建立并正在完善一系列人权的确认和保障制度，使公民享有政治、经济、文化和社会等诸多领域的权利。在立法上，通过授权性规范来设定公民的权利。此外，还根据“法无禁止即可为”的原则，尽量扩大公民的权利范围。权利的立法，最重要的是以宪法为准据。我国公民享有的政治权利、人身权、财产权、社会保障权等方方面面的权利，在我国宪法中都有概括性的规定。宪法所规定的公民的人身权和财产权，主要由民法来具体贯彻落实。民法是以权利为本位的法律，其最突出的特点是对“以人为本”的人道主义和人文主义精神的贯彻。它关心和保护普遍的每个人的权利和利益，尊重人的自由意志。每个公民和法人组织享有的具体人身权利和财产权利都在民法中得到确认和保障。公法部门，特别是行政法律和刑事法律，也是帮助公民实现权利的有力手段，是维护公民权利不受非法侵害的锐利武器。例如，刑法以其独有的刑罚手段来惩罚那些严重侵犯他人人身权利或财产权利、构成犯罪的人，保护受害者。最后，还必须指出一点，鉴于权利的重要性和神圣性，《宪法》和《立法法》都庄严地宣告，一切涉及公民权利和义务的事项，均属国家最高权力机关规定的范围，一切其他机关和地方机关都无此权力，否则就是违宪行为，没有法律效力。

二、人性化执法的实质是贯彻以人为本的社会主义法治理念

“人性化执法”要求执法机关及其工作人员在执法过程中严格遵循法律的相关规定和程序，尊重当事人（被执法者）的人权，善待每一个人，即使是对犯罪嫌疑人及其亲属，也应当保障其法定的公民权利，使其获得必要的生活条件、享有基本的生存保障。实行“人性化执法”，其实质就是要贯彻“以人为本”的社会主义法治理念。

贯彻“以人为本”的社会主义法治理念，实行“人性化执法”，意味着将尊重人权作为执法的基本原则。人权有三种形态，即应有权利（道德权利）、法律权利和实在权利，这三种权利具有不同的价值和作用。作为应有权利的人权，为立法提供了指导，而作为法律权利的人权，是人权由观念到现实的转化的第一步，将法律权利转化为实在权利，人权才能被公民真正享有，人权才能切实实现。在从应有权利过渡到实在权利的过程中，即在人权的实现过程中，执法起了极其重要的作用。因为法律权利的立法，仅为人权的实现提供了一种可能性。法律的执行为人权的实现提供了现实性和保障。如果法律不能被切实地贯彻执行，则人权只是写在纸上的权利。如果有法不依、执法不严，甚至执法机关的工作人员在具体执法活动中滥用权力、执法犯法，必然会出现侵犯公民人权的事情，例如，刑讯逼供、游街示众、超期羁押，对群众的求助要求，态度冷淡、推诿、拖延，弄权渎职等。执法机关的工作人员执法犯法的事情，即使在今天也没有绝迹，因而我们要大力提倡“人性化执法”。只有贯彻以人为本的理念，将人权作为执法的基本原则，实行人性化执法，才能保障人权的实现，才能使人们切实地享有人权。因为人性化执法要求执法机关必须以人为本，以人为主体和目的，依据法律设定的程序和方式运作执法权，才能有效地防止执法权的滥用而导致对公民合法权益的侵害。我国不仅将尊重人权作为立法的指导原则，《宪法》《刑法》《监狱法》以及我国加入的《禁止酷刑和其他残忍、不人道或有辱人格的待遇或处罚公约》都有关于对犯罪嫌疑人人道待遇的规定，包括被告人的人格尊严不受侵犯、保证被告人的身体待遇和完整、有病得到及时救治、改良监狱、保障被告人的基本生活、减少和控制死刑的适用、不得法外定罪和法外用刑、在合理期限内受到审判或者释放等。在执法实践中，也要贯彻尊重人权的原则，实行人性化

执法。执法机关在具体工作中既要维护守法公民的法定权利，也要维护违法者依法不被剥夺的法定权利，对违反民法、行政法的行为人和违反刑法的罪犯，也都给予人道待遇。在执法活动中，既关爱人类个体生命、维护人类个体的生存空间，又关注人类个体所享有的尊严、自由、名誉等；既同情和扶助弱者，关心他们的身体健康、帮助他们解决实际困难，又珍视重视人的价值。

三、人性化执法所体现的是公权力对私权利的尊重

人性化执法是执法为民的基本要求。执法为民是由我国国家机关的性质决定的。我国正在努力建设社会主义民主和法治，宪法明确规定国家的一切权力属于人民，人民行使权力的机关是人民代表大会，作为执行机关同时也是执法机关的行政机关和司法机关均由人民代表大会产生，对它负责、受它监督。执法机关是人民的执法机关，执法人员是人民的公仆。由此出发，执法必须以民为根、以人为本，必须维护人民的利益。执法的宗旨是为人民服务，执法的作风要亲民。人性化执法贯彻“以人为本”的社会主义法治理念，以人权和人道为原则，将人文关怀具体化，“知民情、察民意、体民忧、护民安、保民利”，从而实现执法为民，维护公民的权利。执政为民，正确地表述了公权力与私权利的关系，“人性化执法”对执政为民的贯彻，所体现的是公权力对私权利的尊重。

执法是法治的中心环节。法治的运行机制，重在恰当地处理它所包含的公权力（权力，Power）和私权利（权利，Right）两个要素及其关系。概要地说，这种关系的基本原理有两个方面。第一，权利创造权力，权力是由全体有选举权利的公民通过投票让渡自己对自己的管辖权和裁判权而形成的。长期以来西方人所信奉的“国家契约论”，就是对这种情况的形象表述。马克思在《资本论》中更为科学而详尽地阐述在简单商品交换过程中形成的“人的法律因素”，即权利怎样产生出公权力（国家）及其意志的一般形式——法律。这是从发生论上论述权利对权力的创造。[①] 英国的哈耶克解释说：“法治的意思就是指政府在一切活动中都受到事前规定并宣布的规则的约束——这种规则使得一个人有可能十分肯定地预见到当局在某一种情况中怎样使用它的强制权力，和根据对此的了解计划他自己的个人事务。”[②] 按照哈耶克关于法治理论逻辑的推定，不论权力和权利

① 《马克思恩格斯全集》第23卷，人民出版社1995年版，第102页；《马克思恩格斯全集》第16卷，人民出版社1995年版，第16页。

② ［英］哈耶克：《通往奴役之路》，中国社会科学出版社1997年，第73页。

都要在法律的范围内行使，而权力行使的目的和内容，主要是保障权利（个人事务）的实现。第二，国家权力必须认真对待权利。在当代，讲到权力对权利应持的态度，美国德沃金的“认真对待权利”理论是最有声誉的。他指出：“政府必须以关怀和尊重的态度对待它统治下的人民。所谓关怀，是指将人民当作会遭受痛苦和挫折的人；所谓尊重，是指将人民看作是能够根据自己的生活观念行动的人。政府要关怀和尊重人民，而且要平等地关怀和尊重。这意味着政府绝不能以某些公民更值得关心而有权利获得更多为理由，来分配各种利益或机会；绝不能以某团体中某些公民的美好生活概念比他人优越或高贵而限制自由。”[①] 他还强调，由于制度的权利是通过立法、行政决定和司法判决的方式来确定的，故，认真对待权利首先就意味着，国会、行政机关和最高法院等机构正式宣告承认道义上的权利在法律的范围内时，就必须审慎行事。[②]

在国家生活的实践中，权力对权利的关怀、尊重和保障，最经常和具体地体现在行政执法权和司法审判权的行使中。根据《宪法》的规定，我国政府（行政机关）拥有极为广泛的管辖权和执行权。它涉及公民生活的方方面面，与公民权利处处相关，是权力行使最集中、最活跃、实力最强大的国家机构。政府也最能代表国家的形象。正因如此，人们往往习惯于把整个国家权力都看作“政府”。近代自由主义鼻祖洛克也将自己的国家理论名著称为《政府论》。不是别的，恰恰是政府权力对公民权利有直接、全面和强烈的作用。由此可以清楚地了解，行政权力机关及其公务员的权利意识，即认真对待权利的意识，是举足轻重的。认真对待权利的意识，借用人们熟悉的词语来表达，无非就是人民公仆的意识和全心全意为人民服务的意识。要真正树立这种意识，必须坚定地遵循“依法行政”的方针和“精简、统一、效能”的原则。

执法机关正确处理公权力与私权利的关系，对公民权利的保障有着极其重要的作用。国家通过各类执法机关，处理各类侵犯公民权利的案件，为公民的权利提供法律保障。司法审判属于法院专有的裁判权利纠纷的特殊权力。因而，它是权利的最后一道屏障。“没有救济就没有权利”，司法审判正是救济权利的权力。据考察，法律出现的最初动因，就在于适应社会无法解决权利争议或权利救济的客观需要。按照中国古代法家学派的观点，这叫“定分止争”；按照西方启蒙思

---

① ［美］Ronald Dworkin：Taking Right Seriously，Harvard University Press，1977. 转自：鄂振辉：《自然法学》，法律出版社 2005 年版，第 210 页。

② 吕世伦主编：《现代西方法学流派》（上），中国大百科全书出版社 2000 年版，第 131 页。

想家的观点，认为没有法律和法官而由当事人自己作为涉及自己案件的法官，社会必然会出现普遍的“战争状态”，大家和社会有同归于尽的危险。所以，法律一开始就是社会中权利矛盾的产物，就具有凌驾于相互冲突的当事人之上的中立力量的属性。它是社会文明的一个重要象征。美国独立战争时期的联邦党领袖汉密尔顿，在参加制定联邦宪法的过程中就明确地指出，司法权的实质就是“判断权”。此种判断权的行使的唯一基准就是法律。偏离或摒弃法律，必然导致司法审判的专横和腐败，而丧失社会的公平与正义，比个别恶德的行径更可恶、更危险。法院和法官保持健全的认真对待权力的意识，其中心环节是“公正司法”。为此，绝对需要法官具有心理上和行动中不偏不倚的中立性，以及敢于抵制任何外部干预的独立性。在这方面有失偏颇，就意味着牺牲国家的审判权，使之堕落成为私人的狭隘利益服务的工具，让私人利益“占了法的上风”。① 所以说，执法必须贯彻执政为民的法治理念，尊重人权，否则，执法必定走向野蛮擅断，严重侵犯公民权利。

“人性化执法”的提出，体现了公权力对私权利的尊重。执法者的权力受公民权利的制约与监督，在执法活动中必须尊重每一个公民的合法权利，每个人都应受到平等对待；非经法院审判定罪，任何人都不应该被视为罪犯；即使对罪犯，也应当尊重他的人格和法定权利。公民的权利为执法权的运作设置了边界，保证执法公正、文明，防止执法权异化而导致恶政。执法行为如果超越权利设置的边界，必然造成公民权利被践踏和政府腐败。早在1789年，法国在《人权与公民权利宣言》中就已提出，“不知人权、忽视人权或轻蔑人权是公众不幸和政府腐败的唯一原因”。

四、在人性化执法的具体贯彻实行中应注意的问题

我们需要正确认识人性化执法的实质，纠正存在于执法实践中的某些错误观念和做法。在“人性化执法”的具体贯彻实行中，应注意以下问题。

（一）以“人性化执法”来纠正执法犯法、野蛮执法

新中国成立后的一个较长时期，我们对法律的认识一直存在不少错误，其中一个观点就是片面强调法律是统治阶级实行专政的工具。在“法律工具论”观念的支配下，法律对公民权利的确认和维护的作用被忽视，执法成了对法律这一

---

① 《马克思恩格斯全集》第1卷，人民出版社1995年版，第154页。

统治工具的运用，执法机关的权力缺乏制约和监督，不可避免地产生执法犯法、野蛮执法的事情。我们现在倡导“人性化执法”，主要目的就是纠正这种错误。下面，以执法机关中的公安机关为例来说明此问题。

长期以来我们对公安机关的职能在认识上存在着一些错误。虽然我们一直将全心全意为人民服务作为国家机关特别是公安机关的宗旨，① 但在长期的实际工作中，却一直强调公安执法机关承担维护国家安全、捍卫人民民主专政、打击违法犯罪活动的任务，而忽视其保障公民权利的职能。在基层公安工作中，有些人过分强调听从指挥、服从上级命令，包括公安高等院校在内的各级公安院校，对学生即未来的公安民警的培养，也存在类似的问题。在一些公安院校的法律教育中，重刑法轻民法，重权力而轻权利，不强调权利和自由，过分强调义务和服从。相对于以权利为本位的民法而言，突出义务的刑法、行政法更受重视和偏爱。如此持续下去，无法培养出现代法治社会的合格执法人才。在这种体制和教育的影响下，一些基层公安民警和公安院校的学生头脑中充斥着权力至上意识，而非权利意识（认真对待权利的意识）。这种意识在日常工作中的表现便是，以上级的命令取代法律，绝对地以服从上级的命令为天职，哪怕是滥用自己手中的司法和行政职权也在所不惜。例如，《北京晚报》2001 年 2 月 17 日报道，广西北海某派出所为完成市委政法委下达的订报任务指标，抓了数十名过路行人，要求他们每人订一份全年的《广西政法报》才放人。对几个参加赌博的人，也要求他们订份报纸了事。在这个事件中，该派出所民警为完成上级领导下达的不属于其本职工作的“任务”，不惜践踏公民的人身权利和自由，执法犯法。有些人即使已意识到上级的命令有错误，也遵行不误，认为出了事儿有上面顶着。在这样的成长和工作氛围中，还有一些公安民警缺乏法律意识（权利意识），不尊重公民的权利和利益，不能领会和贯彻“以人为本”的法治理念，在具体执法工作中，工作方式僵化、刻板，不能正确地执行法律，漠视人权、野蛮执法。例如，2000 年，沈阳市某县的几名交警严格执行县政府禁止人力三轮车上县迎宾道的命令，禁止一位乘坐“板的”（人力三轮车）、即将生产的妇女通过县迎宾道去医院，因绕道延误近半小时，导致新生儿落地身亡、产妇大出血。② 又如，2003 年，四川省成都市公安局某派出所的几名警察将一名实施盗窃行为的吸毒妇女羁押，该妇女告诉办案人员，其 3 岁的女儿独自一人被反锁在家中，要求警

① 《中华人民共和国人民警察法》第三条。

② 《北京青年报》2000 年 9 月 5 日报道。

察通知孩子的姨将孩子接走。但是，办案人员和派出所领导仅委托其他同事打电话通知，而电话没有打通、事情没有通知到人，也再没有人过问，结果导致 3 岁幼女独自在家中被活活饿死。① 此事在社会上造成恶劣影响，严重损害了公安民警在人民群众心目中的形象。

自 2005 年政府提倡人性化执法以后，公安机关等执法机关的暴力执法、野蛮执法现象逐步减少。但遗憾的是，时至今日，暴力执法、野蛮执法现象仍然存在。2020 年 2 月 26 日上午，国务院应对新型冠状病毒感染肺炎疫情联防联控机制举行新闻发布会，介绍《关于政法机关依法保障疫情防控期间复工复产的意见》有关情况。有媒体在会议上提问：近来个别地区出现了一些粗暴执法的现象，比如，河南有民众因为不戴口罩而被防疫人员捆绑，重庆也有人因为聚集打麻将被游街示众。公安部参会的领导同志当即表示："你讲的这个问题确实存在，公安机关一直高度重视并积极推进严格规范公正文明执法，通过广大民警的努力，我们还要不断提高执法水平和执法的公信力。"他还指出，面对这次突如其来的疫情，一些地方为了及时有力地阻断疫情传播的渠道，特别是一些疫情严重的地区采取了一些严格的管理措施，这些管理措施应该说是很有效的，但是也出现了一些现象，特别是一些群众出不了门、下不了楼，产生焦躁、焦虑和恐慌情绪，对这些严格的管理措施不理解、不配合。期间，公安机关和有关部门在处理这些事情当中也确实出现了过度执法、简单执法、粗暴执法的情况。针对这些情况，公安部及时下发了文件，要求整改，引导广大民警规范执法言行。公安部的主要领导同志对此也高度重视，多次作出批示指示，要求尽快纠正制止这种简单粗暴执法，防止类似的情况再次发生。公安部将指导各地公安机关在保障疫情防控和复工复产当中，要始终坚持以人民为中心的理念，坚持宽严相济，多一些柔性执法，多一些说理执法和人文关怀，尽量化解掉旧矛盾，不产生新矛盾。既要严格依法办事，又要充分考虑到当前的形势，特别是目前企业面临的难处，尽力满足企业职工的需求。在执法办案当中，要准确把握法律界限，避免出现打击的扩大化和简单化。依法使用查封扣押冻结等侦查措施，坚决防止因执法不规范和执法不作为、乱作为影响企业复工复产和正常经营。②

如何避免公安民警在工作中过度执法、粗暴执法的现象？关键还是在于执法

① 《幼女饿死悲剧谁之过：办案民警还是吸毒母亲?》，《北京青年报》2003 年 6 月 26 日报道。

② 《公安部副部长回应"不戴口罩被捆绑"、"打麻将被游街示众"等现象》，凤凰网新闻，https：//news. ifeng. com/c/7uNLp7IgHAW，2020 年 2 月 26 日访问。

机关及其工作人员对法治的贯彻、准确把握人性化执法的实质。公安机关属于行政执法的一个职能部门。它既在治安管理等方面行使行政执法职能，又在刑事案件中进行搜查、拘留、羁押、逮捕、预审等活动，具有司法性质。公安机关与公民频繁接触，对公民权利的保护工作最为直接。公民的人身权利或者财产权利被犯罪分子侵犯，首先要向公安机关报案并请求保护；一些侵犯公民人身权利或者财产权利的民事侵权行为，如家庭暴力，受害人也有权请求公安机关予以制止。公安机关的工作人员要胜任所承担的公职，必须具备良好的法律意识，领会和贯彻“以人为本”的社会主义法治理念，心系人民的利益，掌握足够的法律知识，对公民的权利和利益有正确而全面的认识。任长霞的先进事例就突出体现了公安机关工作人员“以人为本”、尊重公民权利的优秀作风。公安、市场监督等执法机关大力提倡“人性化执法”，既是为了贯彻“以人为本”的社会主义法治理念，也是为了纠正执法犯法、野蛮执法。

（二）实行“人性化执法”，要对被执法人及其他相关人给予平等对待和人道关怀

“人性化执法”强调的是，执法机关的工作人员在执行法律的规定和程序的过程中，要对被执法人及其他相关人给予平等对待和人道关怀。具体来说，就是对被执法人及其他相关人予以理解、宽容、尊重、关爱，举止文明礼貌，态度热情诚恳。

有一些执法部门在具体工作中很好地贯彻了“人性化执法”的实质和精神。例如，为了不让犯罪嫌疑人 11 岁的女儿在心理上受到更多伤害，北京市公安局宣武分局的民警放弃了一次激烈的抓捕行动，体现出警方对未成年人的人文关怀。① 又如，2006 年 1 月，辽宁省公安厅警务督察部门和沈阳市公安局警务督察部门联合在沈阳北站、沈阳站、北行、中街、太原街和五爱市场 6 处繁华地段进行警服着装检查，对违反《人民警察法》的有关规定而穿着假警服的人，不是简单地收缴其外套，而是考虑到沈阳城的室外气温达零下二十多摄氏度的情况，仅将其配有与警服一样的肩章、徽章的衣服外层摘下收缴，给当事人留下棉里子。② 2019 年 3 月，一个 4 岁的大连小男孩和姥爷逛街时走丢，他找到了商场的工作人员，寻求帮助时，他说：“必须要警察叔叔来帮我才行！”工作人员正好看到了在巡逻的民警，便赶来求助。巡逻的民警了解情况后，立即联系工作人员

---

① 《北京警方放弃对一嫌犯激烈抓捕以免惊扰其女儿》新浪网站新闻，http：//www. sina. com. cn。

② 《辽宁打击假警服行动人性化执法收缴 53 件假警服》，东北新闻网，http：//www. nen. com. cn。

通过商场广播播放寻人启事，并通过询问孩子，查到并联系了孩子的家人。在等待孩子的家人赶来的过程中，巡逻的民警带着孩子到民警执勤点去休息，给孩子买了他最爱喝的果汁，并将警服脱下来给孩子披上。[①]

但是，也有些执法机关的工作人员错误地认为，“人性化执法”就是要求在执法过程中，举止文明礼貌，甚至要做到打不还手、骂不还口。例如，南京市玄武区行政执法大队的执法人员经常碰到违法违规者以“人性化”为借口，故意谩骂和殴打执法人员。有位执法人员说：“我们不能回嘴，更不能动手，我们一定要讲人性化，但是，违法违规者会不会对我们讲人性化？”[②] 有不少违法者以为“人性化执法”是软弱执法，并对此加以利用。另据南京市公安局民警维权委员会统计，仅2004年3月至11月，8个月内就发生146起袭警事件，324人次被殴打，造成188名民警受伤。此外，还有大量的对民警的不实投诉，严重侵犯了民警的正当合法权益。由此，有些人对大力提倡“人性化执法”产生了意见，认为一味强调人性化执法，不仅会使民警的正当权益受到侵害，还会带来很大的负面影响[③]。

笔者认为，大力提倡“人性化执法”没有错，必须坚持，切不可将公权力刚刚表现出来的对私权利的尊重的苗头掐灭。我们现在面临的关键问题是要明确“人性化执法”的实质。“人性化执法”倡导的是对被执法人及其他相关人给予平等对待和人道关怀，绝不是软弱执法，更不是什么“打不还手、骂不还口”。误解人性化执法，也会使得执法者不能履行好职责，不利于维护法律的威严。2015年，我国在《刑法》中增设了袭警罪。《刑法》第二百七十七条规定，以暴力、威胁方法阻碍国家机关工作人员依法执行职务的，处三年以下有期徒刑、拘役、管制或者罚金。暴力袭击正在依法执行职务的人民警察的，依照第一款的规定从重处罚。有了“袭警罪”，警察在履行职务时的安全保障得到了加强，也增强了公安执法的权威。

（三）“人性化执法”提倡的是对被执法者及其相关人给予人道关怀，但不是要求执法机关代行福利机构的职能

自那起震惊全国的幼女饿死事件发生后，为避免再次发生类似的悲剧，执法

① 《走丢萌娃“点名”：“我只相信警察叔叔!”》，网易新闻，http://gov.163.com/19/0317/17/EAG31UIB00239803.html，2019年3月17日访问。

② 《反思“人性化”执法遭遇尴尬》，新浪网站新闻，http://www.sina.com.cn。

③ 《南京警方人性化执法遇尴尬8个月内324警察遭殴》，雅虎网站新闻2004年12月23日报道。

机关及其工作人员现在非常重视对被执法者及其相关人给予人道关怀，尤其重视了解犯罪嫌疑人的家庭情况。但在实践中，有些人又矫枉过正，没有领会“人性化执法”的实质，甚至误读“人性化执法”。笔者在为在职攻读学位或进修的公安民警讲课时，有好几位学生提到，他们在工作中发现有流浪街头、找不到父母或被父母遗弃的孩子时，送到福利院，有时却被福利院以名额已满、不符合接收条件等各种理由拒绝接纳，他们只好将孩子暂时安置在派出所办公室内，全所的同事凑钱为孩子买食物、衣物和玩具。有个孩子在办公室里住着，吃的、玩的比家里好，就表示以后不回家了。更突出的是，2005 年 7 月 19 日中国青年报网络版报道，河南省巩义市的康某因涉嫌强奸被批捕，而他甩手撂下的 11 岁儿子小帅（化名）和 10 多只山羊却让办案民警犯了难。孩子的母亲已多年不知下落，亲戚则以其父品行不端、孩子又非常顽劣为由，都不愿过问此事。无奈之下，民警只好给这名犯罪嫌疑人无偿照看起孩子。市公安局刑侦四中队专门安排了 4 名实习生 24 小时看管小帅，而且每天还至少要派一名民警奔波 10 余公里替康家喂羊。

实行“人性化执法”，对执法对象给予人道关怀是必要的，但不应让公安机关、检察机关的工作人员花费大量的精力去做职责以外的事情。笔者认为，公安机关、检察机关是执法机关，不应承担为他人照料孩子的责任。对被拘留的人家中留下的无人照料的未成年人，有近亲属的，公安机关可以从其亲属中为其指定监护人；没有亲属可以照料孩子的，应当交由社会福利机构暂时收留，孩子的生活费用可以从其父母的家庭财产中支出。强调“人性化执法”，不能让执法机关代行福利机构的职责。犯罪嫌疑人的牲畜等财产也完全可以委托当地的村民委员会选择适当的人来代管，代管期间的费用可以由村民委员会根据具体的劳务支出和当地的薪酬水平等情况确定，还可以与犯罪嫌疑人协商确定，最后从犯罪嫌疑人的家庭财产中支出。

（四）“人性化执法”，不是允许执法者法外施恩、随意变通执行法律的处罚规定

“人性化执法”，要求执法人员必须严格依法办事，绝不是给予执法人员法律幅度外的自由裁量权，使其可以法外施恩、随意降低对违法行为的处罚力度。

2004 年 5 月 2 日《华西都市报》报道，《道路交通安全法》于 2004 年 5 月 1 日正式实施的当天，一名司机驾驶汽车在四川省崇州境内肇事伤人后，逃离现场。根据《道路交通安全法》第一百零一条的规定，他被成都市交管部门处罚

终身禁止驾驶机动车，成为该法生效后成都市首个遭终身禁驾的人。但是，同是贯彻《道路交通安全法》，北京市的交管部门却决定，在法规实施初期以宣传教育为主，暂不处罚。据称，这是“人性化执法”的一种表现（2004 年 5 月 2 日《北京青年报》报道）。由此引发出有人对“人性化执法”提出质疑。[①] 笔者认为，北京市交管部门的这种做法是错误的，是对“人性化执法”的曲解。执法，首先要做到“有法必依，执法必严，违法必究”。“人性化执法”是要求执法者在严格执行法律的实体规定和程序规定的前提下，对被执法者及其相关的人给予人文关怀，而不是允许执法者可以法外施恩、随意变通执行法律的处罚规定，更不能使之蜕变为“人情化执法”，走回“人治”的老路。

总之，我们要认清“人性化执法”的实质，纠正错误的认识和做法，贯彻“以人为本”的社会主义法治理念。执法机关实行“人性化执法”，必须尊重公民的自由和权利，正确处理公权力与私权利的关系，在严格执行法律的前提下，对被执法者及其相关人给予人道关怀。

第二节　在公安高等院校学生培养中加强民法学教育

随着我国法治建设的发展，我国公安高等院校均开设了法学课程。但一个普遍存在的问题是，在公安高等院校法学教育课程的设置中，作为国家基本法之一的民商法没有得到应有的重视，民商法学课程在是否列入公安专业的必修课、选修课以及课时的安排等方面存在不少问题。笔者认为，民商法学课程不仅是法学教育中的基础课程，而且在当前的公安工作中，对民事侵权纠纷的处理，有关公司、证券、知识产权等领域的犯罪案件的侦查，所占的比重逐年增大，许多基层公安民警已经认识到需要补习民商事法律知识。在我国《民法典》已经颁布和施行的情况下，以培养高素质公安人才为己任的公安高等院校，更不应忽视民商法学课程，有必要加强民商法学课程在法学教育课程中的设置，必须将民法学列为所有公安专业学生的必修课，以适应当前经济发展和法治建设的形势需要。

---

① 《质疑“人性化执法”》，红网新闻，http：//www.rednet.com.cn。

一、在公安高等院校法学教育中加强民商法学课程的设置的必要性

（一）民商法的法律地位决定其为法学教育中的基础课程

民商法简称民法。我国是采取民商合一的立法体例的国家，民法中包含了商法，商法、知识产权法均属于民法中的特别法。

民法是国家的基本法。在我国的法律体系中，民法仅位于宪法之下，是与刑法、行政法并列的基本法。民法直接调整社会经济制度，尤其是调整商品生产和商品交换关系。它规范每个公民和法人组织在商品经济活动中的人身关系和财产关系。在市场经济活动中，每个公民和法人组织的主体地位、基本权利和活动，都由民法来规范。在我国改革开放、大力发展中国特色社会主义市场经济的形势下，民法的立法和司法工作受到国家的高度重视，《民法通则》《物权法》《合同法》《著作权法》《商标法》《公司法》《证券法》《票据法》《民法总则》等主要民事法律法规，自20世纪80年代起陆续颁布实施。2020年5月28日，《民法典》经第十三届全国人民代表大会第三次会议通过，自2021年1月1日起施行。以法典的形式，全面规定了我国的基本民商事法律制度。《民法典》规定了国家的经济制度和民事主体的权利，对于推进国家的法治建设和治理体系的现代化，具有非常重大的意义。《民法典》是民事主体权利的宣言，《宪法》所规定的公民的人身权和财产权，主要由民法来具体贯彻落实。《民法典》规范社会的经济生活，尤其规范市场经济和市民生活，为现代市场经济活动提供行为规范。《民法典》是我国社会主义市场经济的基本法，也是社会生活的百科全书。

研究民法这一重要基本法的民法学，在高等院校法学教育中非常受重视。教育部以前规定的高等院校的法学专业教育14门核心课程中，有4门是民法学的课程。这4门核心课程分别是：民法学（民法基础理论）、商法学、知识产权法学、婚姻家庭和继承法学。教育部2018年颁布《普通高等学校法学类本科专业教学质量国家标准》，其中规定，民法学是法学专业学生必须完成的10门专业必修课之一，属于理论教学课程中的专业课。民法学不仅在各普通高等院校的法学专业教育中受重视，在其他专业的普法教育中也备受重视。在许多大学的法学概论公共课中，民法所占的课时比重远高于刑法和行政法。以培养高素质公安人才为己任的公安院校，尤其是公安高等院校，不应在教学中忽视民商法学课程的设置。

（二）权利意识的培养对公安人员尤为重要

公安机关是重要的国家机关，行使国家的部分司法职能。公安机关的工作人员应当学习和掌握民法，了解民法的基本制度和理论知识。只有对公民和法人组织等民事主体享有的权利有全面的正确的认识，才能捍卫公民和法人组织的合法权益，更好地为人民服务。

民法是一部以权利为本位的法律。它最突出的特点是，关心和保护普遍的每个人的权利和利益，尊重人的自由意志。每个公民和法人组织享有的基本人身权利和财产权利都在民法中得到确认和保障。具体来说，民法保障公民的人身自由和契约自由，规定公民享有生命权、健康权、身体权、名誉权、姓名权、肖像权、隐私权等人身权利，享有财产所有权、契约自由、知识产权、继承权等财产权利。知晓自己拥有哪些权利、会运用法律手段捍卫自己的权利和人格尊严，同时尊重他人的权利，这种权利意识是学习民法最主要的收获。

相对于民法而言，刑法、行政法是以义务为本位的法律。刑法、行政法主要规定公民、法人组织必须遵守哪些义务、如有违反则予以哪些制裁。法学教育中如果只强调刑法、行政法，忽视民法，不讲权利和自由，过分强调义务和服从，无法培养出现代法治文明社会的合格执法者。波兰法学家、心理法学派代表人物彼得拉任斯基指出："健康、适当强度的权利意识对一个人产生重要的教育影响，使他成为一个有尊严的'公民'，使他的性格和行为避免由于没有正确的尊严感和自尊发展出来的一些瑕疵。传统上，这些瑕疵被称为'奴性'灵魂。"① 在法学教育中，民法只有与刑法、行政法并重，才能培养出现代法治文明社会的合格执法者。

（三）形势需要

公安机关属于国家的行政机关，具有执法职能，是执法机关。执法要求执行整体法律，不仅要执行公法部门的刑法和行政法，也要执行民法，需要公安民警全面掌握法律知识，尤其是民法知识，培养权利意识，尊重公民的权利和利益。发生在实践中的一些事例，即反映出当前我国基层公安民警迫切需要学习和掌握民法知识。例如，前面提到的瓜农追偷瓜人反被民警要求倒赔 300 元的案件；在新冠肺炎疫情防控初期，河南有群众因为不戴口罩而被防疫人员捆绑，重庆也有人因为聚集打麻将被游街示众。不正确地执法和暴力执法，在社会上造成恶劣的

① Leon Petrazycki, Law and Morality, transl, H. W. Babb, Cambridge, Mass, 1955, P98。

影响，严重损害了公安民警在群众心目中的形象。如果公安民警全面掌握法律知识，尤其是民法知识，尊重公民的权利，规范化和人性化执法，正确解决民间纠纷，就不会发生上述这样的事。

在《民法典》颁布以前，我国的执法和司法机关已经提出规范化和人性化执法，这体现了公权力对私权利的尊重。《民法典》的颁布，将进一步强化贯彻以人为本的社会主义法治理念和民法尊重私权利的理念，执法机关将进一步加强规范化和人性化执法。规范化和人性化执法，要求执法机关必须以人为本，以人为主体和目的，依据法律设定的程序和方式运作执法权，正确处理公权力与私权利的关系，从而有效地防止执法权的滥用而导致对人的合法权益的侵害。

随着我国经济建设的飞速发展，在司法实践中也产生了经济纠纷和经济犯罪案件比例上升的现象。合同纠纷和利用合同欺诈的案件，盗版、制假贩假等侵犯知识产权案件，上市公司在中报、年报中对财务作虚假陈述，证券市场中欺诈、内幕交易、操纵股价等案件，已经成为人们普遍关注的严重经济问题。其中有许多已经构成违法犯罪，需要公安机关侦查，追究当事人的刑事责任。例如，上市公司欣泰电气及相关人员涉嫌欺诈发行证券及其他有关犯罪问题被移送公安机关①，即通过公安机关立案侦查，检察院起诉至法院，来追究主要责任人的刑事责任。

在这样的形势下，我们的公安民警，尤其是负责经济犯罪案件侦查工作的同志，必须掌握民商法律知识，才能履行好自己的职责。合同制度、知识产权制度、公司制度、证券制度等是由民商法具体规范和调整的，各类商品交易合同，有限公司和股份公司的设立、运营，股份上市、各类证券的交易等制度，均由民商法中相应的《民法典》《公司法》《证券法》《票据法》《保险法》《著作权法》《商标法》等详细规定。可以说，民商法是公安人员侦查经济案件所必须掌握的基础法律知识。

近年来，我国公安机关在执法规范化、人性化、文明化方面取得了突出的进步，但是，离人民的期望和法治建设的需要，仍然存在距离。在2015年“十一”黄金周期间，发生在青岛的“天价虾”消费纠纷，警察接到报警出警后，不知该如何处理，将矛盾推给物价局，让消费者和社会公众极其失望。如果接处警的民警能够运用民法和消费者权益保护法来调解此消费合同纠纷，此纠纷一定能得

① 《欣泰电气案进入公安刑侦阶段金雕资产全身而退》，网易财经新闻，http：//money.163.com/16/0829/04/BVK192LV0025814T.html，2016年8月29日访问。

到较好的处理。

二、民商法学课程设置存在的主要问题和对策

在公安高等院校的法学教育课程的设置中，民法学在课程安排和课时上均没有得到与刑法学同样的重视。

以笔者所在的公安大学为例，在 1999 年至 2016 年的本科生教学中，公安专业必修课所列的法学课程只有刑法、行政法及其诉讼法、刑事诉讼法三门。在 1998 年以前，侦查系（现为侦查学院）的必修课中有民法学 68 课时，治安系（现为治安学院）有 51 课时的民法学选修课，均一度被取消。只有法律系（现为法学院）的法律专业，一直坚持开设民法学（包括民法总论和民法分论）、商法学、知识产权法学、婚姻法学课程。

笔者曾撰文指出，公安专业的三门法学必修课，将刑事法律分为实体法与程序法分别作为两门课程列入，而对于与刑法、行政法同处于基本法地位的民法不加以列入，过分重刑轻民。这样的法学教育，只讲义务和处罚，不讲权利和自由，不利于培养学生树立现代法治文明观念。学校应当考虑在公安专业的法学必修课中增加民法课程，其他公安高等院校也应当考虑增加民法学课程的设置。另外，公安专业有不同领域，法学课程的设置也应有所不同。公安高等院校的侦查专业、治安专业培养的学生在将来的侦查、治安工作中会应对较多的民商事纠纷和经济犯罪案件，应当将民法学（民法基础理论）列入其二年级的必修课，商法学、知识产权法学列入三年级的选修课，其中的经济侦查专业应当将这三门课均列入必修课。实际中，经济侦查专业的学生也非常重视民商法律知识的学习。例如，笔者当年为我校 2000 级侦查系经济侦查专业的学生讲授商法学选修课课程时，全班所有学生均选修此课。笔者曾向公安大学建议，将民法学（民法基础理论）列入全校本科生二年级的必修课程，将商法学、知识产权法学列入全校本科生三年级的选修课程，因为商法、知识产权是民法的特别法，需要在了解民法基础理论的前提下学习。法律专业和经济侦查专业，不仅民法学应是其必修课，商法学、知识产权法学也应是其必修课。仍以公安大学 2000 级侦查系经济侦查专业为例，他们在二年级时没有安排民法学课程，仅在三年级时为其将来的工作需要而匆忙开设商法学课程，由于缺乏民法学基础知识背景，学习商法遇到不少困难，需要补习相应的民法知识。例如，学习公司制度，他们必须补习民法中民事主体部分关于法人制度的理论知识，才能理解和掌握公司这类法人组织的本质

和特点。

令人欣慰的是，公安大学 2016 年修订的本科生培养计划，将民法学列入全校所有专业学生的必修课，所有公安学和公安技术专业的学生也学习民法学课程，以了解和初步掌握民事法律知识。据了解，开展大学本专科学历教育的地方公安院校，也都将民法学列为公安各专业学生的必修课。但略有遗憾的是，公安大学公安学和公安技术专业的本科学生的民法学课程仅有 34 学时，只能讲授民法总论部分的基本民法知识。民法分论、商法学、知识产权法学仍未被列入侦查学院经济侦查专业学生的必修课程，只被列为选修课。

总之，无论是从理论上分析，还是从实际需要上看，在公安高等院校的法学教育中应当加强民商法学课程的设置。

第三节　提高基层公安机关民间纠纷警情处置工作成效的具体措施

根据对基层公安机关民间纠纷警情处置工作的调查，结合法学理论分析，为提高基层公安机关民间纠纷警情处置工作的成效，笔者在本节中归纳总结和提出以下具体建议。

一、加强基层民警的法学教育培训

我国公安高等院校有 34 所，不仅有直接隶属于公安部的中国人民公安大学、中国人民警察大学、中国刑事警察学院、铁道警察学院、南京森林警察学院，各省还有自己的地方省属院校。在公安高等院校中，有本科院校 23 所，专科院校 11 所。

我国的公安高等院校有本、专科的法学、公安学、公安技术专业全日制学历教育，有些公安高等院校还有硕士研究生学历教育，包括法学硕士、法律硕士和警务硕士学历教育。笔者所在的中国人民公安大学还有博士研究生学历教育。公安高等院校的师资力量雄厚，不仅可以从事全日制的学历教育，也可以胜任对公安民警的在职法学教育培训。

鉴于公安基层派出所主要工作是民间纠纷警情处置，处理的治安案件绝大多数是因民间纠纷而形成的，调解民间纠纷的工作量远远大于处理刑事案件的工作量。公安交巡警在巡逻和处理交通事故纠纷中，遇到的多数情况和接到的报案也是民间纠纷。基层公安机关调解民间纠纷工作的范围，涉及家庭、邻里、合同、侵权损害等各个领域，情况非常复杂，调解工作面临的问题和困难很多。公安高等院校应当充分发挥自身的优势，不仅可以为公安民警提供在职法律硕士和警务硕士学历教育，也可以为公安民警提供法学教育培训。为不影响公安机关的日常工作，民警的法学教育培训应是短期的，学员也由地方公安机关组织。授课教师不仅应有来自公安院校的教师，也应有来自实战部门、有实战经验的公安民警。培训的课程，不仅要有法学、公安学理论，还要理论联系实际，能够解决公安实际工作中的相关问题。

二、规范民间纠纷警情处置工作

（一）首先应明确警察调解民间纠纷具有法律依据

鉴于部分民警对民间纠纷调解工作的法律依据认识不足，有必要在公安高等院校的法学教学和民警培训中，加强民事法律知识方面的教育。民间纠纷中如果有侵害公民人身权益或者财产权益构成刑事犯罪的，要按照刑事案件处理；构成违反治安管理行为的，按照《治安管理处罚法》对行为人进行处罚；不构成刑事犯罪，也不构成违反治安管理行为的，则属于公民之间的、涉及人身权益或者财产权益的民间纠纷，公安机关应当依据民事法律的有关规定进行调解，依法妥善处理。若当事人不接受调解，或者对公安机关的处理不服的，应当告知当事人向人民法院申请处理。

按照我国现行的法律法规，警察调解民间纠纷有充分的法律依据。根据《人民警察法》第二条的规定，“保护公民的人身安全、人身自由和合法财产”是人民警察的任务之一。《人民警察法》第二十一条还规定：“对公民提出解决纠纷的要求，应当给予帮助。”这项规定进一步明确，公安机关及其工作人员调解民事纠纷是其应负的法定义务，这也是对我国公安机关法律职能的定位。因为此条法律规定使用的是“应当”这样的措辞，说明公安机关及公安民警帮助公民解决纠纷，是其一项法定义务。

（二）健全民间纠纷出警制度

民间纠纷的当事人只要报警，且有人身损害或者财产损失，或者影响治安秩序，公安机关就必须出警处置。民间纠纷的当事人到派出所要求调解的，也应当由接处警的民警予以调解处理。以家庭暴力为例，2015 年颁布的《反家庭暴力法》第十五条明确规定："公安机关接到家庭暴力报案后应当及时出警，制止家庭暴力，按照有关规定调查取证，协助受害人就医、鉴定伤情。"根据公安部等七部委联合制定的《关于预防和制止家庭暴力的若干意见》，公安机关应当设立家庭暴力案件投诉点，将家庭暴力报警纳入110出警工作范围，对家庭暴力求助投诉及时进行处理。公安机关对构成违反治安管理规定或构成刑事犯罪的，应当依法受理或立案，及时查处。

（三）分清各类民间纠纷的不同性质依法处理

公安机关受理民间纠纷后，纠纷中有人身伤害发生的，应当及时依法组织对案件中受害人的伤情进行鉴定，明确案件的性质，为正确处理案件提供依据。

公安机关对有人身伤害的治安案件，应当根据下列情况分别作出处理：（1）对情节轻微的案件，既要维护受害人的合法权益，又要维护社会安定，坚持调解的原则，对施暴者予以批评、训诫，告知其应承担的法律责任及相应的后果，还可以发出告诫书，防范和制止事态的持续和扩大，促成当事人达成和解协议；（2）对违反治安管理规定，受害人明确要求处罚的，依据《治安管理处罚法》予以处罚；（3）对构成犯罪的，依法立案侦查，做好调查取证工作，追究其刑事责任；（4）对属于告诉才处理的虐待案件和受害人有证据证明的轻伤害案件，应当告知受害人或其法定代理人、近亲属直接向人民法院起诉，并及时将案件材料等有关证据提交审理案件的人民法院。

（四）规范民间纠纷的调解工作程序

2007年颁布的《公安机关治安调解工作规范》第五条规定："治安调解应当依法进行调查询问，收集证据，在查明事实的基础上实施。"第六条还规定了治安调解应当遵循的合法、公正、自愿、及时、教育原则。

民警调解民间纠纷，应当按照《公安机关治安调解工作规范》规定的程序进行。调解应当在当事人双方自愿的基础上进行，通过查清事实，讲明道理，指出当事人的错误和违法之处，教育当事人自觉守法并通过合法途径解决纠纷。调解应当分清责任，实事求是地提出调解意见，不得偏袒任何一方。达成调解协议的内容，必须是双方当事人真实意思表示。调解一般应当及时、公开进行，双方当事人都要求不公开的除外。公开调解的，可以邀请当地居（村）民委员会的人员或者双方当事人熟悉的人员参加。

民间纠纷，经民警调解达成协议的，应制作《治安调解协议书》，双方当事人应当在协议书上签名，并履行协议。

根据《公安机关治安调解工作规范》第十一条的规定，《治安调解协议书》应当包括以下内容：治安调解机关名称，主持人、双方当事人和其他在场人员的基本情况；案件发生时间、地点、人员、起因、经过、情节、结果等情况；协议内容、履行期限和方式；治安调解机关印章、主持人、双方当事人及其他参加人签名、印章（不能签名的盖印章或者捺指印）。

《治安调解协议书》应当制作一式三份，双方当事人各执一份，公安机关留存一份备查，并根据案卷装订要求建立卷宗。现场治安调解结案的治安案件，可以不制作卷宗，但应当制作《现场治安调解协议书》，办案民警回到派出所后，应当将《现场治安调解协议书》按编号装订存档。

三、构建有助于提高民间纠纷调解效果的工作机制

（一）基层公安机关均应设有专职治安调解员

成功处理民间纠纷，需要处警人员有较丰富的生活阅历和社会经验。根据《关于深入推进矛盾纠纷大调解工作的指导意见》的要求，公安派出所可以建立调解工作室，作为不能当场调解的民间纠纷案件的调解场所。

目前，大多数地方基层公安机关设有专职治安调解员，安排社会经验丰富、年龄较大的民警担任治安调解员。有些地方基层公安机关还聘请一些退休法官和退休民警担任治安调解员，取得了很好的工作效果。这些经验值得推广，基层公安机关都应当有专职的治安调解员。

（二）民警调解民间纠纷纳入考评体系

根据《公安机关治安调解工作规范》第十五条的规定，经治安调解结案的治安案件，应当纳入公安工作的统计范围。有些地方公安机关不仅统计民间纠纷处理率，还将民间纠纷预防制止率等，也作为工作考核的主要内容，极大地调动了基层民警调解处理民间纠纷的工作积极性。例如，山西一些基层公安机关，已经将家庭暴力作为单列案件列入民警考核。不仅将调解率列入考评，还将回访也列入考评。将社区民警干预家庭暴力的工作内容纳入考评体系，110 出警以预防、介入、惩处、救助、服务的工作流程全面展开。把家庭暴力作为案件单列考核的好处是，有助于一线民警判断具体家庭暴力行为是否构成犯罪，可利用法医等专门机构对家庭暴力行为的性质进行鉴定，区分不同类型案件，在接处警、案件处理、法医鉴定、庇护措施，以及公安机关与其他相关部门实施联动等方面更有针对性地开展预防和制止工作。

笔者曾经在江西省部分公安机关调研，其中南昌市公安局青山湖分局对民警的社区警务工作的管理及考核，让人印象深刻，该分局把对民警工作的评判权交给群众。具体评判做法是：（1）分局和派出所的服务窗口，每办一件事，群众做评价。每个办事窗口都有类似银行业服务窗口那样的按键机，有“满意”“一般”“不满意”三个评价。来派出所和分局办理户籍、民事纠纷申请调解、治安案件处理等事项的群众，可以根据民警处理问题的方式方法作出自己的评判，选择按不同的按键。（2）民调评警。分局及派出所安排专人负责接收群众评警的短信。群众的评价是考核民警工作业绩的主要内容，与其提级晋升密切联系。这样的评判体系，极大地调动了民警的工作积极性和为人民服务的热情。在这样的考核机制的促进下，许多民警积极开拓社区警务管理新方法。例如，瑞昌市公安局肇陈派出所民警周俊军，开发出农村警务的信息化管理平台。他建立的信息平台，按照农村的道路、住房、商店、人口分布等情况绘制方位图、人口管理图，密切联系群众，极大地提高了警务工作效率，和谐了警民关系。

（三）与其他执法机关、司法机关、社会机构相互配合

对于调解不成的或者是达成协议当事人反悔不履行的民间纠纷，当事人诉至法院，公安机关应当将接处警处置的案件材料作为证据向法院提供，以利于及时解决纠纷。

许多民间纠纷的妥善处置，需要公安机关与其他执法机关、司法机关、社会机构相互配合。例如，家庭暴力的处置，需要公安机关与法院、维护妇女权益的机构、家庭暴力伤残鉴定中心、庇护所等社会机构密切配合。公安机关也要与各级政府、民间组织相互配合。在家庭暴力的防治中，公安机关要特别注重与法院的工作配合。根据我国民法的规定，家庭暴力是法定离婚条件之一。但是，因遭受家庭暴力到法院起诉离婚的受害人，一般情况下，较难提供此方面的证据。如果当事人在家庭暴力发生后，曾向公安机关报警，公安机关的出处警人员和纠纷处理的书面材料，特别是公安机关向家暴实施人发出的告诫书，可以为受害人提供证据。公安机关的接处警登记、受案登记表、询问笔录、对受害人的受伤部位拍照和法医鉴定、治安调解协议书、对施暴人的告诫书等书面材料，均应当立卷归档，并且为当事人今后的离婚诉讼或损害赔偿诉讼提供证据。法院为家庭暴力的受害人发出保护令的，受害人居住地的公安派出所，要配合法院的工作，切实保护受害人不再遭受侵害。

（四）接处警调解程序构建

1. 调解的受理

接处警过程中，公安派出所出警人员首先要明确告知当事人民间纠纷的解决途径。纠纷当事人提出书面调解请求的，要妥善保存书面材料，仅提出口头请求的，要记录在案（可在接处警登记簿上记载）并由双方签字确认，以视为受理调解。

2. 告知当事人权利义务

当事人在调解中享有随时终止调解、要求公开或不公开以及提交证据的权利；承担如实陈述、尊重对方和调解员、遵守调解秩序、履行调解协议的义务。

3. 调解的进行

调解过程一般包括：倾听当事双方的陈述、调查核实证据、劝导居间调停、探讨可行性方案、达成调解协议。对于复杂的纠纷，调解民警可以邀请当事人的单位领导、居（村）委会成员、当事人的长辈亲属参加，以期联合说服，达成调解协议。

4. 调解的结果

调解达成协议的，应当订立书面协议；对于轻微的民间纠纷，能够当场调解、当场履行的，如赔礼道歉、数额较小的赔偿，可比照治安案件的简易程序操作，可以不制作书面协议书，只需在处警登记簿上简要记录调解过程和结果即可。

5. 调解的时限

接处警调解原则上以一次为限，必要时可以再重新调解一次，调解不成的，公安派出所应当及时终结调解，告知当事人到法院起诉。

6. 调解的回访制度

对已经调解处理的民间纠纷，七日内登门回访双方当事人，或者电话联系进行回访，了解双方当事人的情况。特别是对家庭暴力引起的纠纷，一定要进行回访，防止纠纷复发。如果双方当事人对民警的回访表达感谢，则说明矛盾化解、纠纷处理得比较好；如果回访中发现矛盾未得到化解，可以再重新调解一次。调解不成的，告知当事人到法院起诉。

总之，一切具体举措都是为了提高基层公安机关民间纠纷警情处置工作的成效，还需要实践部门继续探索更有效的措施。

参考文献

［美］戴维·G·欧文主编，张金海、谢九华、刘金瑞、张铁薇译，《侵权法的哲学基础》，北京大学出版社2016年版。

［美］Ronald Dworkin：Taking Right Seriously，Harvard University Press，1977。

王泽鉴：《民法学说与判例研究》（第一至八册），中国政法大学出版社2005年版。

梁慧星主编：《为权利而斗争——现代世界法学名著集》，中国法制出版社、金桥文化出版社（香港）有限公司2000年版。

夏勇主编：《走向权利的时代——中国公民权利发展研究》（修订版），中国政法大学出版社2001年版。

杨立新：《侵权责任法》，法律出版社2012年版。

刘春茂主编：《中国民法学·财产继承》，中国人民公安大学出版社1990年版。

吕世伦主编：《现代西方法学流派》，中国大百科全书出版社2000年版。

吕世论：《法理念探索》，法律出版社2002年版。

刘文：《继承法律制度研究》，中国政法大学出版社2016年版。

张冠梓主编：《多向度的法——与当代法律人类学家对话》，法律出版社2012年版。

鄂振辉：《西方法学精粹·自然法学》，法律出版社2005年版。

范愉：《非诉纠纷解决机制研究》，中国人民大学出版社2000年版。

上海市高级人民法院、上海市司法局、上海市法学会编：《纠纷解决——多元调解的方法与策略》，中国法制出版社2008年版。

张玉鹏、张一星、霍剑、袁志坚编著：《警察常见100例执法错误》，法律出版社2018年版。

刘文：《论“人性化执法”的实质》，载《中国人民公安大学学报》2006年第 3 期。

刘文：《论权利意识与法治》，载《北方论丛》2004 年第 1 期。

刘文：《浅议公安机关防治家庭暴力的职责》，载《中国人民公安大学学报》2001 年第 6 期。

刘文：《在公安法制教育中应加强民商法课程的设置》，载《走向现代公安法学教育之路》，群众出版社 2004 年版。

刘文：《家庭暴力案件纳入公安出警范围所引发的执法规范化思考》，载《公大法律评论》，中国人民公安大学出版社 2011 年版。

刘文：《派出所调解的民事纠纷类型分析——以北京地区为例》，载《派出所工作》2013 年第 1 期（创刊号）。

刘文：《社区警务工作中所调解的民事纠纷的类型归纳与分析》，中国人民公安大学 2011 年校级项目成果。

刘文：《股权众筹与非法集资的联系与区别》，载《警察法学论文集》，中国政法大学出版社 2018 年版。

孟昭阳：《治安调解的界定及适用范围与条件》，载《中国人民公安大学学报》2008 年第 6 期。

高文英：《警察调解制度研究》，载《中国人民公安大学学报》2008 年第 1 期。

张金玲：《治安调解问题研究》，载《山东社会科学》2010 年第 8 期。

赵石麟：《公安机关调解民间纠纷的合理机制》，载《公安教育》2009 年第 8 期。

禹竹蕊等：《治安调解问题与对策探析》，载《经济师》2009 年第 7 期。

李晓杨：《公安派出所民事纠纷调解正当性初析》，载《南昌教育学院学报》2012 年第 1 期。

刘伟：《“老民警+老法官”调解模式成效显著》，人民网 2012 年 3 月 13 日新闻报道。

《成都公安“三三”模式成功调解九成矛盾》，载《人民公安报》2010 年 6 月 18 日第 3 版《视点》报道。

赵石麟：《治安调解概念新解》，载《中国人民公安大学学报》2011 年第 1 期。

刘启川：《我国治安调解制度若干基础理论新释——再论治安调解的内涵、

基本原则及其价值》，载《湖北警官学院学报》2012 年第 11 期。

孔琪翔：《论公安派出所调解制度之完善》，载《法制与社会》2015 年第 13 期。

左卫民、马静华：《论派出所解决纠纷的机制——以一个城市派出所为例的研究》，载《法学》2004 年第 9 期。

后 记

我在北京出生和长大，童年和少年时期一直生活在人民大会堂西边胡同的平房院落里。由于我父亲在北京市中级人民法院有好几年专门从事对“文化大革命”时期的冤假错案的纠正工作，我也时常在东交民巷（最高人民法院所在地）的路边，看到一些蜗居在临时搭建的简易棚里的来京申诉、上访人员，从而使我在内心树立学习法律、伸张正义的志向。我一向热爱文学和历史，但在高考志愿填报时毅然选择了法律专业。1981 年，高中毕业后，经全国统一高考选拔，我被北京大学法律系（现为法学院）法律本科专业录取。完成了 4 年的系统法学专业学习，毕业时，恰逢刚刚由政法干校改建为全日制本科大学的中国人民公安大学来北大招聘教师。经过认真思考，我选择去当教师，向比我更年轻的学生宣传法治思想，为中国尽早建设成为民主与法治的社会贡献自己的一份力量。1985 年 7 月，我到中国人民公安大学法律系民法教研室（现为法学院民商法学教研室）任教。随后，在职攻读了中国人民大学民商法学硕士学位。

时光飞逝，我在公安大学从事民商法学教学和科研工作至今已经 36 年。任教期间，讲授民法学、商法学、知识产权法学、比较民法学专题等多门本科生和研究生课程。在本科生和研究生的民法学实训课程教学中，我不仅给学生讲解人民法院审理的典型民事案例，也注重联系公安执法实践，与学生一同重点分析与公安执法有关的民事案例。近十余年，在工作之余，我着重调研基层公安机关的治安调解工作，收集了一些涉及公安执法的民事案例，也陆续发表了一些公安机关处置民间纠纷方面的研究成果。

2020 年年初，新冠肺炎疫情爆发，我和绝大多数中国老百姓一样，尽量居家不外出，授课在网上进行，食品和生活日用品也基本在网上购买。在疫情初期，为纾缓忐忑不安的心情，也为缓解对在美国留学读研的女儿的思念，我即在自己已有的研究基础上着手撰写本书，准备用于公安高等院校的民法学实训课程教学和基层公安民警调解民间纠纷的工作。历时一年多，初稿完成。在此后修订书稿期间，我向学校申请出版资助。2021 年 6 月，终于获得学校的项目资助，此书得以出版。在此，特别向我的工作单位——中国人民公安大学表示感谢，也感谢为我提供公安实践资料的姚亚东、栗龙、田鼐、李洁等公大毕业生。

刘　文

2021 年 7 月于北京市木樨地公安大学